BIG DATA

大數據視角下的
社會化媒體對證券市場的
影響研究

謝志龍 著

財經錢線

摘　　要

　　截至 2017 年年底,中國證券市場的上市公司數量已達到 3,485 家,總市值達到 567,086.077 億元。證券市場已經成為中國國民經濟的重要組成部分。證券市場是「國民經濟的晴雨表」,證券市場的穩定不僅是經濟健康發展的基石,同時在維護社會穩定、防範系統性金融風險方面也發揮著重要的作用。黨的十九大和 2018 年全國「兩會」明確指出,中國未來的風險主要在金融領域,要防範金融風險。現在證券監管部門已經把監控作為了第一要務。中國在短短的 28 年間經歷了多次的「牛」「熊」更替,其中的主要原因是投資者情緒過度樂觀或者過度恐慌,「追漲殺跌」「盲目跟風」「羊群效應」等造成了證券市場的大幅波動。市場情緒是各類投資者情緒的綜合體現,在中國證券市場中,個人投資者占比為 99.73%,其情緒將對市場產生巨大的影響,並且個人投資者的情緒化交易行為相對於機構投資者來說更加普遍。現代行為金融學認為,股票價格不僅僅由股票的內在價值決定,受信息影響的投資者的心理與行為對股票的價格決定和變動也具有重大影響。

　　通過對現有文獻的梳理發現,目前研究投資者的情緒對證券市場波動影響時,通常使用間接情緒指標和直接情緒指標對投資者情緒進行測量。間接情緒指標採用客觀的測量來從側面反應投資者的情緒,但由於其基於歷史交易數據構建,在衡量投資者情緒時有明顯的滯後性;直接情緒指標可通過對投資者進行問卷調查獲得,但調查時的情緒不代表其投資決策時的情緒,這樣測量的誤差較大,並且調查成本較高。隨著互聯網的出現和發展,人們獲取信息更加便利和快捷。互聯網已經成了人們最主要的信息獲取渠道。投資者在各社會化媒體平臺中獲取、發布和傳播證券市場相關信息,其中蘊含著大量投資者的情緒。爆炸式的媒體信息吸引了學術界和業界大量研究人員嘗試使用自然語言處理技術和傳統機器學習模型來挖掘媒體信息中的投資者情緒以及分析其對證券市場波動的影響。然而受信息技術和跨學科領

域的限制,目前的相關研究對社會化媒體信息挖掘的角度不夠完整,提取的投資者情緒不具代表性,使用的分析方法已無法適用於大數據背景下海量社會化媒體對證券市場影響的研究。

因此,本書利用定向分佈式爬蟲從社會化媒體平臺獲取完整的文本信息,提出中文語句卷積神經網路(Chinese Sentence Convolutional Neural Network,CSCNN)核心算法可以根據中文語法和語義結構提取文本情緒,結合社會化媒體文本信息的結構特點構建出社會化媒體投資者情緒指數(Social Media Investor Sentiment Index,SMISI),在基於社會化媒體情緒驅動的長短期記憶深度神經網路(Sentiment-driven Long Short-Term Memory,S-LSTM)核心算法基礎上搭建證券市場的社會化媒體效應量化智能平臺(Social Media Quantitative Intelligent Platform,SMQIP),用於探析社會化媒體投資者情緒對證券市場影響的深度和廣度。從結構上看,本書由八章組成,具體內容為:

第1章 導論,主要介紹選題背景、研究的意義、研究的思路和方法、全書的結構安排以及主要創新點。

第2章 文獻綜述,主要對社會化媒體量化、市場情緒和社會化媒體對證券市場波動影響三個方面的理論和文獻進行了系統的回顧和梳理。本章為研究社會化媒體量化、剖析社會化媒體信息與證券市場波動和防範系統性金融風險研究提供了強有力的支持和論證。

第3章 系統總體設計,從系統總體設計的角度,自上向下對本書的邏輯模塊和流程進行概述,對系統的數據處理流程進行說明,明確證券市場社會化媒體效應智能解決方案中模塊之間的關係,理順系統從數據抓取到文本信息處理情感提取,再到利用深度學習神經網路對社會化媒體與證券市場波動的影響進行關聯分析的流程,以確保系統模塊完整和研究順利推進。

第4章 社會化媒體量化與投資者情緒提取研究,主要對社會化媒體文本信息量化和投資者情緒的提取進行研究。首先對社會化媒體信息的抓取、過濾、預處理和詞彙量化過程進行了描述;隨後提出依據中文語句的語法和語義結構構建中文語句卷積神經網路(CSCNN)核心算法對文本情感極性進行判定;接著對情感判定模型進行了比較研究。

第5章 投資者情緒指數的構造,借鑑傳統指數構造原理,利用社會化媒體平臺文本信息結構特點,創新性地提出基於內容相似度矩陣、引用關係矩陣和回復關係矩陣的社會化媒體文本語句權重SentenceRank算法計算語句權重,結合用戶影響力因子、閱讀數量因子和點讚數量因子,構造了社會化媒

體投資者情緒指數(SMISI),為後續研究提供了重要的特徵變量。

第6章 SMISI對證券市場波動的量化研究,通過實證研究,首先將SMISI與Fama五因子模型結合,驗證了SMISI對證券市場收益率的系統性影響;接著利用VAR模型研究SMISI對證券市場波動影響的深度和廣度。隨後提出基於社會化媒體情緒驅動的S-LSTM深度神經網路模型核心算法,更加準確地捕捉社會化媒體投資者情緒對證券市場的影響效應,並通過模擬的方式驗證了SMISI在量化投資中應用的可行性。

第7章 面向證券市場策略的SMQIP檢驗與分析,從市場監管者、上市公司和投資者三個不同的角度剖析了社會化媒體信息引導市場情緒,導致證券市場資產價格波動,甚至影響金融穩定的內在機理。並利用具體案例從以上三個角度分別驗證了基於大數據的證券市場社會化媒體效應量化智能平臺(SMQIP)的應用可行性。

第8章 總結、不足與研究展望,對全書進行了總結,對研究中存在的不足進行了分析和反思,對於金融智能領域的研究熱點和方向以及未來可能進行的研究計劃進行了展望。

本書在現有研究的基礎之上,沿著「社會化媒體——投資者情緒——證券市場波動」的主線,對基於大數據的證券市場媒體效應進行了量化分析,主要的創新之處有以下三個方面:

第一,提出了一個基於深度學習的公眾情緒文本挖掘方法,綜合考慮文本內容和質量的影響,以捕捉社會化媒體中的公眾情緒。本書利用中文語句卷積神經網路對證券市場環境下的文本信息進行情感判定,結合社會化媒體結構特性,創新性地提出一套基於信息內容和發布結構的公眾情緒提取方法,利用論壇特有的結構即發帖、回復、轉發和引用等構建內容和結構的關聯圖,進而得到綜合關聯關係矩陣,從散亂的、高噪音的論壇信息討論中挖掘出主導性言論。綜合考慮社會化媒體信息的重要性和情感極性,提取出公眾對上市公司、板塊或整體市場的情緒傾向。

第二,基於社會化媒體大數據,研究和優化了證券市場情緒指數的構建方法。本書創新性地利用統計學中指數構造原理,對正面情緒和負面情緒給予不同權重,構造了證券市場的社會化媒體投資者情緒指數(SMISI),並結合證券市場歷史交易數據,從大數據角度系統剖析社會化媒體對證券市場波動的影響機理和傳導機制,為金融學領域經典問題的研究提供了大數據驅動的探索思路;同時,結合成分股的社會化媒體情感指數,細分了社會化媒體主板

大數據視角下的社會化媒體對證券市場的影響研究

情感指數、中小板情感指數和創業板情感指數等。這些指數對於金融市場監管者監控證券市場波動、上市公司決策和投資者投資組合時都有重要的參考價值。

  第三,集成情緒判定、文本賦權和情緒指數市場效應評估等核心算法,構建了情緒對證券市場波動影響分析的系統原型,並應用於本書的研究中。本書開創性地通過以社會化媒體情緒為驅動的時序神經網路,通過改造 LSTM 單元,增加情緒增強門,改變了遺忘門、輸入門和輸出門數據結構,解決了深度神經網路中連續時序數據和離散時序數據融合的問題。基於此搭建的基於大數據的證券市場社會化媒體效應量化智能平臺(SMQIP),可以為市場監管機構、上市公司、投資者以及相關領域研究者提供理論參考和決策支持。以社會化媒體情緒為驅動的時序神經網路結構也可為其他領域對連續時序數據和離散時序數據問題的解決開拓新的思路。

  關鍵詞:社會化媒體 投資者情緒 深度神經網路 證券市場 量化投資

Abstract

By the end of 2017, the number of list companies in China's stock market has reached 3,485 with a total market value of RMB 56.708,607,7 trillion Yuan, which enables the stock market to become the instrumental element of China's national economy. Stock market is also rated by many as the barometer of national economy; therefore, its stable functioning not only lays the solid foundation for the healthy development of the economy, but also plays a significant role in maintaining social stability and safeguarding financial risks. The 19th National Congress of the CPC and the 2018 sessions of NPC and CPPCC point out that the future risk of China's economy is primarily in financial field and financial risks must be prevented. The securities supervision department has given top priority to market monitoring. The reason that bear and bull markets repeatedly appear in China's stock market in the past 28 years is because that such immature behaviours as over-optimism, excessive horror, buying the winners lead to drastic fluctuation in stock market. Market sentiment is the most significant representation of this kind of immature behaviours for most of the investors in China's stock market are individual investors. Their sentiment will largely influence the market and their emotional trading is more popular compared with institutional investors. According to modern behavioral finance, share price is determined not only by its inner value but also by the sentiment and behaviours of the information- influenced investors.

Based on the analysis the current documents, most of the researchers measure the investors through indirect sentiment indicator and direct sentiment indicator to focus on the impact on the fluctuation of the stock market by the investors' sentiment. Based on the construction of historical data, indirect sentiment indicator, by indirect reflection of the investors through objective measurement, usually lags behind the times, whereas the direct sentiment indicator often takes the sentiment of investors when surveyed directly as the samples. As a result, this kind of measurement means big error and high cost for the samples do not necessarily mean the sentiment when making decisions. With the advent of the internet, people find it easier and easier to get the access to information and the internet has become the major source for seeking the information. Investors can easily acquire, release and spread the relevant information of stock market through social network, some of which involve the sentiment of the investors. The explosive information has attracted the researchers to study the investors' sentiment and its impact on the fluctuation of stock market through natural language processing and traditional machine learning model. However, due to the limitation of information technology and cross-disciplinary fields, the current research of information on social network, investors' sentiment and even the research method are far from satisfaction.

This thesis uses distributed crawler to obtain complete text information from social network and summarizes text sentiment through Chinese Sentence Convolutional Neural Network (CSCNN) core algorithm and the analysis of the grammar and semantic structure of the Chinese language. This thesis also integrates the structural features of social network text information to build Social Media Investor Sentiment Index (SMISI) which can delegate the investor sentiment of social media. Based on the investor sentiment of Sentiment-driven Long Short-Term Memory (S-LSTM) depth neural network algorithm, this thesis constructs social media quantitative intelligent platform (SMQIP) of stock market, which can explore the depth and breadth of the influence of social media investor sentiment on the stock market. This thesis consists of eight chapters:

Chapter one is the introduction. It mainly introduces the background, significance, method, structure and major innovative points of the research.

Chapter two systematically reviews the existing research from social media quantification, market sentiment and social media's impact on the fluctuation of stock market. This chapter provides the theoretical basis for the analysis of social media quantification, social media information, stock market fluctuation and the ways to prevent systemic financial risks.

Chapter three summarizes the logical module and process from system overall design, illustrating the data processing of the system. This chapter also tries to make sure the relationship between the modules of social media intelligence solutions in the stock market and the whole process from data capture, sentiment extraction to in-depth study of neural network so as to push the system module and research smoothly.

Chapter four studies the social media quantification and investors' sentiment extraction. This chapter first describes the extraction, filtration, pre-processing and vocabulary quantification, then decides the emotional polarity of the text from grammar, semantic structure and CSCNN core algorithm, finally compares the affective decision models.

Chapter five uses the traditional exponential construction principle and the feature of information text structure of social network to put forward a social media statement weight algorithm, which is based on content similarity matrix, reference relation matrix and reply relation matrix, to calculate statement weight. This chapter also combines user impact factor, reading quantity factor and thumb-up quantity factor to create investment emotion index (SMISI), which provides characteristic variable for further study.

Chapter six uses empirical study method. It combines SMISI and Fama to verify the systematic impact of SMISI on the rate of return in stock market. It further uses VAR model to study how deeply SMISI will impact the fluctuation in stock market. Chapter six also puts forward the core algorithm, which is based on social media emotion-driven S-LSTM to accurately capture the impact of social media investors' emotion on the stock market and verify the feasibility of SMISI applied in quantitative investment through simulation.

Chapter seven analyzes the inner principle how social media triggers market emotion, leads to price fluctuation and affects financial stability from three angles, ie. market regulators, list companies and investors. This chapter also verifies the availability of SMQIP from these three angles.

Chapter eight concludes the whole thesis, summarizes the existing loopholes of this thesis and expects possible future research plan from the perspective of financial intelligence.

Based on the existing research, this study quantifies the media effects of big market-based securities market along the main line of 「social media - investor sentiment - securities market volatility」. The innovation points of this thesis may include:

大數據視角下的社會化媒體對證券市場的影響研究

　　The first is about the study of the collection and transaction of public sentiments on the basis of the content and release structure of the information, based on the deep learning method. This thesis applies convolutional neural network of the Chinese language to judge the sentiment under the environment of stock market, and make full use of the unique structure of web forum: posting, replying, forwarding and quoting, innovatively puts forward a set of extraction method of public sentiments. By doing so, this thesis may successfully summarize dominant speech and extract the sentiment tendency toward the list companies, board or even the whole market from the massive, chaotic information in the web forum.

　　The second innovation point is about the research and design of sentiment exponent of new type social media in stock market. This thesis innovatively applies exponential construction principle in statistics to give weight to positive sentiment and negative sentiment so as to construct investment emotion index (SMISI) and influence mechanism and transmission mechanism in the historical transaction data in stock market. In the meantime, this thesis also subdivides sentiment exponents into main board list companies' social media sentiment, medium and small-sized list companies' social media sentiment and GEM's social media sentiment by combining the sentiment exponent of constituent stock. All these may provide important referential value for market regulators.

　　The third innovation point is about the research and design of intelligence analysis model of stock market and key algorithm on the basis of in-depth study neural network. This thesis innovatively puts forward a solution for the integration of continuous time series data and discrete time series data by transforming LSTM, adding mood enhancement door, changing the data structure of forgetting gate, input gate and output gate, and constructing sequential neural network driven by social media sentiment. The SMQIP on the basis of the previous study may provide theoretical reference and decision basis for market regulators, list companies, investors and relevant researchers. The sequential neural network driven by social media sentiment also develops a new way out for issues of continuous time series data and discrete time series data in other fields.

　　Keywords: Social Media; Investor Sentiment; Deep Neural Network; Securities Market; Quantitative Investment

目　　錄

1　導論 …………………………………………………………………（1）

　1.1　選題背景和研究意義 ……………………………………………（1）

　　1.1.1　選題背景 ……………………………………………………（1）

　　1.1.2　研究意義 ……………………………………………………（6）

　1.2　研究思路、研究方法和研究結構 ………………………………（9）

　　1.2.1　研究思路和研究方法 ………………………………………（9）

　　1.2.2　研究結構 ……………………………………………………（12）

　1.3　本書主要創新點 …………………………………………………（14）

2　文獻綜述 ……………………………………………………………（17）

　2.1　證券市場波動相關理論 …………………………………………（17）

　　2.1.1　現代經典金融理論相關分析 ………………………………（17）

　　2.1.2　行為金融理論相關分析 ……………………………………（19）

　　2.1.3　中國證券市場有效性研究及情緒影響分析 ………………（22）

　　2.1.4　證券市場相關理論評述 ……………………………………（24）

　2.2　投資者情緒與證券市場 …………………………………………（25）

　　2.2.1　投資者情緒的定義和衡量 …………………………………（26）

　　2.2.2　投資者情緒與證券市場收益 ………………………………（29）

　　2.2.3　現存問題與分析 ……………………………………………（32）

　2.3　社會化媒體與投資者情緒 ………………………………………（35）

　　2.3.1　社會化媒體研究現狀 ………………………………………（36）

　　2.3.2　社會化媒體情緒及其應用分析 ……………………………（38）

  2.3.3 社會化媒體情緒研究評述 ……………………………… (40)
 2.4 社會化媒體量化及其應用 ………………………………………… (41)
  2.4.1 文本量化方法 …………………………………………… (41)
  2.4.2 預測分析模型 …………………………………………… (46)
  2.4.3 現存問題與分析 ………………………………………… (51)
 2.5 本章小結 …………………………………………………………… (53)

3 系統總體設計 ……………………………………………………… (55)

 3.1 問題描述及解決思路 ……………………………………………… (55)
  3.1.1 海量社會化媒體文本信息無法被自動、高效、準確獲取 … (55)
  3.1.2 社會化媒體包含了大量的雜亂無序的噪音信息，導致很難準確判定其包含的投資者傾向性情感信息 ………………… (57)
  3.1.3 基於社會化媒體的市場公眾情緒量化準確率較低、監測效能差 ……………………………………………………………… (59)
  3.1.4 研究表明社會化媒體情緒對證券市場波動存在影響，但如何準確地刻畫其影響深度和廣度仍然是一個重大的挑戰 … (60)
 3.2 現狀分析 …………………………………………………………… (61)
 3.3 平臺總體結構與數據處理流程 …………………………………… (64)
  3.3.1 平臺總體結構與功能模塊 ……………………………… (64)
  3.3.2 總體數據處理流程 ……………………………………… (67)
 3.4 本章小結 …………………………………………………………… (68)

4 社會化媒體量化與投資者情緒提取研究 ……………………… (70)

 4.1 研究現狀與解決思路 ……………………………………………… (70)
  4.1.1 基於社會化媒體對證券市場波動影響的研究現狀 …… (70)
  4.1.2 解決思路 ………………………………………………… (72)
 4.2 技術路線圖 ………………………………………………………… (73)
 4.3 社會化媒體數據獲取與相關處理 ………………………………… (74)
  4.3.1 社會化媒體數據獲取 …………………………………… (74)
  4.3.2 社會化媒體數據描述性統計分析 ……………………… (76)

  4.3.3 社會化媒體數據預處理 ……………………………… (77)
  4.3.4 社會化媒體數據向量化表示 …………………………… (80)
 4.4 CSCNN 深度神經網路情感判定模型 ……………………… (84)
  4.4.1 構建訓練樣本 …………………………………………… (84)
  4.4.2 CSCNN 的構建 ………………………………………… (87)
  4.4.3 CSCNN 深度神經網路性能評估指標 ………………… (93)
  4.4.4 社會化媒體文本情感計算 ……………………………… (94)
  4.4.5 CSCNN 深度神經網路訓練實驗 …………………… (95)
  4.4.6 CSCNN 深度神經網路訓練實驗測評 ……………… (96)
  4.4.7 社會化媒體文本情緒統計特徵分析 …………………… (98)
 4.5 本章小結 ……………………………………………………… (100)

5 投資者情緒指數的構造 …………………………………… (102)

 5.1 研究現狀與構造原理 ……………………………………… (102)
  5.1.1 國內外研究現狀概述 …………………………………… (102)
  5.1.2 SMISI 指數構造因子選擇 …………………………… (105)
 5.2 文本語句權重 SR 因子 ……………………………………… (106)
  5.2.1 相關理論介紹 …………………………………………… (106)
  5.2.2 社會化媒體語句權重 SentenceRank 算法 ………… (108)
  5.2.3 社會化媒體語句權重 SentenceRank 算法實驗測評 ……… (110)
 5.3 用戶影響力 UI 因子 ………………………………………… (113)
  5.3.1 用戶影響力算法 ………………………………………… (113)
  5.3.2 用戶影響力算法實驗測評 ……………………………… (113)
 5.4 閱讀數量 RC 因子 …………………………………………… (115)
  5.4.1 閱讀數量因子算法 ……………………………………… (115)
  5.4.2 閱讀數量描述性統計分析 ……………………………… (115)
 5.5 點讚數量 LC 因子 …………………………………………… (117)
  5.5.1 點讚數量因子算法 ……………………………………… (117)
  5.5.2 點讚數量統計分析 ……………………………………… (118)

5.6 投資者情緒指數 SMISI 的構造與分析 ………………………… (119)
5.6.1 SMISI 的構造 ………………………………………………… (120)
5.6.2 SMISI 與市場相關性統計分析 …………………………… (121)
5.7 本章小結 ………………………………………………………… (124)

6 SMISI 對證券市場波動的量化研究 ……………………………… (126)
6.1 投資者情緒對證券市場波動的影響及其研究方法的比較與選擇
………………………………………………………………………… (126)
6.1.1 統計模型 ………………………………………………………… (127)
6.1.2 計量經濟學迴歸模型 ………………………………………… (127)
6.1.3 基於機器學習的模型 ………………………………………… (128)
6.2 基於 Fama 五因子的 SMISI 與市場收益率實證分析 ………… (128)
6.2.1 基本原理及模型構建 ………………………………………… (128)
6.2.2 模型數據來源及實證分析 …………………………………… (130)
6.3 基於 VAR 模型的 SMISI 與市場收益率實證分析 …………… (135)
6.3.1 基本原理及模型設計 ………………………………………… (135)
6.3.2 模型數據來源及實證分析 …………………………………… (137)
6.3.3 實證結論 ……………………………………………………… (142)
6.4 基於情緒驅動的 S-LSTM 深度神經網路模型 ………………… (142)
6.4.1 經典 LSTM 理論基礎及問題 ………………………………… (143)
6.4.2 S-LSTM 模型 …………………………………………………… (145)
6.4.3 S-LSTM 性能評估指標 ………………………………………… (149)
6.4.4 S-LSTM 深度神經網路訓練實驗 ……………………………… (150)
6.4.5 S-LSTM 深度神經網路訓練實驗測評 ……………………… (152)
6.4.6 基於 S-LSTM 深度神經網路的投資模擬 …………………… (156)
6.5 本章小結 ………………………………………………………… (158)

7 面向證券市場策略的 SMQIP 檢驗與分析 ……………………… (160)
7.1 相關分析 ………………………………………………………… (160)
7.1.1 技術可行性分析 ………………………………………………… (161)

  7.1.2　相關法律問題探討 …………………………………………（162）
7.2　SMQIP 決策支持總體設計 ……………………………………（163）
  7.2.1　核心算法層 …………………………………………………（164）
  7.2.2　決策支持層 …………………………………………………（165）
7.3　市場監管支持 ……………………………………………………（167）
  7.3.1　監管部門決策參考 …………………………………………（167）
  7.3.2　監管部門決策應用 …………………………………………（168）
7.4　公司管理支持 ……………………………………………………（171）
  7.4.1　公司管理決策參考 …………………………………………（172）
  7.4.2　公司管理決策應用 …………………………………………（173）
7.5　投資決策支持 ……………………………………………………（174）
  7.5.1　投資者決策參考 ……………………………………………（174）
  7.5.2　投資者決策應用 ……………………………………………（175）
7.6　本章小結 …………………………………………………………（177）

8　總結、不足與研究展望 ……………………………………………（178）

8.1　研究總結 …………………………………………………………（178）
  8.1.1　海量社會化媒體數據智能採集方案 ………………………（178）
  8.1.2　中文語句卷積神經網路（CSCNN）情感極性判定核心算法
     ………………………………………………………………（179）
  8.1.3　社會化媒體情緒指數 SMISI ………………………………（179）
  8.1.4　基於情緒驅動的長短期記憶（S-LSTM）深度神經網路模型
     ………………………………………………………………（179）
  8.1.5　基於社會化媒體效應量化智能平臺（SMQIP）的市場
     參與者決策支持 ………………………………………………（180）
8.2　研究的不足與改進 ………………………………………………（180）
  8.2.1　數據源類型不夠全面，尚有不足，需改進 ………………（180）
  8.2.2　使用向量作為神經網路輸入的不足與改進 ………………（180）
  8.2.3　模擬交易未考慮交易成本等因素的不足與改進 …………（181）

8.3 研究展望 …………………………………………………（181）
8.3.1 基於社會化媒體平臺操縱市場行為特徵識別的研究 ……（181）
8.3.2 基於企業社會化媒體網路的影響聯動和疊加效應研究
…………………………………………………………（182）
8.3.3 深度學習神經網路在證券市場領域的應用方法創新研究
…………………………………………………………（182）
8.3.4 程序化交易數量日益增長情景下的證券市場波動研究
…………………………………………………………（182）

參考文獻 ……………………………………………………………（183）

1 導論

1.1 選題背景和研究意義

1.1.1 選題背景

自從 1990 年 12 月 19 日上海證券交易所和 1991 年 7 月 3 日深圳證券交易所先後正式開業,中國證券市場已經經歷了近 30 年的發展。至 2017 年年底,在滬、深交易所上市的公司數量達到了 3,485 家,總市值達到 567,086.077 億元。證券市場已經成為中國國民經濟不可分割的重要組成部分。黨的十九大和 2018 年全國「兩會」明確指出,中國未來的風險主要在金融領域,要防範金融風險。現在證券監管部門已經把監控作為了第一要務。證券市場是「國民經濟的晴雨表」,證券市場的穩定不僅僅是國家經濟健康發展的基石,同時在維護社會穩定,防範系統性金融風險方面也發揮著重要作用。

縱觀中國證券市場的發展,經歷過多次劇烈波動:1995 年因暫停國債期貨交易產生的著名「5/18」短命井噴行情;1999 年因網路概念而引起的牛市行情;因對股權分置改革預期而帶來的 2001—2005 年的熊市;2005 年 6 月至 2007 年 10 月因股權分置改革引起的指數上揚;2008 年 3 月在金融危機大背景下股指一路狂瀉;2009 年在「4 萬億元」經濟計劃刺激下的牛市行情;2010—2014 年的盤整下跌;2014 年年終至 2015 年年中因對改革紅利預期的反應,各項利好政策疊加催生的「改革牛」行情;2015 年下半年由於二級市場高槓桿導致的「股災」。中國股市在短短 28 年間經歷了多次「牛」「熊」更替,其中主要的原因是投資者情緒過度樂觀或者過度恐慌、「追漲殺跌」「盲目跟風」「羊群效應」等造成了證券市場的大幅波動。

通常認為穩定的證券市場應該是證券價格圍繞企業的基本面信息和宏

大數據視角下的社會化媒體對證券市場的影響研究

觀政策在一定範圍內較小地波動。經典經濟學和金融學的大部分模型都是建立在理性經濟人的假設上，也就是經濟行為的決策主體能夠理性地計算和判斷並做出對自己利益最佳的決定，從而實現自身效用的最大化。但是正如牛頓所說，「我能計算天體的運行軌跡，但對人心的瘋狂卻無能為力」。在證券市場中，投資者心中的恐懼與貪婪在風險和收益的博弈中被大幅放大，使得資本定價模型（Capital Asset Pricing Model, CAPM）和有效市場理論（Efficient Markets Hypothesis, EMH）等經典金融模型不能得到實證檢驗的支持。在中國證券市場上，由於個人投資者佔比高，並且對於賣空存在較大限制，使得理性定價的力量更弱。傳統金融模型更加難以解釋證券市場上的波動。投資者情緒是研究證券市場波動時必須要考慮的重要因素。諾貝爾經濟學獎得主席勒（Robert J. Shiller）在《非理性繁榮》中認為投資者情緒是推動20世紀90年代美國牛市的主要動力之一。而且經濟學家們也發現良好天氣或一些重大賽事勝利所帶來的樂觀情緒有助於股市上漲。根據東北證券2016年8月3日發布的報告，投資者情緒對於不同板塊的股價影響也存在著顯著的差別。安信證券報告指出，投資者的市場情緒會導致其對股票價格的認知出現偏差，進而對資產做出錯誤定價。中原證券通過時序全局主成分分析法構建了中原證券市場情緒指數（Central China Sentiment Index, CCSI）。根據CCSI的分佈特性以及行為金融學的相關概念，CCSI被劃分為五個不同區域：極度樂觀、樂觀穩定、情緒緩和、悲觀穩定和極度悲觀。通過觀察CCSI與滬、深300指數階段性拐點之間的關係發現，CCSI進入極度情緒區域後投資者會表現出反轉效應，而情緒緩和區域則容易表現出一定的動量效應。從以上分析可以看出證券市場波動和市場情緒密切關聯。

市場情緒是各類投資者情緒的綜合體現，占中國證券市場絕大部分交易量的個人投資者（散戶）的情緒會對市場產生巨大影響，並且個人投資者相對於機構投資者來說情緒化交易行為更加普遍。現代行為金融學（Behavior Finanace, BF）認為，股票價格不僅僅由股票的內在價值所決定，投資者心理與行為由於受到信息影響，其對股票的價格決定和變動也具有重大影響（De Long et al., 1990; Rechenthin & Street, 2013）。隨著互聯網的出現和發展，使得人們獲取信息更加便利和快捷，企業的各種信息更加公開透明，信息已經成了新的生產要素。互聯網已經成了人們最主要的信息獲取渠道。人們除了在公司網站和財經新聞網站等獲取證券交易所、監管部門和企業發布的公

告、財報、個股新聞、行業新聞以及宏觀經濟等信息外，社會化媒體中大量的網友發帖、回復以及討論也成了人們獲取證券市場相關信息的重要途徑。這些大數據信息蘊含著大量的投資者情緒，大數據所形成的信息風暴正深刻地影響著人們的生活和工作的各個方面，開啓了一次新時代的轉型。IBM 針對大數據提出了「5V」特點：Volume（數據量大）、Velocity（數據增長快速）、Variety（種類和來源都多樣化，包括結構化、半結構化和非結構化的數據）、Value（有效價值隱藏在海量數據中）、Veracity（數據的真實性）。大數據中充斥著大量的信息，對信息快速有效的甄別和利用將為投資者帶來新的機遇。個人投資者聚集在「股吧」「貼吧」、雪球網等社會化媒體中，發布各種言論信息，是代表市場情緒最有效的方式之一。

在利用社會化媒體和市場情緒構建證券市場投資策略方面，美國已經走在了前面。2017 年 10 月 18 日，美國 EquBot 公司與 ETF Mangers Group 共同推出了首只由人工智能挑選股票的交易基金 AIEQ（Artificial Intelligence Powered Equity ETF）。在 IBM 的 Watson 平臺上，AIEQ 模仿人類股票分析師，利用人工智能技術，365 天 24 小時，全年無休地對美國 6,000 多家上市公司的信息進行分析，包括了從公司管理、監管文件、公司季度財務報告到公司新聞、社會化媒體新聞和市場情緒等方面進行關聯解析和預測建模，從而篩選出 30~70 只股價最有上升潛力的股票構成 AIEQ 指數基金。截至 2018 年 2 月 21 日，AIEQ 收益率為 6.2%，戰勝了標準普爾 500（S&P500）指數。雖然 AIEQ 在市場的表現跌宕起伏，但是隨著其技術的完善和更新，利用海量數據對模型進行優化訓練，人工智能技術在證券市場上必將有長足發展。

傳統數據挖掘的模式是基於「大數定律」，從採集的數據中找到概率性質的規律，並用於對未來趨勢的預測。然而，面對海量的大數據，僅依靠「樣本數據」尋找規律的方式已經不再適用，需要對全量數據進行挖掘和分析。大數據[1]是規模巨大、類型複雜的數據集合，對這些數據進行專業化的加工處理可以產生價值。

基於媒體感知的證券市場風險量化分析是 AIEQ 的技術核心，實際上作為金融智能的一個重要研究熱點，這是一個現代邊緣交叉多學科融合的領

---

[1] 目前關於大數據的定義，比較具有代表性的是美國的研究機構 Gartner 的定義，即「大數據是需要新處理模式才能具有更強決策力、洞察發現力和流程優化能力來適應海量、高增長率和多樣化的信息資產」。

域，其涉及金融學中的資產定價、行為金融、經濟學中的宏觀市場分析、管理學中的信息管理與計算機科學中的自然語言處理和人工智能等多個學科領域。

在金融學領域研究媒體感知的證券市場風險分析中，計量經濟學模型和動態隨機一般均衡模型是研究人員用來觀察媒體新聞事件特別是重大新聞事件(Breaking News)對證券市場影響，研究新聞媒體對於證券市場波動關聯性的常用分析模型。然而計量經濟學模型選中的因子變量只能是標量，但證券市場是一個高維度的市場。將高維度信息降維成為標量應用於計量經濟學模型時，必然不可避免地會損失掉許多有用的信息。動態隨機一般均衡模型基於完全理性的假設，然而在證券市場的實證分析和研究中有許多與理性人假設不相容的「金融異象」[①](Hirshleifer et al., 2009; Kahneman, 1973)。傳統金融研究注重分析因果關係，卻不能精確地捕捉和量化新聞媒體對證券市場影響的深度和廣度。

面對爆炸式的媒體信息，越來越多的研究人員將計算機信息技術與各個學科結合，開始使用計算機相關信息技術，嘗試在大數據背景下，利用自然語言處理(Natural Language Processing, NLP)和傳統機器學習模型來分析和研究媒體對於證券市場波動的影響，並取得了一些實質性進展，一些相關的、重要的學術論文紛紛出現在國際頂級學術期刊上。Tetlock 開創性地對近 20 年的《華爾街日報》新聞數據進行情感分類，得出負面情感對證券市場有顯著影響力的結論，並在 *Journal of Finance* 上發表了兩篇相關報告(Tetlock, 2007; Tetlock et al., 2008)。Schumaker 和 Chen 運用詞袋(Bag-of-Words)模型量化新聞，利用支持向量迴歸(Support Vector Regression, SVR)模型探尋出新聞媒體對個股短期波動的影響力。Twitter 是美國一個社交與微博服務的平臺，用戶可以在上面發布不超過 140 個字符的消息，這些消息被稱為「推文(Tweet)」。Bollen et al.(2011)通過對超過 1,000 萬條推文進行分析和提取公眾情感，發現了公眾情感中的「冷靜維度」與道瓊斯工業指數高度重合。Fang 等人利用新聞數量法，將新聞數量作為影響力的度量，利用線性迴歸的計量模型，探究新聞數量與股票價格、大盤指數和收益率之間的因果關係(Fang &

---

① 金融異象指的是在金融市場中的資產實際收益偏離資本資產定價模型和有效市場假說的現象。比如股票溢價、股價過度波動、動量交易現象、紅利之謎、過度交易和賣出決定之謎等。

Peress，2009；Moat et al.，2013）。然而，證券市場的波動不僅僅與新聞媒體信息相關，還應該包括「股吧」、新浪財經和雪球網等社會化媒體的信息以及互動行為、市場交易信息等多維異構的信息。

綜上所述，目前在大數據背景下基於媒體感知的證券市場風險量化研究存在兩類問題：一是目前中國基本沒有從大數據角度對社會化媒體效應影響證券市場波動的系統性研究，中國與國外證券市場無論從制度方面還是從市場參與者方面都存在很大差異。二是使用傳統計量經濟學方法或機器學習方法，研究互聯網社會化媒體信息與證券市場波動之間的關聯關係，只是對現有方法和技術的組合，忽略了社會化媒體數據特徵和證券市場的重要特性，嚴重影響了分析結果的準確性。

針對第一個問題，本書提出了一套完整的基於社會化媒體感知的證券市場波動智能分析解決方案，從大數據的角度，利用人工智能分析技術，基於傳統金融學的理論框架，全面系統地分析社會化媒體對證券市場波動的影響。利用該方案搭建的智能平臺，分佈式地從社會化媒體中爬取億級海量數據，完成特徵提取、信息重構和關聯分析，計算社會化媒體市場情緒指數，並在此基礎上結合市場歷史交易數據信息，捕捉社會化媒體信息和證券市場資本價格及市場波動之間複雜的非線性映射關係，從而形成一整套系統化的智能分析方案。該方案結合中國證券市場特色，為研究金融學領域的經典問題提供了全新的金融智能分析方法，供相關領域研究者進行研究。

針對第二個問題，本書對現有的技術進行了提升。創新性地使用基於中文句子內容相似度及評論結構的智能算法完成基於句法分析的面向大規模文檔的 CNN[①] 情感判斷模型提取市場情緒。利用從網路爬取的 7,835 萬條新浪財經論壇、東方財富股吧論壇和雪球網論壇數據構建基於內容相似度和評論結構的關聯關係矩陣。使用卷積神經網路，將論壇數據中的句子映射為輸入矩陣，提取句子語義。相對於傳統媒體信息量化方法，關聯關係矩陣記錄了信息之間的關聯程度，保留了語句的權重，能夠快速地從海量的社會化媒體數據中找出主導性的信息。卷積神經網路通過局部連接（Local Connection）和權重共享（Weight Sharing）降低了模型的參數數量，使得模型訓練複雜度大

---

① CNN，卷積神經網路，即「Convolutional Neural Network」，是一種前饋神經網路，通常被用於自然語言處理、影像辨識、視訊分析和圍棋。2016 年 3 月，AlphaGo 對戰李世石的比賽，展示了深度學習在圍棋領域的重大突破。

大的降低，並且也有效地解決了過擬合問題。通過保留語句中詞向量之間的位置空間特徵，卷積神經網路極大地提高了句子情感判定的準確性。通過自適應學習的策略，在沒有大量手工構造訓練樣本的基礎上，也能保證句子情感分類的準確性，在面對大規模文檔處理中，提高了分類效率。同時以社會化媒體情緒為驅動的長短期記憶時間遞歸神經網路為核心，構建了基於社會化媒體效應的證券市場波動分析模型。遞歸神經網路 RNN[①] 已經被證明在處理序列數據時非常有效（Murtaza, 2015）。長短期記憶（Long Short‐Term Memory, LSTM）是一種典型的 RNN 結構，其應用非常成功。LSTM 由於對間隔和延遲長的重要事件具有記憶能力，非常適合處理該類型的時間序列數據。本書利用以社會化媒體情緒為驅動的 S‐LSTM 模型，有效地解決了證券市場中連續時序數據和離散時序數據相結合的問題，從而為快速精準地捕捉社會化媒體信息與證券市場波動之間複雜的非線性關係奠定了堅實的基礎。

　　同時，本書進一步借助基於社會化媒體效應的證券市場波動分析模型，搭建用於分析互聯網社會化媒體對證券市場波動影響的大數據分析平臺，即社會化媒體效應量化智能平臺（Social Media Quantitative Intelligent Platform, SMQIP），並實現了數據集合和核心算法的開源共享。該平臺從證券市場監管、上市公司管理和投資者行為等不同的角度，為證券市場網路媒體效應的研究者、證券市場實踐者提供理論參考和決策支持。中國證券市場的體制還在不斷完善的過程中，在網路上發布虛假輿論從而擾亂證券市場的行為時有發生。本書從金融市場監管角度，就如何利用深度神經網路提高市場監管效率進行了深入探討。

1.1.2　研究意義

1.1.2.1　理論意義

　　本書的理論意義在於實現了對社會化媒體信息的量化以及深度神經網路中連續時序數據和離散時序數據的融合。

[①] RNN，遞歸神經網路，是兩種人工神經網路的總稱。一種是時間遞歸神經網路（recurrent neural network），另一種是結構遞歸神經網路（recursive neural network）。時間遞歸神經網路的神經元間連接構成矩陣，而結構遞歸神經網路利用相似的神經網路結構遞歸構造更為複雜的深度網路。RNN 一般指代時間遞歸神經網路。

第一，研究並提出了新型的社會化媒體信息量化理論與建模方法體系。

在媒體信息對證券市場波動影響的研究中，對媒體信息的量化是核心問題。傳統的媒體信息量化方法，簡單地把句子拆分為詞彙，利用詞彙的情感極性來代表媒體新聞信息的情感極性，忽略了詞彙之間以及句子之間的關係，對所有的詞彙都「一視同仁」。然而在社會化媒體信息中，發帖和回復構成了重要的關係。本書基於圖論分析，通過 SentenceRank 算法構造一個社會化媒體信息之間的引用、回復以及文本相似度的關聯關係矩陣，用於判定社會化媒體信息的重要度，根據閾值篩除掉大量的口語或廣告信息。再結合財經情感詞庫，判定出重要信息的情感極性。綜合考慮句子重要性和情感極性，計算出公眾對於特定上市公司、板塊或證券市場的情感傾向，為進一步分析社會化媒體對證券市場的影響提供重要的市場情緒變量。

第二，研究並提出了基於 S-LSTM 深度神經網路的連續時序數據和離散時序數據的信息融合理論。

時間遞歸神經網路(Recurrent Neural Network, RNN)擅長處理與時間相關的應用，在自然語言處理、音頻分析和視頻識別等方面有著廣泛的應用。LSTM 是時間遞歸神經網路最成功的結構之一，LSTM 通過單元(Cell)中包含的輸入門、遺忘門和輸出門的特殊設計，解決了傳統 RNN 對於長期記憶依賴的問題。因此 LSTM 常用於解決文本生成、股價預測等時間序列相關的問題(Murtaza, 2015; Hamid, 2016)。標準的 LSTM 深度神經網路適用於預測連續時序的數據。然而，社會化媒體信息中關於特定上市公司的信息並不一定每天都有，量化後的社會化媒體信息構成的是離散時序數據。密集連續的時序數據將削弱離散時序數據特性，使得標準 LSTM 模型對於社會化媒體信息的記憶失效。本書開創性地通過以社會化媒體情緒為驅動的長短期記憶(S-LSTM)時序神經網路將深度神經網路中連續時序數據和離散時序數據融合，大大提高了對證券市場波動判斷的準確性。該深度神經網路對於其他具有連續時序和離散時序數據特徵的研究具有重大參考價值。

1.1.2.2 現實意義

本書的現實意義是在大數據環境下，改進了社會化媒體信息的獲取方法，捕捉了社會化媒體信息與證券市場波動的複雜非線性關係，提出了證券市場參與者投資決策的創新策略。

第一，提出了新型的社會化媒體信息處理體系。

在關於媒體信息對證券市場影響的研究中，獲取媒體信息樣本的方式有：通過手工搜集(Davies & Canes, 1978)，或通過手工與計算機相結合抓取主要網頁新聞信息，再由人工進行去重對比。在大數據環境下，海量的數據隨時隨地都在產生，每分鐘在互聯網上產生的數據為PB[①]級的，特別對於社會化媒體信息，不僅僅有主帖信息，還有大量的回復和引用。如此海量和快速的信息，依靠人工或者普通抓爬技術效率極低且容易出錯。為了及時準確地獲取快速更新的海量社會化媒體信息，本書開發了商業級別的網路爬蟲系統，通過分佈式的爬取方式，突破網站信息爬取限制，可以成功地根據社會化媒體信息的層次結構，全面爬取研究中需要的主帖、回復、引用、發帖人及回復人的詳細信息等。為進一步研究分析提供全面的有效信息。

第二，構建了社會化媒體信息與證券市場波動複雜非線性映射模型，提出了對應的數據處理算法。

「股吧」、論壇和雪球網等社會化媒體平臺聚集著大量的證券市場參與者，社會化媒體信息影響著市場參與者的情緒和投資者決策行為，社會化媒體信息的情緒因「羊群效應」在市場參與者之間快速蔓延，衝擊著證券市場的穩定。社會化媒體和公司財務指標、交易行情數據以及宏觀政策等多因子共同影響著證券市場的資本價格。這種影響不能用簡單的線性迴歸模型來描述(Li et al., 2014a)。本書基於長短期記憶(LSTM)深度神經網路，構造基於大數據的證券市場社會化媒體效應量化智能平臺(SMQIP)，嘗試捕捉社會化媒體在證券市場的複雜效應，找出證券市場資產價格與社會化媒體信息之間複雜的關係。由於上市公司基本面等信息在短時期內相對穩定，其對證券市場資本價格的影響往往體現在一個相對較長的時期內。然而，社會化媒體信息通過互聯網能夠快速地「到達」證券市場參與者面前，影響市場參與者對於資本價格的判斷，從而推動資本價格的變化。隨著時間的推移，社會化媒體信息的影響也逐步消減。因此，SMQIP以證券市場歷史交易信息和社會化媒體信息量化後組成多維向量作為模型的輸入變量(解釋變量)，將LSTM中單元結構經過改造後，對社會化媒體信息進行有選擇地增強、記憶和遺忘，更加

---

① PB是較高級的計算機存儲單元，等於2的50次方字節，通常1字節可以表示1個英文字符。

真實地反應出社會化媒體信息對於證券市場資本價格的影響,準確地捕捉社會化媒體和證券市場波動之間複雜的非線性映射關係。

第三,提出了新型的證券市場參與者策略,並構建了相應的智能分析平臺,實現了策略處理的自動化。

本書搭建的基於大數據的社會化媒體效應量化智能平臺(SMQIP),實現了社會化媒體信息、股票基本信息的自動爬取、篩選、分析、組合和預測,為金融市場監管機構、上市公司和投資者提供重要的參考和決策輔助。金融市場監管機構借助 SMQIP 及時有效地觀察社會化媒體中聚集的市場情緒,對於可能造成系統性影響的市場情緒在影響市場之前進行必要的干預。上市公司借助 SMQIP 可發現社會化媒體中對公司產品經營等方面的情緒,在出現錯誤偏差時,可以及時地進行正確引導,降低公司股票價格出現劇烈波動的風險,並依據投資者情緒的橫向和縱向變化做出公司營運的相關決策。投資者借助 SMQIP 獲得社會化媒體中對整體市場、特定板塊或股票的情緒,為證券市場投資者獲取最大投資價值提供更加準確的決策支持。SMQIP 基於大數據背景,從社會化媒體的角度,分析證券市場波動的影響因素,不論是在學術方面還是市場實踐方面都具有較強的現實意義。

1.2 研究思路、研究方法和研究結構

1.2.1 研究思路和研究方法

本書創新性地提出了證券市場社會化媒體量化方法,通過自適應深度學習情感判斷模型挖掘社會化媒體信息中的情感極性。構建 SMQIP 探索社會化媒體信息與證券市場波動的內在聯繫。以此為基礎,從投資者認知行為、上市公司管理和金融市場監管三個角度,剖析在社會化網路環境中的證券市場媒體效應(見圖 1.1)。

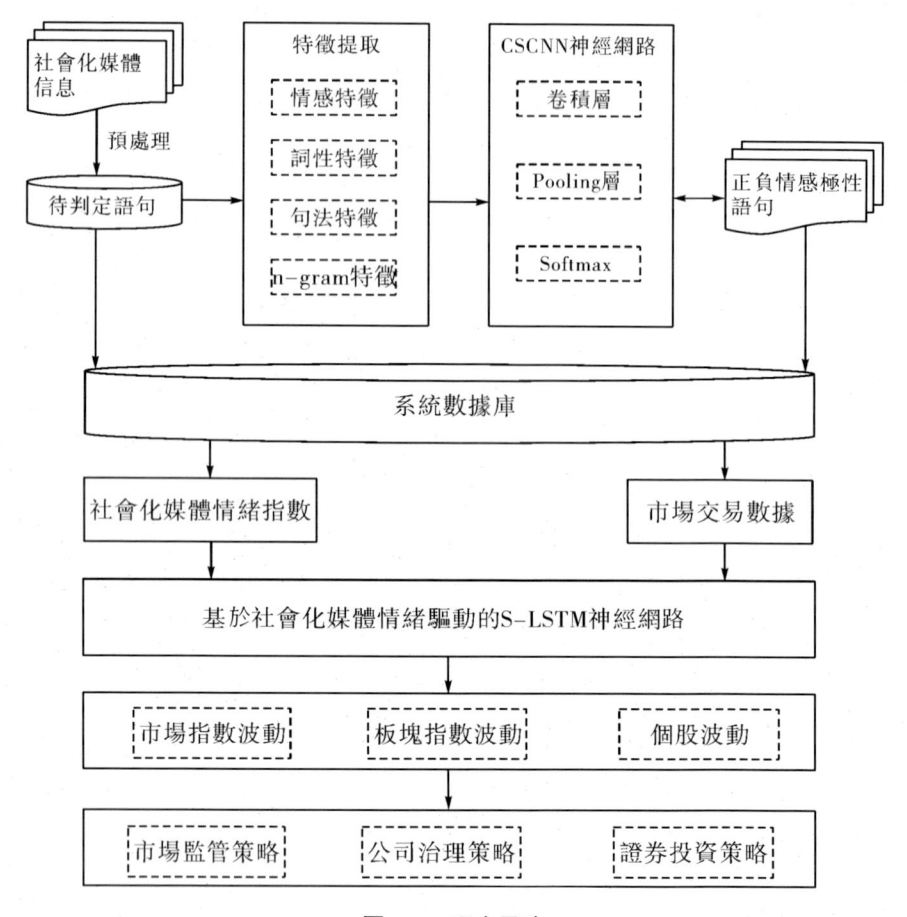

圖 1.1　研究思路

　　第一，通過文獻閱讀，收集、整理在文本情緒挖掘、媒體對證券市場波動的影響等方面的國內外研究現狀，奠定本書的理論基礎。

　　第二，本書在抽取社會化媒體信息關聯關係的基礎上，借助財經情感辭典，判定文本信息語句的情感極性。在此基礎上，構建了一個上市公司財經社會化媒體信息語料庫（FSMDB），採用了人工閱讀法和深度神經網路自動提取法相結合（即自適應機器學習）的方式，極大地提高了社會化媒體信息量化的效率和準確度。

　　第三，本書以社會化媒體投資者情緒驅動的長短期記憶（S-LSTM）深度神經網路為核心，搭建了基於大數據的證券市場社會化媒體效應量化智能平臺（SMQIP）。SMQIP以5個交易日的市場交易數據以及社會化媒體信息情

感數據等構成輸入向量，利用通過歷史訓練數據「學會」的權重矩陣，對證券市場指數以及個股價格波動進行量化測度，探索社會化媒體信息與證券市場資本價格之間的複雜非線性映射關係。SMQIP 每天可以根據最新的真實交易數據和社會化媒體數據自我學習，更新模型「知識」。

第四，本書從金融市場監管機構[①]、上市公司管理和證券市場投資者[②]三個角度剖析了社會化媒體信息引導市場情緒，導致證券市場資產價格波動，甚至影響金融穩定的內在機理。為市場監管機構及時發現市場或單只股票的異常波動提供支持；為上市公司感知證券市場中公司投資者或潛在投資者以及所屬板塊的市場情緒，適時地對偏離方向的市場情緒進行正確引導提供依據；為證券市場投資者瞭解市場情緒，構建證券投資策略，提高投資收益提供輔助的投資建議。

本書涉及金融學、管理學、心理學、語言學、計算機科學等眾多的學科領域，使用了多種研究方法，包括：

（1）社會科學大數據量化分析法。傳統量化方法無法快速處理千萬量級的數據，本書利用社會化媒體的特徵，創新性地根據句子內容相似度、引用關係和回復關係建立關聯矩陣，利用 GPU[③] 計算社會化媒體信息的權重，可在數秒內對千萬量級數據進行量化篩選。該量化方法結合社會化媒體的特徵，極大地提高了數據量化的速度，保留了數據之間重要的相關特徵，實現了社會科學研究中大數據量化方法的突破。

（2）文獻分析法和歸納總結法。本書通過收集，整理金融、管理信息系統和計算機科學三大領域的文獻，全面系統地分析了該交叉領域的研究現狀，再現了現有的研究成果。在此基礎上，歸納、分析和總結了證券市場運行的機制、市場情緒對證券市場波動的影響，指出了進一步研究的突破點，提出了「社會化媒體——投資者情緒——證券市場波動」的研究路線，為進行社會化媒體對證券市場波動的影響深度和廣度的研究奠定了重要的理論基礎。

---

① 本書所指的監管機構包括中國人民銀行、中國銀行業監督管理委員會、中國證券監督管理委員會、中國保險監督管理委員會、滬深證券交易所等。

② 本書所指的投資者包括個人投資者和機構投資者，其中機構投資者包括證券公司、基金公司、保險公司以及部分商業銀行等。

③ GPU，Graphics Processing Unit，圖形處理器，是一種專門在計算機中進行繪圖運算工作的微處理器。在機器學習中，常用 GPU 提高矩陣運算效率。

(3)智能數據採集法。自適應機器學習模型在訓練開始時需要將部分已經標註好情感極性的證券市場財經語句作為輸入。本書按規則從系統數據庫中隨機選取了具有代表性的 30,000 條社會化媒體信息數據進行清洗過濾後,構建了「證券市場語料情感調查」網站。邀請證券市場研究學者、專家、普通投資者和部分證券期貨專業學生對證券市場社會化媒體語料庫中出現的語句進行情感判定,獲得 CSCNN 情感判斷模型的原始輸入。

(4)跨學科研究法。本書結合了金融學、心理學和計算機科學等多個學科。將證券市場的資產定價、運行機制、社會化媒體信息反應的證券市場參與者情緒和計算機科學的深度神經網路相結合,創新性地提出社會化媒體效應量化方法,通過學科融合,分析挖掘了社會化媒體信息對證券市場波動的影響,探索了計算機深度神經網路與證券市場研究的深度結合方式。

(5)對比分析法。本書在對證券市場語句情感判定研究時,對比分析了支持向量機模型(Support Vector Machine,SVM)、樸素貝葉斯分類模型(Naive Bayesian,NB)、時間遞歸神經網路(Recurrent Neural Network,RNN)和卷積神經網路模型(CNN)在語句情感判定中的應用。分析模型原理和優缺點,為研究金融市場情緒提供技術依據。

(6)仿真實驗法。本書對中國平安以及上證 100 部分樣本股進行仿真實驗研究,結合研究對象 2016—2017 年在東方財富股吧、新浪財經及雪球網等社會化媒體中的文本信息和證券市場歷史交易數據,借助基於大數據的證券市場社會化媒體效應量化智能平臺(SMQIP),實證檢驗社會化媒體文本信息帶來的投資者情緒和證券市場波動之間的關係。進而為金融市場監管者、上市公司管理者和證券市場投資者提供理論參考和決策輔助。

1.2.2 研究結構

從結構上看,本書分為以下 8 章:

第 1 章 導論,主要介紹選題背景、研究的意義、研究的思路和方法、全書的結構安排以及主要創新點。

第 2 章 文獻綜述,主要對社會化媒體量化、市場情緒和社會化媒體對證券市場波動影響三個方面的理論和文獻進行了系統的回顧和梳理。本章為研究社會化媒體量化、剖析社會化媒體信息與證券市場波動的關係和防範系統性金融風險研究提供強有力的支持和論證。

第 3 章　系統總體設計，從系統總體設計的角度，自上向下對本書的邏輯模塊和流程進行概述，對系統的數據處理流程進行說明，明確證券市場社會化媒體效應智能解決方案中模塊之間的關係，理順系統從數據抓取到文本信息處理情感提取，再到利用深度學習神經網路對社會化媒體與證券市場波動的影響進行關聯分析的流程。確保系統模塊完整和研究順利推進。

第 4 章　社會化媒體量化與投資者情緒提取研究，主要對社會化媒體文本信息量化和投資者情緒的提取進行研究。首先對社會化媒體信息的抓取、過濾、預處理和詞彙量化過程進行了描述；隨後提出依據中文語句的語法和語義結構構建中文語句卷積神經網路(CSCNN)核心算法對文本情感極性進行判定；接著對情感判定模型進行了比較研究。

第 5 章　投資者情緒指數的構造，借鑑傳統指數構造原理，利用社會化媒體平臺文本信息結構特點，創新性地提出基於內容相似度矩陣、引用關係矩陣和回復關係矩陣的社會化媒體文本語句權重 SentenceRank 算法計算語句權重，結合用戶影響力因子、閱讀數量因子和點讚數量因子，構造了社會化媒體投資者情緒指數(SMISI)，為後續研究提供了重要的特徵變量。

第 6 章　SMISI 對證券市場波動的量化研究，通過實證研究，首先將 SMISI 與 Fama 五因子模型結合，驗證了 SMISI 對證券市場收益率的系統性影響；接著利用 VAR 模型研究 SMISI 對證券市場波動影響的深度和廣度。隨後提出基於社會化媒體情緒驅動的 S-LSTM 深度神經網路模型核心算法，更加準確地捕捉社會化媒體投資者情緒對證券市場的影響效應，並通過模擬的方式驗證了 SMISI 在量化投資中應用的可行性。

第 7 章　面向證券市場策略的 SMQIP 檢驗與分析，從市場監管者、上市公司和投資者三個不同的角度剖析了社會化媒體信息引導市場情緒，導致證券市場資產價格波動，甚至影響金融穩定的內在機理。並利用具體案例從以上三個角度分別驗證了基於大數據的證券市場社會化媒體效應量化智能平臺(SMQIP)的應用可行性。

第 8 章　總結、不足與研究展望，對全書進行了總結，對研究中存在的不足進行了分析和反思，對於金融智能領域的研究熱點和方向以及未來可能進行的研究計劃進行了展望(見圖 1.2)。

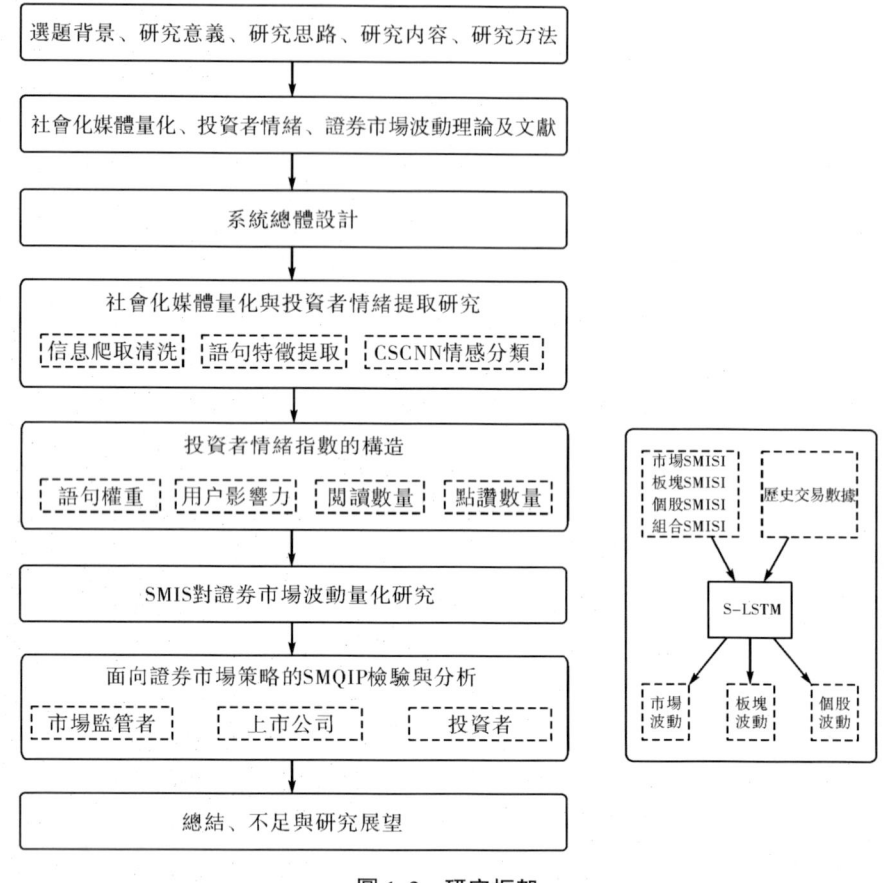

圖 1.2　研究框架

1.3　本書主要創新點

本書的主要創新點包括以下三個方面：

創新點 1：提出了一個基於深度學習的公眾情緒文本挖掘方法，綜合考慮文本內容和質量的影響，以捕捉社會化媒體中的公眾情緒。

隨著互聯網的發展，特別是網路社交媒體的爆炸式增長，為證券市場的媒體效應研究帶來了新的視角。而通過文獻研究發現，現有的關於媒體效應的證券市場研究文獻中，大多從財經新聞角度對媒體效應進行研究。然而在

現實情況中,證券市場投資者通常匯聚在「股吧」、新浪財經和雪球網等社會化媒體平臺中,並通過發帖、回復、點讚和轉發等方式表達情感。因此本書在傳統金融學理論的框架下,利用中文語句卷積神經網路對證券市場環境下文本信息進行情感判定,結合社會化媒體特有的結構特性,創新性地提出一套基於信息內容和發布結構的公眾情緒提取方法,利用論壇特有的結構:發帖、回復、轉發和引用等構建內容和結構的關聯圖,進而得到綜合關聯關係矩陣,從散亂的、高噪音的論壇信息討論中挖掘出主導性言論。綜合考慮社會化媒體信息的重要性和情感極性,提取出公眾對於上市公司、板塊或整體市場的情緒傾向。

創新點2:基於社會化媒體大數據,研究和優化了證券市場情緒指數的構建方法。

在研究社會化媒體信息量化及其對證券市場波動的影響中,發現社會化媒體信息不僅對個股存在顯著影響,股票板塊指數也同樣會對社會化媒體信息中的情緒傾向有所反應。同時在傳統研究中認為正面新聞和負面新聞對情緒的影響是等權重的,即是正面情緒和負面情緒效果等同。然而在現實中,正面情緒和負面情緒的影響並不相同。本書創新性地利用統計學中指數構造原理,對正面情緒和負面情緒給予不同的權重,構造了證券市場社會化媒體投資者情感指數SMISI,並結合證券市場歷史交易數據從大數據角度系統剖析社會化媒體對證券市場波動的影響機理和傳導機制,為金融學領域經典問題的研究提供了大數據驅動的探索思路;同時,結合成分股的社會化媒體情感指數,細分了社會化媒體主板情感指數、中小板情感指數和創業板情感指數等。這些指數對於金融市場監管者監控證券市場波動、上市公司決策和投資者投資組合時都有重要的參考價值。

創新點3:集成情緒判定、文本賦權和情緒指數市場效應評估等核心算法,構建了情緒對證券市場波動的影響分析的系統原型。

傳統的長短期記憶(LSTM)時間遞歸神經網路適用於解決連續時序性問題,然而,社會化媒體信息具有離散的特性,這為利用LSTM分析社會化媒體信息對證券市場波動的影響帶來了一定的局限性。本書開創性地通過以社會化媒體情緒為驅動的時序神經網路,通過改造LSTM單元,增加情緒增強門,改變了遺忘門、輸入門和輸出門數據結構,解決了深度神經網路中連續時

序數據和離散時序數據融合的問題。基於此搭建的基於大數據的證券市場社會化媒體效應量化智能平臺(SMQIP)，可以為市場監管機構、上市公司、投資者以及相關領域研究者提供理論參考和決策支持。以社會化媒體情緒為驅動的時序神經網路結構也為其他領域對連續時序數據和離散時序數據問題的解決開拓了新的思路。

2 文獻綜述

社會化媒體對證券市場波動的影響可以概括為「社會化媒體——投資者情緒——證券市場波動」。這正是本書的研究主線。本章首先回顧了證券市場波動相關理論，為本書奠定堅實的理論基礎；其次，對國內外投資者情緒與證券市場波動相關的文獻進行了梳理和探討；再次，回顧了研究社會化媒體與投資者情緒之間複雜關係的主要文獻；最後，梳理了目前國內外對社會化媒體量化及相關應用的研究現狀。

2.1 證券市場波動相關理論

人類對於證券市場波動規律的認知是一個極具挑戰性的難題。迄今，還沒有任何一種理論和方法能令人信服。本小節從現代經典金融理論和行為金融理論入手，分析國內外對證券市場波動研究的現狀，從而為本書奠定堅實的理論基礎。

2.1.1 現代經典金融理論相關分析

現代經典金融理論是指在金融經濟學中應用數學方法研究金融風險防範與控制、資本市場營運、資本資產結構和定價等理論取得的成果。現代經典金融理論把證券市場價格波動過程看作是一個動態均衡的過程。有效市場假說（EMH）是現代經典金融理論的奠基石。

有效市場假說認為市場上大量的理性投資者能基於市場上充分流動的信息，對證券未來的市場價值做出正確判斷，也就是說，證券價格已經充分吸收和反應了所有可獲取的信息（Fama，1970）。Shleifer（2000）指出有效市場假說理論主要由三個逐漸弱化的假設構成：①理性投資者假設。投資者的理性

是市場有效性的體現,其能夠理性地評估資產的價值。②隨機交易假設。市場會有一些非理性的投資者,但是他們的交易是隨機的,會互相抵消,不至於會影響資產的價格。③有效套利假設。非理性投資者的行為即使不是隨機的而具有相關性,市場中的理性套利者會利用無風險套利,從而消除這種影響。

Markowitz(1952)在《資產選擇:有效的多樣化》一文中,在投資者效用最大化的基礎上,首次使用資產組合收益的均值和方差這兩個數學概念,從數學上明確地定義了投資者偏好,即均值—方差模型:投資者在相同的期望收益(均值)條件下,總是選擇風險(方差)最小的證券組合;在相同的投資風險(方差)下,會選擇預期收益率(均值)最大的證券組合。這篇論文是現代資產組合理論的開端,也標誌著現代經典金融理論的誕生。

隨後 Miller 和 Modigliani 提出了著名的 MM 定理,該定理使用無套利原型證明了企業的市場價值與資本結構無關。其首次使用無套利作為金融學的分析範式證明,在不考慮稅、破產成本、信息不對稱並且處於有效市場內,不存在零投資風險而獲取正收益的機會。

在 Markowitz 均值—方差模型的基礎上,Sharpe(1964)、Linter(1965) 和 Mossion(1966) 分別獨自提出了著名的資本資產定價模型(Capital Asset Pricing Model, CAPM),這是第一個使用計量方法檢驗的模型理論,給出了證券市場上資產的定價公式。根據 CAPM 定義,資產 i 的期望收益率和市場投資組合的期望收益率之間的關係可以表示為:

$$E(r_i) = r_f + \beta_{im}[E(r_m) - r_f] \qquad (2-1)$$

上式中,$E(r_i)$ 是資產 i 的期望收益率;r_f 是無風險收益率,一般會使用短期國債利率近似代替;β_{im} 是資產 i 的系統性風險係數,$\beta_{im} = Cov(r_i, r_m)/Var(r_m)$;$E(r_m)$ 是市場組合投資 m 的期望收益率,一般會使用股票價格指數收益率的平均值或者所有股票平均收益率來代替;$E(r_m) - r_f$ 就是市場風險溢價。

但是,CAPM 模型在實際市場中並不能驗證歷史投資收益,Ross(1976)在 CAPM 的基礎上擴展了套利定價理論(Arbitrage Pricing Theory, APT),其把套利行為看成是現代有效市場的一個決定因素。APT 假設證券收益與若干經濟因素線性相關:

$$E(r_i) = r_f + \sum_{j=1}^{k} \beta_{ij}[E(r_j) - r_f] \qquad (2-2)$$

比較式 2-1 和式 2-2 不難發現，CAPM 其實是 APT 的一個特例。CAPM 的假設條件是投資者具有均值方差偏好、資產的收益分佈呈正態分佈，而 APT 則沒有這個限制。但是和 CAPM 一樣，APT 要求所有的投資者對資產的期望收益和方差、協方差的估計一致。所以說，APT 是比 CAPM 更具一般性和靈活性的資產定價模型。

儘管現代經典金融理論承襲了經濟學「理性範式」的研究思路，並取得了巨大的成功。但是，它忽略了投資者的實際決策行為在證券市場中的作用。以有效市場假設和理性人假設為基礎的現代經典金融理論無法解釋證券市場上的各種異象，這表明了現代經典金融理論的局限性(饒育蕾，2010)。實際上，現代經典金融理論使用線性範式來刻畫市場，但是金融市場從本質上來講是非線性的。

2.1.2　行為金融理論相關分析

行為金融理論以心理學的發現為基礎，分析投資者的各種心理特徵，研究投資者在決策時是如何產生系統性偏差的。與現代經典金融理論的理性人假設和有效市場假設不同的是，行為金融理論認為投資人是非理性的，由於情緒與認知偏差，投資者不能做到理性預期和效用最大化，最終導致市場非有效和資產價格偏離內在價值。行為金融理論是金融學、心理學和人類學等有機結合的綜合理論。迄今，行為金融理論中的重要理論包括：認知偏差理論、展望理論、有限理性、有限套利、預期效用理論、行為資產定價模型和行為資產組合理論等。

有限理性中的「理性」更多的是心理學意義上的而非經濟學意義上的。著名經濟學家凱恩斯最早提出了心理預期在投資決策中的重要作用。凱恩斯認為投資者是非理性的，其心理因素是決定投資行為的主要因素。Burrel et al.(1951)將投資模型和投資者心理行為特徵應用實驗方法相結合，開拓了金融新領域，是行為金融理論最早的研究者。Simon(1982)首次提出「有限理性(Bounded Rationality)」的概念，即投資者對環境的認知能力和計算能力都是有限的，受到其自身情緒、個性和價值取向等因素影響，其只能從大量信息中篩選出相關信息進行加工處理，利用次優目標來代替利益最大化，故而投資者只具有有限理性。

行為金融理論認為，套利行為在資本市場中不僅是有限的，而且是有風險的。①套利者在出現錯誤定價時，大多數情況下無法找到合適的替代品進

行無風險對沖,從而使得套利者面臨基本風險。②套利行為面臨基本面風險,套利者在買入或賣出股票後,如果市場出現特大利空或利好消息,就必須承擔證券基本價值相關的風險,導致套利者利益受損。③ DeLong(1990)和 Shleifer et al.(1997)提出套利行為中存在噪聲交易風險,噪聲交易者的錯誤判斷會導致錯誤定價的出現,從而產生套利交易。然而噪聲交易風險在一定程度上將限制套利行為的有效性。由於基本面風險和噪聲交易風險在現實的證券市場中無法消除,所以套利者不能完全消除非理性投資帶來的錯誤定價,導致了有限的套利行為。

認知偏差理論是行為金融學的重要理論之一。心理學研究發現,在面對複雜問題時,受到時間和認知的限制,人們無法對決策所需要的信息進行最有效分析。投資者在進行決策時,會利用經驗法則進行判斷。啓發式(heuristic)推斷法是人們處理複雜問題決策過程中所使用的推理方法,具體表現為代表性推斷法(representativeness)、可用性推斷法(availability)和錨定與調整推斷法(anchoring and adjustment)。投資者往往利用歷史經驗來預測證券市場的走勢,簡單易行,但是也容易產生偏差。

展望理論是行為金融學的另一重要理論,研究的是人們在不確定的環境中做出決策的過程和相關的決策偏好。Kahneman et al.(1979)對傳統期望效用理論進行了擴展,在研究中證實了確定效應(Certainty Effect)、隔離效應(Isolation Effect)和反射效應(Refelction Effect)。使用效用函數(Value Function)和決策權重函數(Weighting Function)對人們心理進行評價:

$$PTUtility = V(x)W(p) \qquad (2-3)$$

上式中,$V(x)$ 是效用函數,是人們對於損失和收益的基本態度。在參考點之上的獲利區域,效用函數是凹函數,體現了投資者風險規避的態度;而在參考點之下損失區域,效用函數是凸函數,體現投資者追求風險的態度。也就是說投資者往往偏好於穩定的收益,但是在面臨損失的時候通常會冒險彌補損失(見圖 2.1、圖 2.2)。

$$V(x) = \begin{cases} x^{\alpha}, & x \geq 0 \\ -\lambda(-x^{\beta}), & x < 0 \end{cases} \qquad (2-4)$$

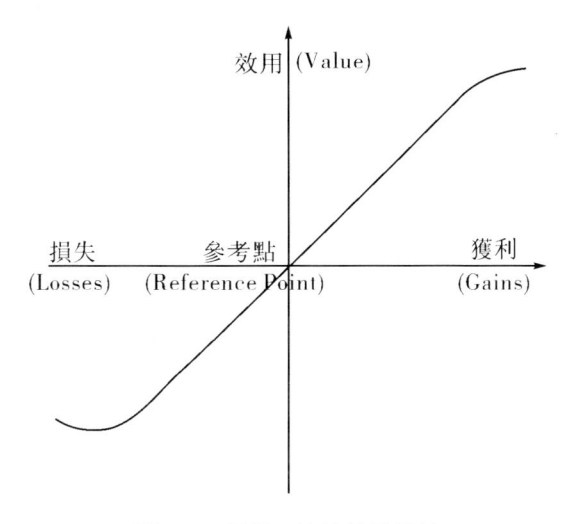

圖 2.1 展望理論的效用函數

$W(p)$ 是權重決策函數,表現了投資者對於概率的感受為帶有權重的主觀概率 $W(p)$,而不是客觀概率 p。

$$W(p) = \frac{p^\gamma}{\left[p^\gamma + (1-p)^\gamma\right]^{1/\gamma}} \tag{2-5}$$

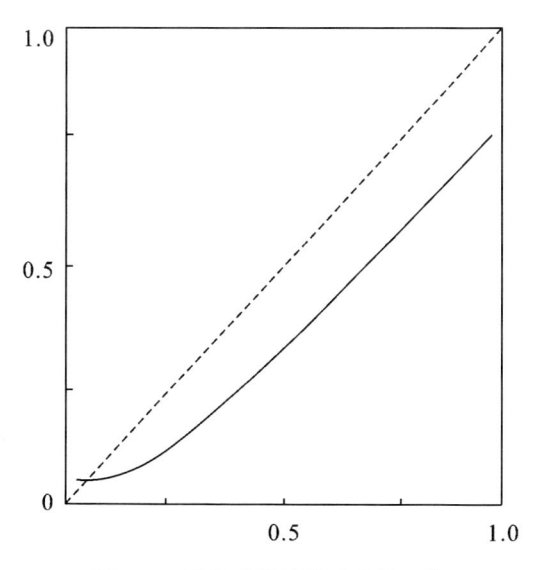

圖 2.2 展望理論的權重決策函數

展望理論表明：①投資者不僅關注最終財富總量，更關注收益和損失。②投資者面對損失時是風險偏好的，面對收益時是風險厭惡的。③對於等量的財富變化，損失給投資者產生的痛苦要大於收益給投資者帶來的快樂。④投資者前期投資的結果會影響從現在的盈利或損失中獲得的效用。Thaler et al.(1985)和 Barberis et al.(1998,2001)等都基於展望理論進行了進一步的研究。

Barberis et al.(1998)提出的 BSV 模型研究投資者反應不足(under reaction)、反應過度(over reaction)與情緒之間的關係，得出投資者的情緒會影響證券市場資產均衡價格的結論。

在對 BSV 模型進行拓展後，Daniel et al.(1998)提出 DHS 模型，該模型將投資者分成了兩類：無信息投資者和有信息投資者。其中無信息投資者由於不受信息影響在決策時不存在判斷偏差，而有信息投資者則容易因過度自信和自我歸因產生判斷偏差。DHS 模型解釋了證券市場股票價格短期連續性和長期收益的反轉效應。

行為金融理論在中國興起和發展大致始於 20 世紀 90 年代末。張人驥(1998)、沈藝峰和吳世農(1999)等在國外研究的基礎上，結合中國特色資本市場進行的中國投資者非理性和管理者非理性相關研究引起並促進了中國行為金融理論的研究，並取得了豐碩的研究成果。

2.1.3　中國證券市場有效性研究及情緒影響分析

現代金融學對市場有效性進行了大量研究。基於 Fama(1970)的「有效市場」定義，Malkiel(1992)給出了一個更清晰和明確的定義，指出市場有效性包括三點：①證券價格完全反應了資產價格；②市場中每個信息都已經表現了市場的有效性，即使公開所有信息，資產價格也不會受到影響；③公開的信息不會為投資者帶來收益。但是，在現實中受各種條件的限制，不同的信息給證券價格帶來不同的影響，沒有證券市場可以達到完全的市場有效性，存在著不同的有效性。Fama(1970)將證券相關信息分為「過去價格信息」「公開信息」「所有信息」三類，並基於此劃分出三種效率不同的有效市場：弱型有效市場、半強型有效市場和強型有效市場(見表 2.1)。

表 2.1　　　　　　　　　　市場有效性程度分類說明

類別	說明
弱型有效市場（Weak Form Efficient Market）	資本市場中已經完全包含了過去的價格信息，由於證券市場過去價格的信息已經完全在現行價格中得到體現，所以市場的價格變化是相互獨立的，證券價格過去和未來價格之間不存在關聯。投資者無法通過分析歷史信息獲得超額的收益。
半強型有效市場（Semi-Strong Form Efficient Market）	證券市場的資產價格反應了包括歷史價格信息、經濟政策形勢變化、公司財務報表和公司經營情況等所有的公開信息。證券價格在新的信息公開前達到均衡狀態。投資者無法通過對公開信息的分析獲得超額的收益。
強型有效市場（Strong Form Efficient Market）	證券市場的資本價格反應了所有公開和未公開的信息，市場上的每一個投資者都可以獲得所有信息，市場參與者之間不存在信息的不對稱，無法通過分析信息獲得超額收益。

中國證券市場經過近30年的發展，無論是市場結構還是市場深度和廣度都發生了劇烈變化，市場有效性水準也在逐步提高。弱型有效市場要求證券市場資本價格是對歷史價格信息的反應，所以證券市場價格與歷史價格信息的相關性通常作為分析市場有效性的核心指標，通常對於短時間的時間序列數據使用斯皮爾曼相關係數（Spearman Correlation Coefficient）反應相關性；長時間的時間序列數據則使用赫斯特指數（Hurst Exponent）來反應其隨機遊走程度。圖2.3反應了中國A股市場近10年來滬深300指數收益率相關性。赫斯特指數越接近於0.5，證券價格與歷史價格信息的相關性就越弱，也就是說證券市場越有效。從圖2.3中赫斯特指數的走勢可以看出，中國證券市場的有效性是有所提升的，波動也比較明顯。

圖2.3　A股市場赫斯特指數變化

李凱(2000)、劉智(2003)、劉偉(2009)等的研究也表明中國的證券市場具有弱有效性,且隨著中國政府在證券市場監管方面制度的不斷完善,市場整體有效性在逐步提高。

學術界普遍認為中國的證券市場還未達到半強型有效市場。這也就意味著,在中國證券市場中,公開信息依然顯著地影響著證券市場價格的波動。對於事先獲得公開信息以及根據公開信息的研究對證券價格波動做出預測,可以為投資者帶來超額收益。這也是本書的研究動機之一。通過對社會化媒體影響投資者情緒傾向的內在機制的分析,研究其對中國證券市場波動的影響。

2.1.4 證券市場相關理論評述

現代經典金融理論嚴苛的假設條件與市場現實狀況有較大的出入,比如,投資者並不是風險中立的,相反,在面對收益或損失時,會表現出風險厭惡或風險喜好;證券市場的信息是不對稱的,通常會存在掌握「內幕消息」的投資者。實際上現代經典金融理論的有效市場假說與完全理性預期均衡的一致性導致了悖論。Grossman et al.(1976,1980)提出,如果真的存在有效市場,則所有投資者都相信股票價格是所有信息的正確反應,那麼就沒有人去積極地收集和處理信息,就不會有任何有關股票的新信息出現,那麼整個市場將無法長期保持有效。

行為金融學打破了現代經典金融理論的理性人假設,以心理學和行為學為基礎構建模型,旨在解釋金融市場的多種異象。行為金融理論將投資者的心理特徵作為影響決策的重要因素,更加接近於市場實際。但是目前行為金融學並沒有統一、成熟的理論體系,沒有辦法一致性地解釋證券市場的各種現象。目前行為金融理論研究均採用事件研究法,沒有一套成熟完善的數學模型可以作為理論支撐,導致了在實踐上也缺乏對證券市場波動能夠進行高精度、高覆蓋度以及高可用的預測系統,嚴重阻礙了金融市場穩定、高效地發展,也成了目前相關金融研究的瓶頸之一。

目前中國資本市場正處於成長階段,市場運作還不夠規範,投資者對企業內在價值認知不夠,導致投機氣氛依然較為濃厚。中國股市中還存在許多不可分散的風險影響股票價格,比如公司規模、市盈率等公司特徵因素,這些因素都不同程度地降低了證券組合的有效性,同時也使得證券市場的有效性欠缺。對於中國這樣一個特殊的新興證券市場,需要有中國特色社會主義的

新理論來指導和規範投資實踐。

證券市場的價格波動包含了長期穩定性和短期隨機性的特徵,證券價格是在長期穩定性和短期隨機性的均衡過程中形成的。長期穩定性表現為證券的內在價值,短期隨機性在投資者有限認知的環境中,主要體現在投資者情緒對證券價格波動產生的影響。

證券市場價格波動機理,也正是本書「社會化媒體——投資者情緒——證券市場波動」研究主線的理論基礎。本書將另闢蹊徑,使用基於社會化媒體情緒驅動的 S-LSTM 深度神經網路,模擬投資者決策過程,將代表基本面信息的市場交易數據與證券市場投資者情緒構成的向量作為神經網路的輸入,通過創新的 LSTM 改造算法,適應證券市場數據連續時序性和離散時序性的特徵,挖掘出證券市場波動的內在複雜關係,將現代經典金融理論中的長期波動規律與行為金融理論中的短期波動規律相結合,為證券市場波動的相關研究提供新的方法和思路。

2.2　投資者情緒與證券市場

在行為金融學理論中,投資者情緒(Investor Sentiment, IS)是重要的關注點之一,對它的研究與探討具有深刻的理論與應用背景。中國股市在近 30 年經歷了多次的「暴漲」和「暴跌」。特別是從 2007 年 10 月開始,經過 1 年時間從 6,124 的歷史高點「爆跌」至 2008 年 10 月 28 日 1,664 點;從 2014 年 7 月起從 2,050 點「暴漲」到 2015 年 6 月的 5,166 點,隨後又是斷崖式的暴跌。用傳統的金融學理論已經無法解釋這樣短時間內大幅度的波動。學者們開始從心理學和行為學的角度探尋證券市場規模效應、星期效應和天氣效應等「異象」的內在機理,行為金融學應運而生。在深入研究行為金融理論的過程中,越來越多的學者意識到,在現實條件下,特別是在大數據環境中,人們可以快速獲取無限的信息,但是人的認知是有限的,投資者往往在證券市場上表現出非理性特徵,其投資行為容易受到外界信息的干擾。Lenvine et al. (2006)認為投資者行為是投資者情緒的體現,導致了偏差的形成,最終造成證券市場的各種「異象」。索羅斯的「反射理論」認為:投資者在認識市場時會產生情緒,從而在一定程度上影響了投資決策,這個不完全客觀的決策帶來的行動隨後會改變市場,改變後的市場又再次影響投資者的情緒和認知,不

斷循環的過程使得投資者過度樂觀或過度悲觀,進而加劇了市場的波動。本節從投資者情緒的定義、衡量以及與證券市場收益的關係三個角度全面系統地對相關文獻進行梳理,為本書「社會化媒體——投資者情緒——證券市場波動」的研究主線奠定堅實的理論基礎。

2.2.1 投資者情緒的定義和衡量

目前在業界和學術界對投資者情緒都沒有一個統一和明確的標準化定義。在心理學中,情緒被定義為一系列主觀認知經驗的統稱,是多種思想、感覺和行為綜合在一起所產生的心理和生理狀態。情緒無論是正面還是負面的,都會成為引發人們行動的動機。根據心理學的研究,投資者在對股票的價格進行估計時,除了公司基本面、宏觀經濟因素外,個性偏好、知識背景等因素也會影響投資者對股價的判斷。金融學通常將情緒視為「錯誤」的同義詞。

Zweig(1973)給出了投資者情緒最早的定義,「投資者情緒體現在對於未來企業價值估計的偏差」,認為投資者情緒和封閉式基金的折價率相關。De Long et al.(1990)將投資者情緒看作是市場「噪聲」,提出了噪聲交易者模型(DSSW),將「噪聲」作為影響資本市場定價的系統性風險。Baker et al.(2006,2007)定義投資者情緒是股票市場上,不根據公司的財務數據,如現金流和投資風險而買賣股票的信念。H. Shefrin et al.(2006)認為股價中包含的在市場範圍內的系統性「錯誤」就是投資者情緒。Baker et al.(2007)認為投資者情緒就是「不取決於當前基本面的,對未來現金流和風險的信念」。

準確地衡量投資者情緒的變化,是研究投資者情緒與證券市場關聯關係的關鍵(Baker et al. 2006)。目前對於投資者情緒的衡量主要有兩種方式:

(1)直接情緒指標,通過問卷調查的方式直接獲得投資者對市場的看法。對於投資者情緒的衡量,最直接的方法就是通過問卷調查的方式,收集投資者對股票市場行情走勢的判斷,並將調查的結果編製成單一的情緒指標。

摩根富林明投資者信心指數(JF Investor Confidence Index)。摩根富林明資產管理公司在2000年開始以英國倫敦為中心,定期進行投資人信心調查,詢問投資人對未來六個月股市的預測,按五等級劃分樂觀和悲觀程度,編製投資人信心指數。

投資者智能指數,根據機構投資者看漲和看跌比例編製,Brown et al.(2004)使用該指數發現投資者情緒對證券市場資產定價會產生影響。但Firsher et al(2000),Lee et al.(2002)等的研究表明該指數與證券市場波動和收益率在統計上並不明顯。

道富投資者信心指數(State Street Investor Confidence Index),通過調查機構投資人投資組合中的實際風險水準編製,和投資者智能指數相似,反應的是機構投資者的情緒。一般來說,機構投資者投資組合中的高風險資產越多(越少),說明投資者對股市看漲(看跌)。

此外,個體投資者協會指數(Fisher et al., 2000)、證券分析師指標(Fisther et al., 2000)等也被常用來衡量投資者情緒。

國內的「央視看盤」指數是由央視財經頻道基於證券公司每天開盤前發布的對股票走勢的預測而得到的。利用央視看盤,王美今等(2004)構建了BSI指標,研究發現投資者情緒是影響證券市場收益的一個系統性因子。

(2)間接情緒指標,利用市場交易數據來作為情緒代理變量進行衡量。該方式通常通過統計學方法,利用市場交易數據構建投資者情緒指數。封閉式基金折價率(Closed-end Fund Discount)是目前最常用的作為投資者情緒代理變量的市場交易數據。基金的折價率是購買封閉式基金的折扣程度的反應。折價率的計算公式為:

折價率 =(單位份額淨值-單位市場價格)/ 單位份額淨值

當單位份額淨值大於單位市場價格時,折價率大於0,稱為折價;反之,折價率小於0,稱為溢價。與開放型基金以基金總資產來反應投資者喜惡不同,封閉式基金通過市場價格來反應投資者對它的喜惡。當大量投資者想賣出封閉式基金時,基金的市場價格會下降,當單位市場價格低於單位份額淨值時,就形成了折價。當市場上的投資者都想買入封閉式基金時,基金的市場價格會上升,當市場價格高於單位份額淨值時,就形成了溢價。封閉式基金的折價率在一定程度上反應了投資者的情緒,所以有大量的學者使用封閉式基金的折價率來作為情緒的代理變量。圖2.4反應了封閉式基金淨值、價格和折價之間的關係。

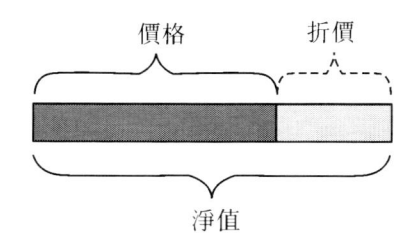

圖2.4 封閉式基金淨值、價格和折價的關係

Zweig et al.(1973)最早使用封閉式基金折價率來衡量投資者的情緒。Brown(1999)在控制了其他市場變量的情況下發現,封閉式基金的市場價格波動和投資者情緒有著很強的相關性。Baker et al.(2006)認為投資者情緒能很好地在封閉式基金的折價率上得到體現。在國內也有大量的學者將封閉式基金折價率作為投資者情緒代理變量來進行研究,比如金曉斌等(2001),黃少安等(2005),伍燕然等(2007)。

圖2.5顯示,在2005—2009年封閉式基金折價率與滬深300的走勢高度相關。但2010年後,由於封閉式基金接近到期日,導致交易頻繁程度比較高,用其來衡量投資者情緒的有效性便減弱。

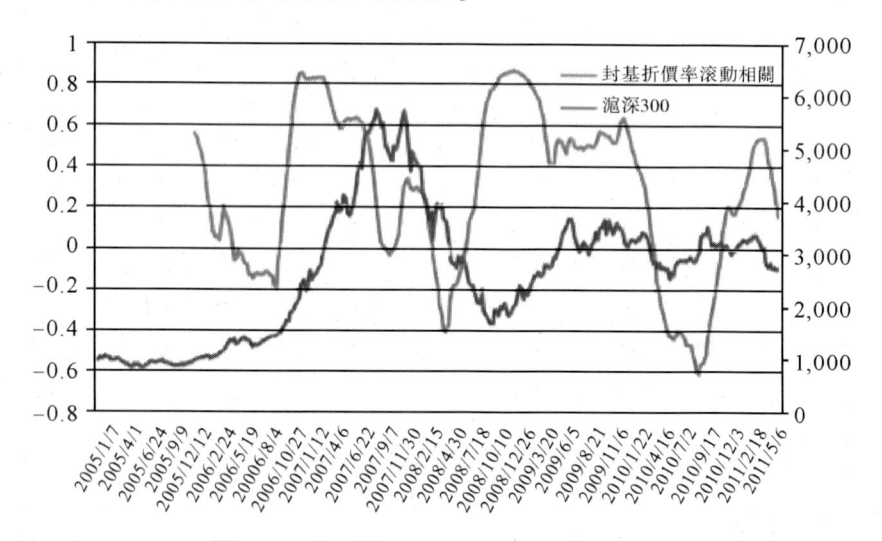

圖2.5 封閉式基金淨值、價格和折價的關係

數據來源:國泰君安證券研究,wind。

首次公開募股(IPO)的公司數量以及IPO首日的收益率也經常被用於衡量市場情緒。IPO數量越多,IPO首日收益率越高,說明投資者參與市場的積極性越高,投資者越熱情。Baker et al.(2006)和王春峰等(2007)的研究都表明IPO數量以及IPO首日收益率與投資者情緒之間存在正相關關係。

交易量、換手率等市場數據也可以從側面反應投資者的情緒。Baker et al.(2004)認為投資者情緒高漲或低落時,交易量會放大或縮小。

此外還有一些其他市場數據可作為投資者情緒的代理指標來對證券市場收益和波動進行研究,比如:共同基金贖回(Lee et al., 1991; Brown,1999)、波動率指標(VIX)(Whaley, 2000)、零股買賣比例(Lee, 2006)、新增開戶數

(魯訓法等,2012)、股利收益(Barker et al., 2004、2006)等。

直接情緒指標能直觀地反應投資者情緒,但是投資者在實際投資中,並不一定按照情緒進行投資(Fisher et al.,2000)。間接情緒指標可以比較客觀準確地衡量投資者情緒,但不同的指標由於其本身特性,存在各種局限(如封閉式基金折價率的替代效應會因為基金到期而失效),並且間接情緒指標由於通過市場數據編製,均存在一定的滯後性。Baker et al.(2006,2007)首先基於股票換手率、IPO上市首日收益率、IPO公司數量、封閉式基金折價率、股利溢價和股權融資比例6個指標進行主成分分析,在控制宏觀經濟週期變量後,求得殘差值並將其作為複合情緒指標(BW指標),通過將BW指標用於實證研究發現,波動大、規模小、成長性高等股票的收益與投資者情緒相關性更高。

基於BW情緒指數,國內研究者在對投資者情緒進行研究時,編製了類似的情緒指數,例如中國股市月度投資者情緒綜合指數CICSI(易志高等,2009)、中金公司海外投資者情緒指數(OISI)、國信證券情緒指數(GSISI)、光大證券文本挖掘指數和國泰君安情緒指數(GMX)等。

2.2.2 投資者情緒與證券市場收益

大量的研究表明,投資者情緒對證券市場有重要影響。投資大師安德烈·科斯托拉尼認為90%的行情是心理情緒造就的,即T(趨勢)=G(資金)+P(心理)。索羅斯喜歡從市場情緒這個維度看市場,只要市場情緒存在,則看多市場。

中國證券登記結算有限公司數據顯示,截至2017年12月22日,中國證券市場投資者數量為13,375.88萬戶,其中個人投資者有13,339.86萬戶,占比99.73%。投資者的情緒代表了市場的情緒。從長期來看,股市的走勢是基本面和宏觀經濟等因素相互作用的結果。但是,在中短期,由於投資者的心理作用使得其做出偏離資產內在價值的證券市場資產價格判斷,資產的定價直接受到投資者情緒的影響。已經有大量學者的研究證明,投資者情緒可以預測證券市場股票的收益:當投資者持樂觀情緒時,小盤股、成長股、績優股以及高槓桿股可以讓投資者獲得高收益;當投資者持悲觀情緒時,績差股、新上市股票以及高波動股票的定價普遍偏低。

Shiller et al.(1984)針對有效市場理論(EFM)的三個假設提出了質疑,他認為市場投資人並不都是理性的,常常會有非理性的行為,並且這種非理性

的行為並非隨機發生的。非理性投資人的決策通常會朝向同一個方向，並不會彼此抵消。

De, Shleifer 指出股票價格通常會因為有限套利和非理性情緒的存在偏離正常的範圍，也就是說投資者情緒是影響資本定價的一個系統性因子。

Delong et al. (1990) 將投資者分為理性投資者和噪音交易者，提出了 DSSW 噪音交易者模型，該模型反應出非理性情緒將影響噪音交易者的市場行為，當情緒過度樂觀(悲觀)時，投資者對風險資產的需求通常過度旺盛(不足)，進而對風險資產的價格產生影響。

Datst(2003) 的研究表明，投資者情緒對於股票價格的影響率能達到 60%，遠遠超出了公司財務狀況和宏觀經濟等因素對股價的影響。

Fisher et al. (2003), Qiu et al. (2004) 將消費者信心指數作為投資者情緒代理變量進行研究，發現投資者情緒和股票收益之間存在很強的正相關性。

通過整理 1961—2002 年美國發生的泡沫化事件，Baker et al. (2006) 發現投資人對特定類別的股票總是抱著不合理的期待，如 1961 年對小型、年輕和成長股的狂熱；1967 年和 1968 年則熱衷於電腦、電話設備等有高度成長潛力的公司；1970 年出現新興自然資源公司與高科技公司的 IPO 熱潮；1990 年後期在互聯網股票尚未獲利的情況下瘋狂地買進。高漲的市場情緒吸引了更多非理性投資者進場，讓這些類別的股票達到令人難以置信的高價。然而，在夢想破滅後，緊跟著這些高漲的市場情緒而來的往往是股市的大崩盤。從這些歷史事件中可以看出，投資者情緒的確存在，並且影響著市場價格。

個人投資者屬於信息弱勢群體[①]，無法及時有效地對新信息進行理性的判斷，一般來說被認為是投資者情緒的主要來源，而且個人投資者的情緒波動也會進一步影響股票收益。Barber et al. (2006) 利用 1983—2001 年的 TAQ/ISSM 資料庫發現個人投資者積極買進(賣出)的股票在 3~4 周左右會有較佳(較差)的表現，緊接著會出現反轉，從一年的期間來看，個人投資者積極買進的股票比積極賣出的股票，在下一年會有較差的收益。Kumar et al. (2006) 使用個人投資者每月的交易資料進行研究發現，投資組合中若個人投資者交易比較集中，個人投資者情緒指標對於股票收益率具有顯著的影響力。當個人投資者情緒趨於樂觀時，這些類型的個股會有較高的超額報酬，

---

① 信息弱勢群體是指在信息社會發展中，由於技術、社會地位等條件的限制，無法及時獲取、理解和有效利用信息，相對落後，並被邊緣化的那部分人群。

同時個人投資者情緒指標會具有預測未來收益的能力。Kaniel et al.(2008)使用 NYSE 個人投資者每日的買賣記錄進行研究,構建了投資者情緒指標 NIS(Net Investor Sentiment),結果發現 NIS 不僅具有預測未來市場收益的能力,也有無法被過去收益率和交易量所取代的信息內涵。其研究發現,在個人投資者積極買進(賣出)紐約證交所上市公司的股票一個月後,該股票會有正(負)超額報酬。

Lu et al.(2013)構建新聞信心指數(ANCI)對證券市場收益進行研究,結果表明 ANCI 與下週、下月的市場收益存在顯著的正向關係。

Da et al.(2015)利用「衰退」「信用卡」「破產」等關鍵字的搜索量構建了 FEARS(Financial and Economic Attitudes Revealed by Search)指數,通過該指數來衡量投資者情緒,研究表明 FEARS 可以預測短期的市場收益反轉和臨時收益波動率的增加。

Kadilli(2015)使用投資者情緒、企業週期變量和財務指標對多個發達國家的證券市場收益進行研究發現,企業週期變量非常適合用於預測長期收益,但是對於短期收益,投資者情緒和通貨膨脹就成了關鍵影響因子。

在國內的文獻中,陸靜等(2015)使用證券投資基金損失率構建投資者情緒指數,並研究該指數對中國 AH 股交叉上市公司股票價格的影響,在控制了 Fama-French 三因素和宏觀經濟因素後發現,投資者情緒對股票市場收益有顯著影響,投資者情緒高漲(低落)時,股票價格上漲(下跌)。

大部分學者在研究投資者情緒與證券市場收益時,通常都是將投資者情緒指標作為影響因子加入傳統模型當中。現以陸靜等(2015)在中國 AH 股交叉上市公司股票價格投資者情緒影響的研究為例進行說明。陸靜等(2015)參考了 Feldman 的研究,將模型設定如下:

$$R_{i,t+k} = \beta_0 + \beta_1 * Sent + \beta_2 * Tb_{6m} + \beta_3 * Tb_{10yr-6m} + \beta_4 * Inf + \beta_5 * Rec \\ + \beta_6 * (R_m - R_f) + \beta_7 * SMB + \beta_8 * HML + \varepsilon \qquad (2-6)$$

上式中,$R_{i,t+k}$ 表示股票 i 在 $t+k$ 月的月收益率,$k=0、6、12、24$,當 $k=0$ 時表示投資者情緒與股票收益率的同期關係;$Sent$ 表示投資者情緒指數,選取了基金收益率構建的損失感知指數作為情緒的代理變量;Tb_{6m} 表示短期市場收益率,用於控制短期收益風險;$Tb_{10yr-6m}$ 使用 10 年期與 6 月期固定收益證券到期收益率之差表示市場收益率的期限溢價,用於控制長期收益率風險;Inf 表示通貨膨脹率;Rec 表示經濟週期虛擬變量,1 表示衰退期,0 表示擴張期;$R_m - R_f$、SMB、HML 分別表示 Fama-French 三因子模型的市場風險溢價、規模

溢價、價值溢價。

陸靜等(2015)首先從公司層面研究投資者情緒與股票收益率的關係,被解釋變量是公司股票收益率,使用模型進行迴歸得到結論是,在同期 A 股和 H 股均受到情緒的正向影響;12 個月後,均出現了反轉;對於 6 個月為週期的投資者情緒和股票收益率的關係,在 H 股為負向, A 股為正向。此結論也驗證了投資者情緒在短期會對股票價格產生影響,但從長期來說,其影響會逐漸地減弱;同時證明在不同的股票市場投資者情緒的影響時長也不一樣。隨後陸靜等(2015)利用 Fama-French 三因子加上投資者情緒構造了四因子模型,採用面板數據進一步檢驗投資者情緒和股票收益之間的關係,通過 Hausman 檢驗表明,同期投資者情緒都會對 A 股和 H 股市場產生影響,但情緒對 H 股市場的影響更大。

除了使用傳統模型來研究投資者情緒和證券市場波動的關係,也有學者利用機器學習的方法來挖掘投資者情緒與證券市場波動之間的複雜映射關係。Lee et al.(2009)利用 F 得分對特徵進行篩選,然後使用基於 SVM 的前向搜索特徵選擇法(Sequential Forward Search,SFS)對輸入變量進行篩選後對納斯達克綜合指數進行了預測。Bollen et al.(2011)利用 OpinionFinder 和谷歌情緒狀態量表(Google Profile of Mood States)兩個工具對 2008 年 10 個月中 270 萬名 Twitter 用戶發表的 970 萬個帖子進行分析。OpinionFinder 用來測量正面和負面情緒。谷歌情緒狀態量表將情緒分為六個維度:冷靜、活力、穩定、警覺、仁慈和喜悅。他們使用自組織模糊神經網路(Self Organizing Fuzzy Neural Network)預測道瓊斯工業平均指數(Dow Jones Industrial Average,DJIA,簡稱「道指」),研究結果顯示公眾情緒中的冷靜情緒和道指的變化有著驚人的重合度(86.7%的準確率,MAPE 1.79%)。Vu et al.(2012)利用一種基於關鍵字的算法來辨別 Twitter 用戶的情緒並用於股票預測,準確率達到了 75%。Patel et al.(2015)選取了 10 個技術指標和 4 個股票價格特徵,用於股票價格和股指變化的研究,他們的實驗對比了多種類型的機器學習方法,其中有支持向量機(Support Vector Machine,SVM)、隨機森林(Random Forest,RF)、人工神經網路(Artificial Neural Network,ANN)、樸素貝葉斯分類(Naive Bayesian Classification,NBC)。實驗結果表明,隨機森林具有最好的分類性能,緊接著是以高斯核作為核函數的支持向量機模型。

2.2.3 現存問題與分析

在本書的研究主線「社會化媒體——投資者情緒——證券市場波動」中,

投資者情緒在中間起著承上啓下的重要作用,因此,理清投資者情緒與證券市場波動的關聯關係,對於本書的研究有重要意義。

本節在對國內外學者有關投資者情緒定義、衡量以及投資者情緒與證券市場收益領域的主要文獻進行總結的基礎上,一方面深入分析投資者情緒在證券市場波動中的作用,另一方面對前人成果中存在的問題進行探討與剖析,從而為本書的後續研究的展開確立導向和基礎。

首先,從目前國內外學者對於「投資者情緒」的界定工作來看,仍然存在下列問題:由於研究視角的孤立與零散,儘管業界對該領域的研究投入了極大的熱情,但業界與學術界仍然缺乏統一的、明確的、標準化的「投資者情緒」定義。對於「投資者情緒」定義的探討,在各領域相互隔離而廣泛地開展中,並存在巨大的差異,例如:社會化媒體研究中,投資者情緒被定義為一種社會情緒,是網路投資者通過多種網路互動和傳播途徑形成的相對穩定的普遍情緒體驗。而從上文可知,金融學上常常把投資者情緒等同於「錯誤」。這種「錯誤」指的是股票的價格中偏離了公司內在價值的那部分。證券市場的股票價格由兩個主要因素共同組成:公司內在價值和市場情緒。其中公司內在價值包含了公司固定資產和眾多的無形資產,包含了一切能為公司未來業績帶來持續增長的因素;而市場情緒則是由於投資者恐懼和貪婪的心理,總是在上漲時因貪心情緒的作用而高估公司內在價值,在下跌時由於恐慌情緒又低估了公司的內在價值,從而造成了股價偏離公司的內在價值。大部分金融學者對於投資者情緒的定義都是基於這個基礎。而要通過大數據等互聯網金融處理工具對「投資者情緒」進行研究,僅有模糊和零散的宏觀定義是遠遠不夠的,需要建立描述精準、普適性強的「投資者情緒」的量化定義,以及用於記錄與存儲「投資者情緒」的數據結構及動態模型,和區分「投資者情緒」與其他情緒的特徵序列。而這些工作,在金融領域和管理領域,乃至作為當前研究熱點的互聯網金融領域,均鮮有發現,需要本書進行深入剖析與研究。

其次,目前對投資者情緒的衡量依然存在以下的明顯問題:

(1)直接情緒指標主觀性太強,並且調查時的情緒在很大程度上受調查時間和環境的影響,不一定就會導致相應的投資行為,即所謂的「說一套,做一套」,這樣測量的誤差會比較大。對作為投資者心理特徵表現的情緒進行衡量的問題,一直是投資者情緒研究領域的難點。情緒本身受很多因素的影響,其形成的過程非常複雜多變。最終表現出來的是對證券市場「樂觀」「悲觀」或「看漲」「看跌」的態度。獲得投資者情緒最直接的方法就是對投資者

進行問卷調查,通過採集匯總投資者對證券市場的態度,給出投資者情緒指標,比如摩根富林明投資者信心指數、投資者智能指數和個體投資者協會指數。

(2)間接情緒指標採用客觀的測量指標從側面來反應投資者的情緒。由於基於歷史交易數據構建,在衡量投資者情緒時有明顯的滯後性。另外,前文所列的大部分投資者情緒的代理變量在國外市場表現良好,但是,這些量化計算方法大都依賴於期權市場的表現。由於中國期權市場尚不成熟,因此直接使用這些測量指標會帶來較大的誤差。這些指標由於其固有的市場屬性,故在不同市場中指標的效用表現不一致。例如,封閉式基金折價率會由於基金快要到期而交易頻繁,從而導致其作為市場情緒代理變量的有效性大幅減弱;換手率和成交量在牛市時與投資者市場活躍度有很高的相關性,但是在熊市中,由於換手率通常領先於大盤,提前開始顯著下降,導致兩者相關性快速下降。單個情緒指標針對的是某個細分部分的投資者情緒,不能反應市場整體的情緒水準及變化。

(3)使用複合指數,如 BW 指數(Baker et al., 2006, 2007)能在一定程度上改進直接指標和間接指標的問題,但依然有指標源的選擇、指標頻率和指標構建方法等問題。

針對投資者情緒衡量的問題,本書採用 CSCNN 深度神經網路從社會化媒體中直接提取投資者的情緒,從一個全新的角度對投資者情緒進行刻畫。社會化媒體具有以下三個特點:①自發性,投資者在社會化媒體中自發的表達對市場的觀點和看法;②交互性,投資者在社會化媒體中就證券市場問題進行討論,相互影響,最終形成趨於一致的市場情緒;③匿名性,投資者可以表達自己對於證券市場的真實情緒。從社會化媒體中提取的投資者情緒是投資者對於市場的預期和信念的真實體現,避免了直接問卷調查帶來的「說一套,做一套」的問題;社會化媒體體現了投資者即時的情緒,能及時準確的刻畫出投資者的心理和行動變化,不存在客觀指標的滯後性問題,也避免了市場數據本身的特性帶來的指標失效等問題。本書根據社會化媒體本身的特性,設計出的基於內容相似度和位置相關性的語句特徵提取方法解決了在大數據環境下,面向大規模文檔特徵提取的難題。同時結合人工判斷、財經情感辭典以及 CSCNN 深度神經網路,極大地提高了社會化媒體情感特徵提取的準確度和效率。在對於投資者情緒衡量的研究中,實現了方法學的突破,為進一步研究投資者的情緒與證券市場波動奠定了堅實的基礎,為相關領域的

研究者提供了新的思路。本書第 4 章將對該方法進行深入討論研究。

最後,目前對於投資者情緒與證券市場收益的研究,大致有兩種方式:一種方式是將投資者情緒、證券市場交易數據和宏觀經濟因素作為影響因子,公司股票收益作為被解釋變量,使用傳統金融學方法建模研究。然而,傳統金融學模型其實質是統計迴歸模型,只能用標量作為因子變量,將證券市場高維信息降維成標量時就難免損失很多有用的信息。另外一種方式是利用機器學習、人工智能技術挖掘證券市場蘊含的信息和規律,從而實現對證券市場資本價格波動的預測。研究者將投資者情緒量化後,與市場歷史數據構成向量,利用支持向量機、人工神經網路、隨機森林和樸素貝葉斯分類等機器學習模型進行分類學習,預測股票或板塊的漲跌。然而,證券市場波動分析並不是簡單的關於漲和跌的二分類問題,並且將市場信息和投資者情緒作為孤立的樣本進行模型訓練,忽略了證券市場數據時序性的重要特性。

基於對以上文獻的梳理和分析,本書創新性地提出基於社會化媒體情緒驅動的 LSTM 深度神經網路模型用於捕捉投資者情緒和證券市場波動之間複雜的非線性映射關係。LSTM 深度神經網路是應用非常成功的一種時間遞歸神經網路,通常用於解決時序相關的問題。本書在對社會化媒體特性和證券市場數據特性進行分析後發現,證券市場信息空間中各維度的信息不僅存在相互作用,並且具備時序性特徵。社會化媒體存在變長度的離散時序性,交易數據等維度具備等距離連續時序性。本書通過改進 LSTM 深度神經網路中的輸入門和遺忘門,成功地將離散時序性和連續時序性的數據進行了融合,極大地提高了證券市場波動預測的準確性。有關該創新算法的討論將在第 5 章展開。

2.3 社會化媒體與投資者情緒

社會化媒體(Social Media,又稱社交媒體)是基於互聯網和移動通信技術的、用戶生產內容、協作和分享的平臺(Kietzmann et al., 2011)。用戶聚集在社會化媒體的平臺,針對特定的主題進行討論,交流看法和發表評論。用戶情緒在社會化媒體平臺中傳播,相互影響,趨於一致。在證券市場中,投資者情緒的波動對股票交易和價格決定產生了不可忽視的影響(林樹等, 2010)。因此社會化媒體與投資者情緒的研究受到現代行為金融學領域的持續關注。

本節從社會化媒體的起源與發展、社會化媒體對投資者情緒的影響等方面，回顧和梳理國內外研究文獻，為本書的研究奠定了理論基礎。

2.3.1 社會化媒體研究現狀

目前，在學術界，對於社會化媒體的內涵和外延並沒有統一的定義。人類社會的發展經歷了以石頭、木頭和動物皮毛等媒介傳遞信息到使用金屬、紙張和現代計算機使用二進制[①]等方式記錄信息的過程。媒體是以媒介為核心資源，通過提供內容產品和信息傳播服務來實現特定目標任務的組織和機構。

人們用來交流意見、分享觀點及經驗的虛擬社區和網路平臺稱為社會化媒體。社會化媒體的概念最早是由 Antony Mayfield(2007)提出的，他將一系列在線媒體總稱為社會化媒體。他指出參與、對話、交流、公開和連接是社會化媒體的重要屬性。同時，他指出社會化媒體的表現形式應包括七類：維基、博客、播客、微博、論壇、內容社區和社交網站。隨著 Web2.0[②] 的興起，Andreas et al.(2010)認為社會化媒體是在 Web2.0 思維和技術之上的，允許用戶生產內容(User Generate Content, UGC)的，基於互聯網的應用。Web2.0 的核心就是交流和互動。用戶通過發布、回復、評價和引用等方式共同豐富社會化媒體中的內容。經濟合作與發展組織(OECD)曾在 2007 年指出，用戶在社會化媒體中生產內容需滿足三個基本要求：一是需要公開發表在可用網站上的內容，並且該內容可以被特定人群自由獲取；二是發布具有一定創造性的內容；三是應該是專業時間以外所創造的內容。用戶通過社會化媒體平臺形成某種社會聯繫網路。Scott et al.(2010)將人際關係網引入社會化媒體的概念中，形成重要而有意義的補充。

《第40次中國互聯網路發展狀況統計報告》顯示，截至 2017 年 6 月，中國上網用戶規模達到了 7.51 億，互聯網達到 54.3% 的普及率；其中使用手機的用戶規模達到 7.24 億，移動互聯網已滲透到人們生活的方方面面。移動互聯網的興起也使得社會化媒體逐漸成為人們網上互動交流的主要平臺。社會

---

① 二進制(Binary)，是指以 2 為基數的技術系統。這一系統中，通常用兩個不同的符號 0(代表零)和 1(代表一)來表示。文字、圖片、聲音以及視頻等信息以不同的形式轉化為二進制後存儲到計算機系統中。

② Web2.0 是指利用互聯網，由用戶主導而生成內容的產品模式，為了區別傳統的由網站主導生成內容(Web1.0)的形式而定義為 Web2.0。

化媒體包括了眾多的形式,如新浪博客、微博、微信公眾號、Twitter 和 Facebook 等。博客改變了社會知識從中心化到社會化的生產和傳播方式,為社會公眾之間相互瞭解、整合和協作提供了可能。微博有著內容簡潔、開放和多終端的特性,已發展成為一種重要的社會化媒體。隨著移動互聯網的發展,微信這種基於手機用戶的社交媒體迅速崛起,微信公眾號作為一種新的自媒體形式,吸引了大量特定人群的關注。社會化媒體已經滲透到人們生活的方方面面中,社會化媒體的用戶數量極速增長(見表 2.2、圖 2.6)。

表 2.2　　　　　　　　主要社會化媒體月活躍用戶數

社會化媒體	月活躍用戶數
Facebook	20.47 億
微信	9.38 億
QQ	8.61 億
Twitter	3.28 億
新浪微博	3.76 億
百度貼吧	3 億
東方財富網股吧	0.3 億

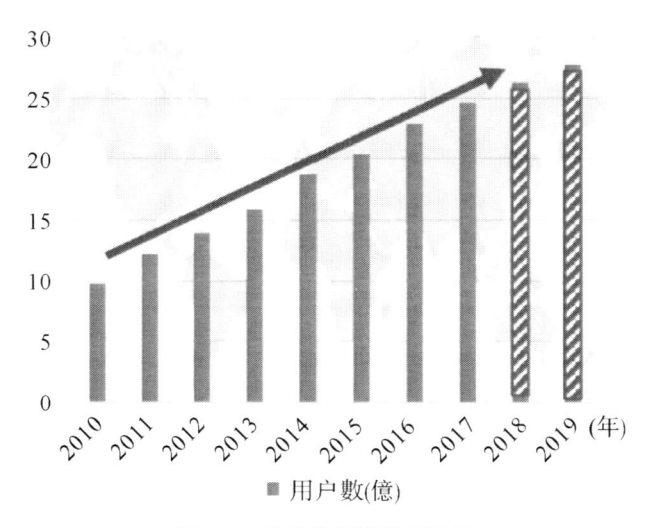

圖 2.6　社會化媒體用戶數量

數據來源:The Statistics Portal(2017)。

综上所述,社會化媒體是以交流互動的形式,由用戶生產內容,形成的一種社會關係網路形態。財經類社會化媒體為用戶提供專業的財經類信息,是社會化媒體的重要組成部分,其中匯聚了大批量的投資者,形成了東方財富網、新浪財經、雪球網等具有財經特色的社會化媒體網站。其中,東方財富網作為中國財經第一門戶網站,提供專業的財經、股票、行情、證券、基金、理財、銀行、保險、信託、期貨、黃金等各類財經資訊及數據。除了財經類新聞的網站,東方財富網還按照主題和個股劃分,提供了基於論壇模式的「股吧」。大量投資者在不同的主題和個股「股吧」中,自由的發布對於市場、板塊和個股的預期和判斷,通過對某一主題的帖子進行回復和引用進行交流,從而形成了由投資者構成的特殊網路社區。在對目前中國較為流行的社會化媒體進行調查研究後,本書選取在社會化媒體中具有代表性的三個數據源類型,其中新浪財經屬於新浪網,後者具有較高的用戶量;東方財富網股吧則是中國財經第一門戶網站,其用戶具有較強的投資者特性;雪球網則聚集了較多的專業投資者。使用這三個數據源可以綜合普通用戶、普通投資者和專業投資者等多方面的社會化媒體情緒,使本研究更具全面性和有代表性。勒龐在他的經典著作《烏合之眾》一書中對於群體的非理性心理和情緒特徵進行了分析,結果表明所有的群體情感和行為均具有傳染性。在網路社區的人際關係是虛擬的,但是通過社區交流互動過程中所產生的情感依賴卻是真實的。李勇等(2016)研究證明:①相比於線下傳播,線上情感傳播方式的多樣化、簡便性、快速性很大程度上擴大了情感傳播範圍、加快了情感傳播速度。②線上意見領袖的影響力較線下明顯,在輿論發展方向上起著重要作用。投資者通過在「股吧」等線上網路社區發表的海量文本來表達情緒,對文本數據中情緒的挖掘成了行為金融學研究的熱點之一,通過對文本數據情感的挖掘研究投資者情緒與證券市場的關係,這也是本書的研究動機之一。

2.3.2 社會化媒體情緒及其應用分析

雖然傳遞信息的媒介類型有文本、聲音、圖像和視頻等多種,但是在網路社區中,用戶表達的途徑主要依然是文本。所以對於文本進行情感分析一直是自然語言處理領域和用戶情緒研究領域最為活躍的研究範疇之一。在金融市場領域,通過挖掘文本內容中與市場相關的部分,提取文本中的有效情緒信息,並研究其對資產價格變動的影響已經成為金融學的研究熱點。

人們在很早就意識到情緒能對資產價格產生巨大的影響。但是對於情

緒影響的度量卻是業界和學術界難以解決的難題。牛頓曾說,「我能計算天體的運行軌跡,但對人心的瘋狂卻無能為力」。凱恩斯在《就業、利息和貨幣通論》中提到人們對於未來收益的預期,一部分取決於資本物的豐裕程度,而另一部分則取決於悲觀或樂觀的情緒。

　　社會化媒體中包含了大量的用戶情緒文本,例如用戶通過「果斷加倉」來表達對於某只股票看漲的預期,也可以通過笑臉或者哭臉等表情來表達自己對證券市場的情緒。社會化媒體中的文本情緒分析就是在結合了用戶及群體信息的基礎上,分析、處理、歸納和推理文本中蘊含的情緒。對於社會化媒體情緒挖掘具有廣泛的應用場景和巨大的應用價值,如社會輿情監控、電子商務、傳統行業和金融領域。

　　在媒體的情緒分析中包括文本的情感提取和分類。通常來說,分為「積極的」「消極的」和「中性的」三類。也有一些更精細的分類方式,比如加上「非常積極」和「非常消極」。或者僅僅只分為「積極的」和「消極的」兩類。Ekman(1992)對情緒做了詳細的分類:憤怒、厭惡、恐懼、快樂、悲傷、驚訝、愉悅、輕蔑、滿足、窘迫、興奮、內疚、成就感、安慰、滿意、感官愉悅和羞愧。Pang et al.(2008)研究表明,通過基於知識的自適應和監督學習方法,可以在不同應用情景中對不同題材和語言的文本進行情感分類。Balahur et al.(2010)通過研究發現,不同類型的文本需要使用特定的方法進行情感分析,比如新聞類文章與用戶生產的內容(UGC)在情緒表達上就極為不一樣。

　　社會化媒體的蓬勃發展,吸引了國內外大量學者對社會化媒體中的情感進行分析研究。Asur et al.(2010)通過提取 Twitter 上的情緒來提高社會化媒體的預測能力。Liu et al.(2009)提出了一種基於子句結構提取副詞—形容詞—名詞短語的方法,將對評論情感判斷的準確度提高了 45%。Shi et al.(2009)使用基於概率詞表的情感分類算法,對網路論壇帖子進行了研究。Davidov 等(2010)使用 50 個 Twitter 標籤和 15 個表情作為情感標籤,表示和分類各種情感類型的短文本,提出一個監督情緒分類框架從而避免了手工標註的需求。在國內,程琬芸等(2013)利用微博構建了投資者情緒指數,並驗證了其與證券市場收益率存在強的正相關關係。董穎紅(2015)等證實了微博週末的快樂情緒要顯著高於工作日。張信東(2017)基於微博情緒,構建了「微指數」投資者情緒代理指標,研究表明微博情緒與證券市場表現的相關性。

　　不僅在學術界,社會化媒體如微博、雪球網、「股吧」、論壇等聚集的大量

投資者也引起了業界的關注。目前有多家基金公司就發布了對應的社會化媒體指數,用於研究社會化媒體對證券市場的影響。2014年7月8日,中證指數有限公司聯合百度和廣發基金管理有限公司推出了「中證百度百發策略100指數」,該指數通過對所選股票計算用戶在百度中所有的總量和增量來計算投資者情緒。「南方新浪大數據100指數」是南方基金通過對新浪財經「大數據」進行定量定性分析,對市場主體情緒進行了量化與公司財務、市場驅動相結合構造的反應股市熱點變化的指數,其對於投資者情緒的刻畫是通過新浪財經頻道下股票頁面的點擊量、關注度來實現。「中證雪球社交投資精選大數據指數」以2012年12月31日為基日,該日收盤後所有樣本股的調整以1,000點為基點,選取A股中上市時間在三個月以上,除了ST公司、*ST公司、暫停上市的公司和未完成股權分置改革的公司外的所有上市公司為樣本,構建基於成長因子、分析師預測因子、動量因子、規模因子、估值因子和雪球因子的指數,其中雪球因子包括:用戶在過去20天針對該股票發表的有效評論數量、過去20天發表的有效評論數量的同比增長率和過去5天被添加進入用戶自選股次數同比增長率。

2.3.3 社會化媒體情緒研究評述

社會化媒體已深入人們生活的各個方面,無論是學界還是業界均認識到社會化媒體情緒在社會穩定、公司治理、電子商務以及金融市場等領域均會產生重大的影響。然而對社會化媒體情緒的分析實際上是非常困難的,與新聞媒體,財務報告等不同,社會化媒體的文本信息通常非常的短,有時只包含一個字或者表情符號,其中還包括很多的拼寫錯誤、語法錯誤和「口水話」。實際上,有學者提出社會化媒體對於證券市場沒有預測的能力(Antweiler et al., 2004, Baccianella et al., 2010);同時也有學者提出了相反的觀點,Bollen et al.(2011)通過對推文進行分析,提取公眾情感發現,社會化媒體情緒對證券市場具有較強的預測能力。

業界對於社會化媒體情緒的應用目前大都停留在通過計算帖子數量、評論數量或搜索數量這樣簡單的形式上,其實質是獲取投資者對於股票的關注度,並未真正體現出投資者情緒,使用這類指數進行證券市場波動預測必定存在天然的缺陷。所以如何利用社會化媒體對證券市場波動進行預測依然是一個開放性的問題。

本書通過結合社會化媒體特徵創新算法,將社會化媒體信息中文本的內

容相似性和評論相關性相結合,使用CSCNN深度神經網路判定社會化媒體文本的情感極性。該算法解決了社會化媒體中短文本無法承載用戶情緒的問題,例如「頂」字,如果是對於正向(負向)情緒的帖子回復,則正向(負向)市場情緒將得到加分。同時結合財經專業情感辭典、人工判斷法以及自適應機器學習策略,CSCNN深度神經財經文本情感判定模型將不斷地自我學習,提升文本情感判斷準確率,豐富上市公司財經社會化媒體信息語料庫(FSMDB)。該語料庫能大幅度提高基於社會化媒體市場情緒判定的準確度和速度,必將在社會化媒體情緒判定相關研究領域得到廣泛應用。

2.4 社會化媒體量化及其應用

社會化媒體作為信息仲介,一方面可以使得信息在投資者之間充分流通,降低信息的不對稱性,優化資源配置(Healy et al., 2001;Engelberg et al., 2012);另一方面通過影響投資者情緒,進而造成證券市場短期波動。如何有效利用社會化媒體,捕捉社會化媒體與證券市場波動之間複雜非線性的映射關係,成了學界和業界研究的熱點。在大數據環境中,特別是隨著移動互聯網的飛速發展,人們越來越習慣於通過社會化媒體進行交流互動,每天產生的數據量增長快速,數據種類和來源更加多樣化,有效的價值隱藏在海量的數據中。本節首先回顧了國內外證券市場媒體效應研究領域使用的文本量化方法,然後對當前應用的預測分析模型進行了探討,為本書後續研究做好方法創新的鋪墊。

2.4.1 文本量化方法

如何解決社會化媒體數據量化的問題是快速準確地從海量數據中挖掘出有用信息的關鍵。社會化媒體的呈現方式有文本、聲音、圖像和視頻等,但目前的主要信息載體是文本,財經網站的新聞、上市公司的公告和年報、投資者在論壇中的討論等大都是文本的形式。從文本中抽取出反應宏觀經濟狀況、公司基本面和投資者情緒的有用信息是研究的關鍵。目前將文本數據量化用於媒體感知的證券市場研究方法有以下三種:新聞數量法、詞袋法和情感分析法。

2.4.1.1 新聞數量法

新聞數量法統計與研究對象相關的新聞數量,用於度量投資者對於該研

究對象的關注度,結合線性迴歸統計模型,分析新聞與股價、收益率等的因果關係。

Meulbroek et al.(1990)統計了道瓊斯相關的新聞數量,將新聞數量作為解釋變量,證券市場股票交易量和收益率分別作為被解釋變量,進行線性迴歸分析後發現,新聞數量與兩者均存在因果關係。

Chan(2003)使用道瓊斯互動出版物圖書館的報紙、期刊和新聞資料,這個數據庫包含了1980年以來許多數據源的摘要和文章。通過所選股票(隨機選擇了所有股票的1/10)正面和負面新聞的數量作為解釋變量,研究了新聞數量和股票與收益率之間的關係,發現證券市場對於正面新聞有滯後的影響,對於負面新聞則有更強烈的快速反應。

Fang et al.(2009)在 LexisNexis 數據庫中搜索美國主要報紙發布的與公司相關的新聞。主要包括:《紐約時報》(New York Times, NYT)、《今日美國》(USA Today, USAT)、《華爾街日報》(Wall Street Journal, WSJ)以及《華盛頓郵報》(Washington Post, WP)四家主要媒體大約600萬個報導。利用新聞數量作為股票媒體曝光度的代理變量,研究股票收益和媒體報導的關聯關係,結果表明,媒體關注度相對較低的股票有顯著的收益溢價現象。

Preis et al.(2013)使用 Google Trends 研究特定術語(比如,債務、房地產和信用卡等)搜索量與投資者決策總體方向之間的關係(見圖2.7)。

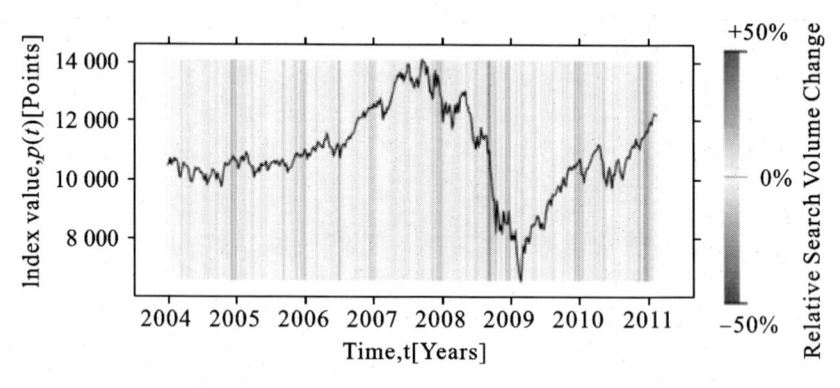

圖 2.7 「債務」搜索量與股市波動

其中,$p(t)$為道瓊斯指數在第 t 周的第一個交易日的收盤價格。對於搜索量的量化,採用的計算公式為 $\Delta n(t, \Delta t) = n(t) - N(t-1, \Delta t)$,其中 $N(t-1, \Delta t) = [n(t-1) + n(t-2) + \cdots + n(t-\Delta t)]/\Delta t, \Delta t = 3$。研究表明,Google Trends 上的搜索量與證券市場價格變化之間存在關聯關係。

2.4.1.2 詞袋模型法

詞袋模型法忽略文本信息中詞的順序和語法信息,將文本看作是詞的集合,將文本表示成詞向量。

Wuthrich et al.(1998)最早使用詞袋模型將新聞文本轉化為詞向量。對於新聞中的文本,首先計算關鍵詞在每天新聞文本中出現的頻率(Term Frequency,TF),接著將關鍵詞出現的頻率轉換為一個0~1的權重,這樣就得到每個關鍵字在每天的權重值。由於有些關鍵詞經常出現在每天的新聞中,TF無法衡量關鍵詞的重要性。於是,Wuthrich加入了類別頻率(Category Frequency,CF),用於計算每個關鍵字在特定時段出現在類別中的頻率,根據指數的漲跌,分為漲、跌和平三個類別。緊接著計算出關鍵字的類別影響因子(Category Discrimination Factor,CDF):

$$CDF_i = \frac{max\,(CF_{i,up} + CF_{i,down} + CF_{i,steady})}{t_i} \qquad (2-7)$$

上式中,$CF_{i,up}$,$CF_{i,down}$,$CF_{i,steady}$分別是第i個關鍵字在指數漲、跌和平三個分類中出現的頻率;t_i是關鍵字出現的天數。最後使用TF×CDF作為權重進行證券市場波動預測。

Baeza-Yates et al.(1999)將經典的TF-IDF模型應用於文本量化,取得了較好的分類效果。TF是詞「w」在某篇文章中出現的頻率,IDF是詞「w」在整個語料庫的文章中出現的頻率,TF/IDF代表了詞「w」在這篇文章中的重要性。例如「我們」和「股票」兩個詞在文章中均出現100次,但是「我們」這個詞在整個語料庫中出現7.36億次(可以通過Google搜索該詞,返回的結果數可以近似為在所有文檔中出現的次數),「股票」這個詞出現0.092億次。「我們」的TF為100,IDF為7.36億,TF/IDF為1.359e-9,「股票」的TF/IDF值為1.087e-5。通過對這兩個權重值比較可以發現,對於這個文檔,「股票」比「我們」更適合作為關鍵詞,可以認為該文檔是討論與「股票」相關的。

Wang et al.(2012)利用TF-IDF模型與SVM相結合捕捉市場情緒與證券市場波動的關聯。其使用$x_{i,t} = TF_{i,t} \times IDF_i$計算詞$k_i$在$T_t$文檔中的權重,接著對於整個文本$T_t$使用向量$X_t = (x_{1,t},\cdots,x_{i,t},\cdots x_{v,t})$來表示,其中V是整個詞庫的大小。最後使用SVM學習證券市場波動受文本影響的權重因子後,加入證券市場波動預測模型中。

Schumaker et al.(2009b)分別基於全部詞集合、名詞集合、專用名詞集合和實體名詞集合四種不同類型的詞集作為量化文本的詞庫,利用詞袋模型,

研究公司基本面信息與證券市場波動的關係,結果表明使用專用名詞量化的文本信息效果最好。

2.4.1.3 情感分析法

行為金融理論已經證實,投資者情緒會對證券市場波動產生影響(De Long et al.,1990)。詞袋法忽略了詞語之間的順序和語法,損失了描述文本情緒的重要信息。隨著計算機技術的發展,使得使用詞序和句法進行情感分析成為可能。

Tetlock et al.(2008)使用文本中正面詞和負面詞的比例來量化文本情緒,使用的情感詞庫為哈佛大學通用情感詞庫 Harvard-IV-4。

知網(HowNet)是一個常識知識庫,其基本內容包括英語及漢語詞語所代表概念的對象、概念和概念之間及概念所具有的屬性之間的關係。知網將詞語分為「正面情感詞語」「負面情感詞語」「正面評價詞語」和「負面評價詞語」。王超等(2009)使用知網(HowNet)將文本中的關鍵詞構成矩陣,計算文本的褒貶傾向程度。將詞分為 Positive(正向)、Negative(負向)、Privative(否定)、Modifier1(修飾詞)、Modifier2、Modifier3、Modifier4 和 Modifier5,其中五類修飾詞分別使用 2、1.8、1.6、1.4 和 0.8 作為權重。根據關鍵詞矩陣計算出來的文本褒貶值作為市場情緒的代理變量,使用 SVM 預測金融市場股票交易量的波動。

Li et al.(2014)首先從文本中抽取財經專業名詞並計算該詞為正向詞的概率來判定該詞的詞性:

$$P^+(w) = P(w|E=+,T=\uparrow) \approx P(w|T=\uparrow)P(E=+|w,T=\uparrow) \tag{2-8}$$

上式中,E 代表該詞鄰居的正(+)負(-)極性,T 代表股票價格的漲(↑)跌(↓),在得到所有詞的極性後,通過詞的極性計算股票的樂觀情緒值:

$$M_s^+ = \sum_{i=0}^{\tau} \frac{P_i}{L_i} \times e^{-i/\beta} \tag{2-9}$$

上式中,P_i 是股票 i 天以後新聞中包含的正向詞的個數,L_i 是總的詞數量,τ 是情緒影響的天數,β 是一個調節影響度的常量。

股票的悲觀情緒值計算公式為:

$$M_s^- = \sum_{i=0}^{\tau} \frac{N_i}{L_i} \times e^{-i/\beta} \tag{2-10}$$

上式中,N_i 是股票 i 天以後新聞中包含的負向詞的個數。

最後將股票的情感值與股票歷史交易信息作為使用支持向量迴歸（Support Vector Regression）模型的輸入值進行股票價格預測。

為了從文本中抽取投資者情緒，學者們借助 Opinion-Finder[①] 等工具收集每個文本中的投資者情緒並用於證券市場波動分析研究，對預測的準確性均有明顯提高（Pang et al., 2008；Chen et al., 2011；Schumaker et al., 2012）。

由於社會化媒體中包含大量的廣告、謠言和「口水話」等噪音，目前鮮有僅僅針對一只股票的市場情緒與股票價格波動的研究。Mukherjee et al.（2014）首次使用社交網路的公眾情緒比較研究了兩支股票之間的相關性（見表2.3）。

表 2.3　　　　　　　　　媒體量化方法文獻匯總

方法	文獻	媒體來源	度量	股票市場	量化數據
數量法	Chan et al. 2003	道瓊斯圖書館	月	NYSE	新聞數量
	Fang 2009	NYT, USAT, WSJ, WP	月	NYSE, NASDAQ	新聞數量
	Preis et al. 2013	Google Trends	周	NYSE	搜索量
	Moat et al. 2013	維基百科	周	DJIA	網頁瀏覽數
詞袋模型法	Wuthrich et al. 1998	雅虎新聞	天	S&P500	新聞詞彙
	Baeza et al. 1999	WSJ	天	NYSE	新聞部分詞彙
	Schumaker et al. 2009	WSJ	分鐘	S&P500	股價、新聞詞彙
	Wang et al. 2012	雅虎新聞	分鐘	S&P500	新聞詞彙
情感分析法	Tetlock et al. 2008	WSJ	天	S&P500	情感詞
	王超 et al. 2009	財經網站	天	NASDAQ	詞語褒貶值
	Bollen et al. 2011	Tweeter	天	DJIA	推文情感
	Li et al. 2014	互聯網媒體	分鐘	CSI100	財經情感詞
	Si et al. 2014	互聯網媒體	分鐘	S&P100	社會關係
	Ding et al. 2015	彭博	月	S&P500	新聞標題

註：NYT（《紐約時報》, New York Times），USAT（《今日美國》, USA Today），WSJ（《華爾街日報》, Wall Street Journal）以及 WP（《華盛頓郵報》, Washington Post）；NYSE（紐約證券交易所, New York Stock Exchange），NASDAQ（納斯達克股票交易所, National Association of Securities Dealers Automated Quotations），DJIA（道瓊斯工業平均指數, Dow Jones Industrial Average），S&P100（標準普爾 100 指數, Standard & Poor's 100），S&P500（標準普爾 500, Standard & Poor's 500），CSI100（中證 100 指數, Chinese Stock Index 100）。

---

① Opinion-Finder 是匹茲堡大學的一個研究項目，基於文檔級的情緒分析工具。

2.4.2 預測分析模型

從文本信息中獲得投資者情緒等有用信息後,學者使用不同類型的預測分析模型探尋媒體信息與證券市場波動之間複雜的關係。目前主流的預測分析模型有:統計模型、迴歸模型和基於機器學習的預測分析模型(Li et al.,2018)。其中統計模型分析媒體信息與證券市場波動之間的相關性,計量模型研究的是兩者之間的因果關係,基於機器學習的預測分析模型探尋的是兩者之間局部、細微的關聯關係。

2.4.2.1 統計模型

統計模型用於捕捉證券市場波動與信息源之間的關係,通過數理統計方法獲取各變量之間的函數關係,是一組數學模型,分為單變量分析模型和雙變量分析模型。t檢驗、Wilcoxon檢驗和Kruskal-Wallis檢驗常用於單變量分析模型,用於判斷媒體與市場波動的關聯性。皮爾遜相關係數(Pearson Correlation Coefficient)、斯皮爾曼等級相關係數(Spearman's correlation coefficient for ranked data)以及互信息(Mutual Information)等常用於雙變量分析模型,用於度量媒體信息和波動指標兩者之間相關性的強度和方向。

Moat et al.(2013)使用t檢驗探尋2007年12月10日至2012年4月30日的維基網頁瀏覽量和編輯量與市場波動的關聯,研究發現,在公司股票下跌之前,與公司或其他財務主體相關的文章的頁面瀏覽次數有所增加。

互信息可以度量兩個隨機變量之間的相互依賴性,例如,兩個相互獨立的隨機變量的互信息為零。Zheludev et al.(2015)在使用互信息分析了Twitter上的340億個推文後得出的結論是,Tweet情緒可以用於預測標普500指數的波動。

統計模型為從大數據角度檢驗社會化媒體與證券市場波動之間的關聯關係並提供了有說服力的統計方法。但是,這種統計方法關注的是單個信息對證券市場的影響,無法分析多個信息來源對證券市場波動共同的影響。

2.4.2.2 計量經濟學迴歸模型

計量經濟學迴歸模型研究的是特定經濟現象和各種經濟變量之間的統計關係。具有代表性的模型是線形迴歸模型(Linear regression model),邏輯迴歸模型(Logistic regression model)、向量自迴歸模型(Vector autoregression model)和自迴歸積分移動平均模型(Auto Regressive Integrated Moving Average model,ARIMA)。

Tetlock et al.(2007)使用線性迴歸模型分析了新聞的內容,特別是新聞情緒,發現在負面新聞信息存在的情況下股票收益率預計較低。Curme et al.(2014)利用 Google 搜索引擎和維基百科的搜索量以及 S&P 500 波動率指數構造線形迴歸模型時發現,相關政治事件或者公司搜索量的增加會帶來證券市場的下跌。

$$r_{t+1} = \beta_0 + \beta_1 x_t + \beta_2 VIX_t + \varepsilon_t \qquad (2-11)$$

上式中,x_t 為 Google 搜索引擎和維基百科的搜索量對應變量,VIX 是 S&P 500 波動率指數,ε_t 為誤差項。

Luo et al.(2015)構造了包含 Google 搜索量、博客情緒、網路流量等的向量自迴歸模型,研究發現社會化媒體的指標是公司股價的重要影響因素,社會化媒體具有更快的預測價值,即社會化媒體的影響會比傳統媒體更快地傳遞到證券市場。Frank et al.(2004),Mukherjee et al.(2014)也使用計量經濟學迴歸模型做過類似研究。

2.4.2.3 基於機器學習的預測分析模型

隨著計算機技術的發展,越來越多的學者嘗試使用機器學習的方法來研究信息與證券市場波動的關係。機器學習模型可以從大量的歷史數據中自動分析並獲得規律性的東西,利用該規律就可以對未知的數據進行預測。機器學習模型的輸入為高維數據,通常是將不同信息源的數據特徵串聯成一個超級特徵向量,然後利用機器學習技術,如神經網路、貝葉斯分類器和支持向量機等捕捉信息與證券市場波動之間的複雜非線性映射關係。

K 近鄰算法(K Nearest Neighbors,KNN)是一種基本的分類和迴歸方法,其基本思想是,給定訓練數據集,對於新的實例,在訓練數據集中找到與該實例最接近的 K 個實例。對於分類問題,這 K 個實例的多數屬於某個類,那麼新實例就屬於該類;對於迴歸問題則取這 K 個實例的平均值。計算距離的方法通常有歐式距離和曼哈頓距離。如圖 2.8 所示,由於離其最近的 4(K=4)個訓練實例中有三個為五角星,黃色實例將被判定為五角星類別。Wuthrich et al.(1998)基於 K 近鄰算法,研究了財經新聞的內容與亞洲、歐洲和美國主要證券市場的日收盤價格之間的關聯性。

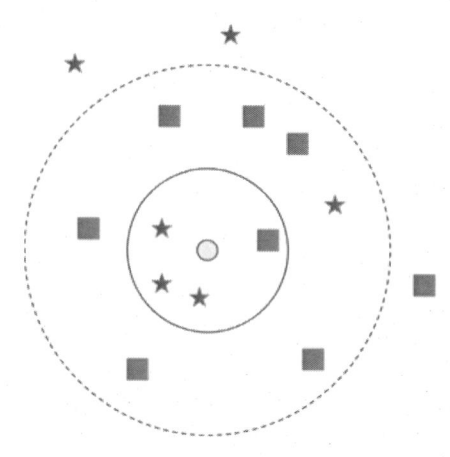

圖 2.8　K 近鄰示意圖(K=4)

樸素貝葉斯算法(Naive Bayesian,NB)是機器學習中應用非常廣泛的一類有監督算法,用於解決分類問題。該算法以自變量(樣本特徵)之間相互獨立和連續變量的正態性假設為前提。樸素貝葉斯的思想就是利用實例的先驗概率計算該實例屬於某一分類的概率,最後選擇最大後驗概率的分類作為該實例的分類。計算實例屬於某一分類的樸素貝葉斯公式為:

$$P(C_i \mid F_1, \cdots, F_n) = \frac{P(F_1, \cdots, F_n \mid C_i) P(C_i)}{P(F_1, \cdots, F_n)} \qquad (2-12)$$

上式中,$F_1, \cdots, F_n$ 是實例的 n 個特徵變量,$P(C_i \mid F_1, \cdots, F_n)$ 為實例屬於分類 C_i 的概率;$P(F_1, \cdots, F_n \mid C_i)$ 是已知 C_i 分類下,$F_1, \cdots, F_n$ 的概率;$P(C_i)$ 是所有樣本中類別 C_i 的概率;$P(F_1, \cdots, F_n)$ 與分類無關,在求分類的問題上,可以認為是一個常數。根據鏈式法則以及條件獨立的假設可知:

$P(F_1, \cdots, F_n \mid C_i) = \prod_{j=1}^{n} p(F_j \mid C_i)$,其中 $p(F_j \mid C_i)$ 為 C_i 分類下,訓練樣本具有 F_j 特徵的概率。Li(2010)首先從公司管理層討論與分析(Management Discussion And Analysis,MD&A)報告中的前瞻性稱述(Forward-Looking Statements,FLS)按照兩個維度:音調(正音與負音)、內容(盈利能力、營運和流動性等)進行手工分類。這些手工編碼的句子作為樸素貝葉斯機器學習算法的訓練數據,然後對 1,300 萬個前瞻性陳述進行了分類,用於研究 MD&A 中前瞻性稱述與對應公司證券市場波動的聯繫。研究表明,MD&A 中前瞻性稱述的平均基調與公司未來收益和流動性呈正相關。

決策樹(Decision Tree)是機器學習中的另外一種預測模型,可用於分類

(離散型結果,如股票漲跌)和迴歸(連續型結果,如股價)。每棵決策樹代表的是實例屬性與實例值時間的映射關係。決策樹的葉子結點包含一個或多個實例,分類問題時使用投票法決定該葉子結點的類別,迴歸問題時一般採用取平均值的方式確定輸出。非葉子結點是對某個屬性值的判斷,例如公司流通市值,大於 10 億和小於等於 10 億分別為兩個分支。對於新的實例,按照其屬性值在各個非葉子結點做出判斷,最終到達的葉子結點確定了實例的類別或者目標輸出。Rachlin et al.(2007)構建的基於模型預測金融交易系統(ADMIRAL)包含了傳統的證券市場交易時間序列數據和使用決策樹歸納算法分析的互聯網文本信息,用於預測未來股票趨勢和制定金融交易決策。

支持向量機(Support Vector Machine,SVM)是一種監督學習算法,是機器學習中經典的分類和迴歸算法。SVM 將訓練樣本映射為空間中的點,使得不同類別的樣本實例在空間中盡可能地被間隔分開。將需要預測的實例映射到相同的空間後,基於其落在間隔的哪一側來確定所屬類別。SVM 除了可以做線性分類外,利用多項式核函數、高斯核函數和 Sigmoid 核函數等核函數還可以進行非線性分類,將樣本實例隱式地映射到高維特徵空間中,便於找出對應分隔帶的支持向量。Wang et al.(2012)利用差分整合移動平均自迴歸模型(Autoregressive Integrated Moving Average model,ARIMA)和 SVM 相結合,基於中國工商銀行、萬科、蘇寧電器、通用電氣(General Electric Company,GE)、強生公司(Johnson & Johnson Company)和麥當勞(McDonald's Corporation)六家公司的季報和年報文本信息,分別研究了文本信息在中國和美國不同證券市場上與股票之間的關聯關係(見圖 2.9)。

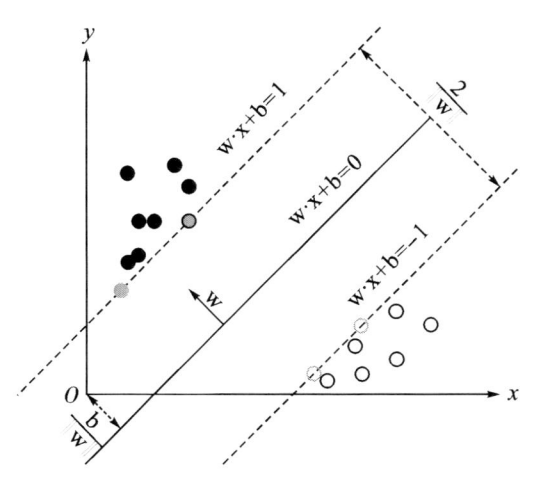

圖 2.9 支持向量機示意圖(淺色點為支持向量)

隨著 Google 機器人 AlphaGo 在 2016 年 3 月 9 日戰勝人類頂尖職業棋手李世石,人工智能(Artificial Intelligence,AI)開始進入人們的視野,並被快速應用在機器視覺、人臉識別、自動規劃、自然語言處理等眾多領域。人工智能通過神經網路(Artificial Neural Network,ANN)、深度學習(Deep Learning)等計算機手段模擬人類智能。複雜的神經網路可由數百萬個神經元組成,善於捕捉數據之間的複雜關係。這吸引了大量學者利用人工智能、神經網路來研究證券市場的媒體效應。Bollen et al.(2011)利用 OpinionFinder 和 Google 情緒狀態量表(Google-Profile of Mood States,GPOMS)分析了 1,000 萬條 Tweeter 推文的文本情緒,使用自組織模糊神經網路(Self-Organizing Fusion Neural Networks,SOFNN)挖掘文本情緒狀態和道瓊斯工業指數(DJIA)之間的複雜關係,研究發現,包含特定公眾情緒維度後,可以明顯改善道瓊斯指數預測的準確率,達到 86.7%(見圖 2.10)。

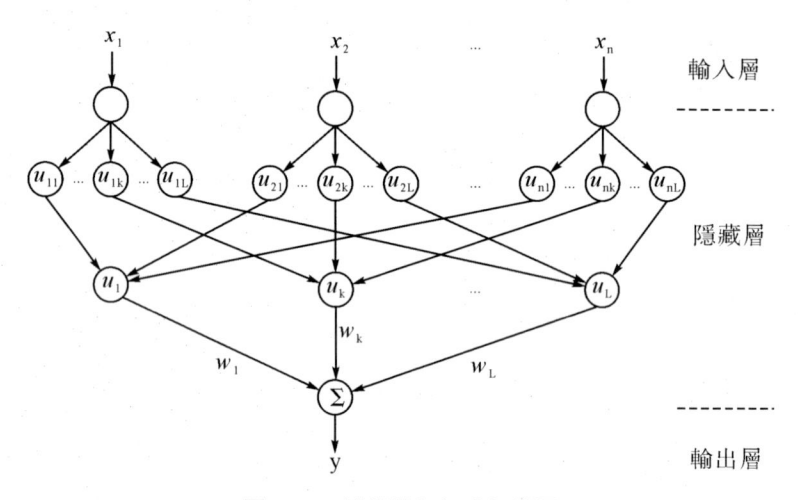

圖 2.10 模糊神經網路拓撲圖

Pinto et al.(2011),Huang et al.(2015),Dickinson et al.(2015),Ding(2015),Wang et al.(2015)使用不同的神經網路研究了媒體信息與證券市場之間的關係(見表 2.4)。

表 2.4　　　　　　　　預測分析模型文獻比較

分類	文獻	市場	媒體影響因素	預測目標	分析模型
統計模型	Moat et al. 2013	DJIA	網頁瀏覽量	指數	互信息
	Zheludev et al. 2015	DJIA	消息數量	股價	t 檢驗
計量迴歸模型	Frank et al. 2004	DJIA	情感指數、消息數量	回報率、波動率	線性迴歸模型
	Tetlock et al. 2007	S&P500	情感詞數量	回報率	線性迴歸模型
	Preis et al. 2013	DJIA	搜索量變化	指數	線性迴歸模型
	Mukherjee et al. 2014	SPXT	搜索行為	指數	線性迴歸模型
	Luo et al. 2015	NYSE	搜索量、博客	回報率、風險	向量自迴歸模型
基於機器學習模型	Wuthrich et al. 1998	S&P500	新聞內容	指數	KNN
	Lavrenko et al. 2000	S&P500	新聞內容	股票走勢	語言模型
	Mittermayer et al 2006	S&P500	新聞內容	股票走勢	KNN, SVM
	Mahajan et al. 2008	BSE	新聞情感	股票走勢	SVM、決策樹
	Wang et al. 2011	S&P500	新聞內容	股價	ARIMA, SVR
	Bollen et al. 2011	DJIA	推文情感	指數	SOFNN
	Pinto et al. 2011	DJIA	新聞內容	指數	BP 神經網路
	Li et al. 2011b	HKEx	新聞情感	收益率	MKL
	Ding et al. 2014	S&P500	新聞事件	指數、股價	DNN, CNN
	Peng et al. 2014	DJIA	新聞特徵	股票走勢	DNN
	Wang et al. 2015	HKEx	新聞特徵	股價波動	ELM
	Li et al. 2016	CSI100	新聞情感	股價	向量模型
	Yang et al. 2017	S&P500	新聞情感	波動率及收益率	遺傳算法

註：NYSE(紐約證券交易所, New York Stock Exchange), NASDAQ(納斯達克股票交易所, National Association of Securities Dealers Automated Quotations), DJIA(道瓊斯工業平均指數, Dow Jones Industrial Average), S&P100(標準普爾 100 指數, Standard & Poor's 100), S&P500(標準普爾 500, Standard & Poor's 500), CSI100(中證 100 指數, Chinese Stock Index 100), BSE(孟買證券交易所, The Bombay Stock Exchange Limited), HKEx(香港交易所, Hong Kong Exchanges and Clearing Limited)。

2.4.3　現存問題與分析

行為金融學已經證明，投資者的情緒會深刻地影響投資者的行為和決策。在投資者注意力有限的情況下，社會化媒體已經成為投資者獲取信息的重要渠道。如何量化社會化媒體，從社會化媒體中提取投資者情緒，捕捉投資者情緒與證券市場波動的複雜非線性映射關係已經成了證券市場媒體效應研究領域的熱點。通過梳理國內外目前社會化媒體量化及其在證券市場研究領域應用的相關文獻，發現目前依然存在以下問題：

大數據視角下的社會化媒體對證券市場的影響研究

第一,目前社會化媒體量化方法均存在不同缺陷。新聞數量法過於簡單,用數量作為影響力,無法捕捉到媒體與證券市場波動的真實關聯關係,無法準確預測證券市場的波動方向;詞袋模型法雖然考慮了文本中詞語的情感極性,並且使用財經專用情感詞庫以提高判斷的準確性。但是忽略了詞序和語法的核心思想使得詞袋模型法在提取文本情感時的準確率大打折扣。例如,網友發帖內容為:「儘管漲停了,公司公布了大量利好消息,引導市場向上,但是明天估計會回調」,這個帖子中正向詞語(「漲停」「利好」「向上」)數量多於負向詞語(「回調」),詞袋模型法判斷該帖為積極情緒,然而,網友使用了「但是」作為轉折,使得該帖整體為消極情緒;情感分析法考慮了文本的語義和語法,從而提高了文本分類的準確性,但是情感分析法無法解決快速準確分析海量大規模的社會化媒體文本情感的問題。另外,對於社會化媒體,僅考慮發帖的文本情感,會損失大量有用的信息,社會化媒體的群體情緒往往隱藏在對發帖的回復和引用當中。

針對以上問題,本書創新性地提出了CSCNN深度神經網路文本情感提取模型,首次將社會化媒體的特殊結構納入文本情感提取中,結合內容相似度、評論相關性、發帖人、回復人相關矩陣,計算文本內容的重要性,對文本進行篩選,賦予不同的權重,從而更準確地判斷市場情緒。同時,該模型可以自我學習和修正,解決了分析海量大規模社會化媒體文本情感的問題。對該模型的具體闡述見本書第4章。

第二,由於證券市場的複雜性,證券市場社會化媒體效應預測分析依然面臨諸多挑戰。統計模型描述單個信息源與證券市場波動的關聯性,忽略了證券市場的波動是許多因素和信息均衡的結果;計量經濟學迴歸模型考慮的是媒體信息來源與證券市場之間的因果關係,忽略了不同信息來源之間的相互作用。並且媒體信息與證券市場的線性相關性會隨時間而變化,但是非線性相關性卻始終很強。另外線形迴歸模型將高維信息源壓縮成了標量,必定會損失許多有用的信息;機器學習的方法善於捕捉隱含在數據中的複雜關係,但簡單機器學習算法在面對高維度快速變化的證券市場大數據時依然存在問題,K近鄰(KNN)算法思想簡單,易實現,但很大程度上受樣本分佈的影響,更加傾向於將新的實例劃分為數量較多的類型;樸素貝葉斯模型由於樣本特徵之間相互獨立的假設並不符合社會化媒體和證券市場本身的特性,所以很大程度上影響了樸素貝葉斯模型的準確性;雖然在探索文本信息對證券市場波動影響的研究中,決策樹模型比樸素貝葉斯(NB)模型效果更好

(Rachlin et al. 2007),但是社會化媒體文本信息和證券市場特徵構成的向量可高達上萬維,使用決策樹會導致維度災難和過擬合問題。支持向量機 SVM 在許多分類問題中都表現得非常好,但是在非線性的社會化媒體與證券市場波動關係中,需要使用核函數進行映射,如何選擇核函數目前還沒有合適的方式。另外 SVM 模型的訓練時間會隨著樣本數量的增大而呈指數級的增長,這對基於大數據的證券市場社會化媒體效應量化分析來說是不可接受的。人工神經網路和深度學習的應用,極大地提高了證券市場波動預測的準確性和即時性,但是目前相關的研究僅考慮證券市場數據的連續時序性,忽略了社會化媒體情緒的離散時序性,未能準確捕捉到社會化媒體情緒對證券市場波動逐漸減弱的特性。

　　針對以上問題,本書以專門用於解決時序問題的長短期記憶時間遞歸神經網路 LSTM 為基礎,構造了基於大數據證券市場社會化媒體效應量化智能平臺(SMQIP),並創新性地提出了 LSTM 輸入門和遺忘門算法,巧妙地解決了連續時序性和離散時序性相融合的問題,為證券市場波動媒體效應的相關研究提供了新的思路和解決方案。

2.5　本章小結

　　社會化媒體通過影響投資者情緒,進而左右證券市場的波動,本章完整地梳理和回顧了「社會化媒體——投資者情緒——證券市場波動」主線中每個領域的相關文獻:①證券市場波動相關理論。證券市場的波動包含了長期穩定性和短期隨機性的特徵,是兩者均衡的結果。宏觀經濟和公司基本面等因素決定著證券市場的長期波動規律,社會化媒體以投資者情緒為橋樑,影響著證券市場的短期波動。②投資者情緒與證券市場。行為金融學已經證明,投資者情緒會對證券市場的波動產生影響。在通過對投資者情緒以及其與證券市場關係的相關研究文獻的梳理發現,由於從眾心理和羊群效應,投資者情緒在一定程度上決定著市場情緒,影響著投資者的決策和行為,從而導致證券市場波動。③社會化媒體與投資者情緒。通過對社會化媒體的研究現狀和社會化媒體與投資者情緒在學界和業界的應用分析,理清社會化媒體影響投資者情緒的內在機制。④社會化媒體量化及應用。回顧了社會化媒體量化及應用研究的國內外現狀,詳細分析了文本量化方法中新聞數量法、詞袋模型法和情感分析法的實現原理及缺陷。研究了當前主要預測分析

模型:統計模型、計量經濟學迴歸模型和基於機器學習預測分析模型的算法和問題。針對缺陷和問題,提出了本書的解決方案。

　　本章通過對「社會化媒體——投資者情緒——證券市場波動」主線各環節的研究現狀的回顧和相關理論的梳理,厘清了證券市場社會化媒體效應量化領域的研究現狀和問題,為本書後續研究奠定了堅實的理論基礎,也為本書進一步研究提供了合理的思路。

3　系統總體設計

在前文的理論研究和分析的基礎上,根據本書的研究方法和思路,為達到預期研究目的,構建了基於大數據的證券市場社會化媒體效應量化智能平臺(SMQIP)。本章首先基於文獻綜述研究結果,提出目前媒體感知的證券市場研究領域存在的問題及相應解決思路;接著對 SMQIP 總體設計框架進行說明,以確保模塊的完整及技術規範,並對社會化媒體數據獲取模塊、社會化媒體數據預處理模塊、社會化媒體量化處理模塊、人工情感標註模塊、社會化媒體情感極性判定模塊、市場情緒量化模塊、證券市場數據採集及預處理模塊、基於社會化媒體情緒驅動的 LSTM 深度神經網路市場波動預測模塊以及決策支持模塊 9 大核心模塊進行總體說明。最後對 SMQIP 的總體數據處理流程進行了說明,從而確保數據處理過程的完整和規範。

3.1　問題描述及解決思路

本書搭建的 SMQIP 簡要思路如圖 3.1 所示。SMQIP 通過對新浪財經、東方財富網股吧以及雪球網等社會化媒體文本信息的採集、預處理、量化以及市場情緒提取,結合證券市場數據,利用深度神經網路對市場波動做出預測,從而為市場監管者、公司管理者和證券市場投資者提供決策支持。

經過對證券市場媒體效應領域國內外研究現狀的梳理和分析,目前對於社會化媒體與證券市場波動關係的研究主要有以下四個方面的問題:

3.1.1　海量社會化媒體文本信息無法被自動、高效、準確獲取

該問題產生的根源主要在於:

首先,社會化媒體的信息獲取過程是動態的,而目前主流的基於媒體感知

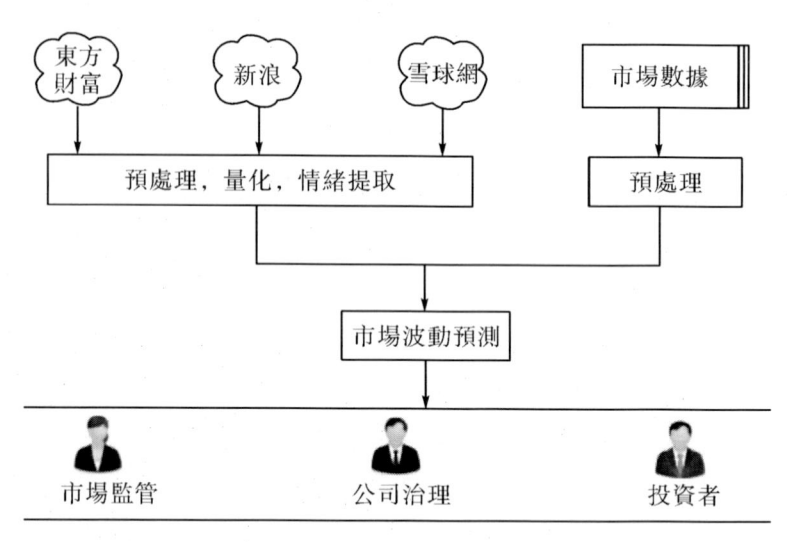

圖 3.1 系統思路示意圖

的證券市場波動監測模型與系統大多僅能處理靜態媒體信息，這類技術可以滿足爬取財經新聞、公司公告以及財報等文本數據的需求。然而，社會化媒體數據由於其存在用戶的高頻次交互，在爬取主帖內容後，需要動態地針對該主帖的回復、引用以及轉發等信息進行更深層次的爬取，這樣獲取的社會化媒體信息才是完整的，從中提取的市場情緒才更具有代表性。

其次，社會化媒體文本信息生滅速度快，更新頻率高，傳播速度快，而目前主流的基於媒體感知的證券市場波動監測模型與系統數據採集頻率低，監測視圖生成速度慢，事件/情緒識別與發現算法效率低下，無法表現社會化媒體信息的特徵。目前針對證券市場波動研究所使用的爬蟲系統基本上還是單機模式，鮮有使用分佈式算法的爬蟲應用，然而針對海量的社會化媒體數據獲取，單機模式的爬蟲受機器本身性能以及網路帶寬限制，數據採集速度慢，社會化媒體數據產生的速度遠遠高於爬蟲爬取速度，使用單機模式已經遠遠不能滿足平臺系統即時高效的需求。

最後，社會化媒體信息的格式繁復，結構封閉，系統間互動性差，進而導致了此類系統中的文本信息難以訪問、採集、處理、融合以及深度應用。而目前主流的基於媒體感知的證券市場波動監測模型與系統主要針對結構化程度低、系統結構開放程度高的媒體信息系統進行設計，導致了在爬取社會化媒體信息時無法獲取完整的信息。

針對上述問題，本書設計開發了定向分佈式社會化媒體爬蟲可有效地解

決上述相關問題。該分佈式爬蟲模塊採用主從式的系統框架來設計。在主從模式爬蟲框架中，主爬蟲(Master Spider)負責分配協調系統進程，根據當前網路壓力和爬取任務，進行系統資源分配，啟動不同類型從爬蟲(本書分為新浪爬蟲、雪球爬蟲和股吧爬蟲三類)採集社會化媒體數據，主爬蟲同時負責核對任務列表，採用廣度優先的策略分配任務。從爬蟲接收主爬蟲分配的任務，首先爬取主帖內容，然後爬取該主帖對應的所有評論內容，採集完成後交給數據處理單元進行下一步的數據清洗。由於大部分論壇的網頁均採用AJAX[①]動態生成技術，使用傳統爬蟲技術僅僅只能爬取主帖內容，所以每個爬蟲在完成主帖 URL 內容的爬取後，需要繼續爬取該主帖下的評論內容，包括回復、轉發和引用信息以及發布者信息，並且實現評論自動翻頁功能，從而可獲取完整的社會化媒體結構化信息。為了提高數據採集效率，本書使用 Redis 高速內存數據庫存儲所有待爬取的 URL 任務隊列以及已經爬取的隊列。Redis 數據庫中的爬取任務列表由主爬蟲和所有從爬蟲共同維護。

3.1.2 社會化媒體包含了大量的雜亂無序的噪音信息，導致很難準確判定其包含的投資者傾向性情感信息

具體而言：

首先，社會化媒體文本信息結構複雜，格式不統一，導致了此類信息系統具有極高的自我封閉性，目前主流的證券市場波動監測模型與系統難以深入其中獲取所需信息，進而導致獲取的僅僅只是社會化媒體平臺中的部分數據，並不能代表平臺中所有的投資者情緒。本書爬取的社會化媒體數據統計顯示，平均每個主帖有 12 個評論回復，也就是說，對於社會化媒體的爬取如果還是採用普通媒體信息的爬取方式，平均來說僅獲取了其中的是 1/3 的情感信息，這樣計算的市場情緒的準確率大大降低。

其次，目前主流的情感(網路情感)系列工具，如：人工情感庫、論壇情感自動識別模型、網民情緒監測工具等，其中的情感類型單一，對證券市場中的市場情緒刻畫深度不足，且難以刻畫其中的細節波動，導致了證券市場波動監測模型與系統存在情緒信息質量差、數量嚴重不足、參考價值低等問題。從海量的社會化媒體平臺中採集數據，針對不同社會化平臺的需要做出不同

[①] AJAX，即異步的 JavaScript 與 XML 技術(Asynchronous JavaScript and XML)，是一套綜合多項技術的瀏覽器端網頁開發技術，主要用於異步生成網頁內容。

的應對和處理，其中涉及計算機軟件工程、HTML解析、負載平衡和分佈式框架等，是一個非常複雜的系統框架。目前的情感系列工具大多僅僅針對一個社會化媒體平臺的部分數據進行採集分析，這樣的低覆蓋率帶來的後果是將帶有「偏見」的市場情緒作為因子放入市場波動預測模型中，導致預測準確率下降。

再次，社會化媒體的特點是文本短、數據量大，並且用戶常用一些特定的語句來表達情緒，例如用戶在表示股票被套時，常使用「做終身股東了」這樣的語句來表達情緒。對所有這樣短小的語句均使用情感判斷模型進行情感極性的判斷必定會使得系統效率極其低下。

最後，證券市場社會化媒體文本信息具有其自身特點，採用通用的文本信息量化方法通常效率低下，並且無法代表證券市場本身的特性。例如有學者使用哈佛大學社會關係學實驗室的《哈佛心理學辭典》（Harvard IV-4 Psychology Dictionary，HPD）和英文《財經情感辭典》（由美國諾特丹大學的Tim Loughran和Bill McDonald兩位教授共同整理編輯的財經領域英文情感辭典，簡稱「LMD」）中的心理詞彙來描述新聞媒體中的投資者情緒。然而，通用的情感辭典中的情感詞彙和財經專業領域的情感詞彙有著很大的不同，Loughran and McDonald（2011）兩位教授的研究表明有許多在財經領域表示情感的詞彙都沒有出現在HPD中，比如：牛（代表非常樂觀的市場觀點，Bull Market），熊（代表非常悲觀的市場觀點，Bear Market）。LMD雖然是財經專業領域的情感辭典，但是其代表的是歐美市場的普遍情緒表達，直接翻譯過來有時也無法準確表達中國投資者的情緒，並且在社會化媒體平臺上，許多投資者經常會創造一些具有特色的詞彙來表達自己的情感。

針對上述問題，本書同時採集在證券市場的社會化媒體中具有代表性的新浪財經、東方財富網股吧和雪球網論壇數據，並且針對這三個社會化媒體平臺的文本結構特徵進行文本解析。所採集的內容除了主帖信息外，還包含針對該帖的所有評論和回復信息，從而保證所採集數據的完整性和市場情緒具有最大的覆蓋率。為了提高量化準確率，結合社會化媒體本身文本短、數據量大的特點，本書首次構建了上市公司財經社會化媒體信息語料庫（FSMDB），其中的語句為社會化媒體中頻繁出現的，其來源有人工標註和自動提取兩部分。新獲取的社會化媒體文本信息通過與FSMDB中的語句進行Hash值極速對比，快速準確地確定情感極性。對於未出現在FSMDB中的語句，採用訓練好的CSCNN深度神經網路進行情感極性判定，並將出現頻率高

的語句加入 FSMDB 中。本書基於中文分詞技術對 1,000 萬條證券市場領域社會化媒體文本數據進行了分詞並且利用基於 CBOW (Continuous Bag-of-Words) 的簡單神經網路生成了 99,351 個維度為 1,000 的財經領域詞向量,利用該詞向量與漢語財經情感辭典 (Li et al. 2014) 相結合,對於簡短語句進行快速情感極性判定。具體方法將在本書第 4 章進行描述。

3.1.3 基於社會化媒體的市場公眾情緒量化準確率較低、監測效能差

該問題產生的根源在於:

首先,市場情緒量化的準確度實際上是受到整個市場中多種多樣的內外部因素干擾和影響的,而在目前的市場情緒測量工作中,在特徵信息與關鍵內容的選取上、在市場波動與情緒信息關係的處理算法以及對「波動—情緒」信息關係的理解等方面的研究與設計方面都還存在較大的空缺與不足,進而導致了證券市場波動監測模型與系統存在預測失效或預測嚴重滯後的問題。

其次,社會化媒體數據有其特有的結構特徵,社會化媒體通常由主帖和評論兩大部分構成,語句之間的重要程度不一樣,例如,通常來說主帖的重要程度是大於評論和回復的,被引用次數較多的語句的重要程度也會相應地增加。然而,目前在分析社會化媒體文本情緒時,通常並未考慮文本所在的位置,也沒有將發帖人或回復者的影響力作為情緒的影響因素,將所有語句都使用相同的權重來構造證券市場的社會化媒體情緒,這樣構造的社會化媒體情緒必定是不準確的,基於此的監測效能將會出現偏差。

基於上述問題,本書針對社會化媒體情緒量化問題設計構建其特有的情緒量化方法。社會化媒體除了文本本身的信息外,其特有的主帖、轉發、回復和引用的結構也帶有大量有用的信息。該量化方法基於社會化媒體的特有結構,構建內容相似度矩陣、評論相關性矩陣和發布者影響力矩陣,並且通過 SentenceRank 算法區分出社會化媒體文本的重要性,計算出特定時間窗口的社會化媒體情緒。為了提高基於大數據的證券市場社會化媒體效應量化智能平臺(SMQIP)的預測效率,在此基礎上構建了更加準確有效的社會化媒體情緒指數。該創新算法解決了海量的社會化媒體中充滿廣告語和「口水話」、嚴重影響社會化媒體情緒量化準確性等問題。

3.1.4 研究表明社會化媒體情緒對證券市場波動存在影響，但如何準確地刻畫其影響深度和廣度仍然是一個重大的挑戰

具體而言：

首先，作為其基礎的證券市場預測模型普遍存在著持久性較差、抗衝擊性差等問題，即：當證券市場中產生巨大的內部變化或突發性外界干擾時，預測結果往往產生較大的偏差，儘管有部分研究成果表明，其中部分的時間序列預測算法的短期預測能力，較之長期預測能力為佳，但總體來說，由於此類算法通常需要以證券市場以及相關監測過程中產生的連續對照數據作為分析與處理基礎，因而當歷史數據缺失、格式不統一等問題發生時，此類算法將很難準確預測證券市場的波動情況。

其次，對證券市場波動產生影響的社會化媒體數據與證券市場交易的歷史數據並非同步。對於證券市場交易的歷史數據來說，其具有連續時序性[①]，然而社會化媒體信息並非每天都可以獲取到足夠多的數據來抽取情感數據，具有離散時序性的特點。另外，大量普通投資者週末或節假日會在社會化媒體平臺發帖、回復，進行與市場和股票相關的交流討論，而週末或節假日證券市場暫停交易，這兩者的數據亦不是同步的。同時，社會化媒體信息對於投資者的影響往往是一個逐步減退的過程，僅僅考慮某一個時間窗口的情緒對證券市場波動的影響，將造成預測結果偏離實際的波動。

針對上述問題，本書創新性地提出基於社會化媒體情緒驅動的 LSTM 深度神經網路的證券市場波動預測模型，對經典 LSTM 深度神經網路進行改造，將證券市場交易和社會化媒體情感指數這些時序性數據輸入網路中，利用其特有的 Cell 結構（包括輸入門、輸出門和遺忘門），選擇性的控制數據流在整個網路模型的走向，對於證券市場波動率的預測不僅僅是基於當前的社會化媒體情感指數，同時也將上一狀態的社會化媒體情感指數納入模型中（通過 Cell 進行「過濾」，達到逐步衰減的效果），將連續時序性和離散時序性的數據進行融合，更加真實地模擬了投資者進行投資決策的過程，從而使得對證券市場波動的預測更加準確。

---

① 對於停牌、週末等因素造成的不交易，在重新開始交易後，價格依然會有一個延續性，視為連續時序性。

綜上所述,本書設計並實現了基於大數據的證券市場社會化媒體效應量化智能平臺(SMQIP)框架。該框架自上而下分為數據採集層、數據存儲層、核心模塊層和理論應用層。該框架探索了新的信息系統建模方式,同時將可行性智能化方案轉化為實際應用,將創新的理論研究和方法轉化為實際生產力。

3.2　現狀分析

在中國證券市場近30年的發展過程中,經歷了多次劇烈波動。從多次的「牛」「熊」更替過程中可以看出,投資者情緒在證券市場波動中起著推波助瀾的作用。投資者過度的樂觀或者過度的恐慌,使得證券市場股票價格嚴重脫離公司的內在價值。

在證券市場上,證券投資者是指從事股票、債券等有價證券買賣的個人或機構。機構投資者是符合法律法規規定的,可以使用自有資金或籌集的資金專門從事有價證券投資活動的,登記註冊或者經過政府相關部門批准而成立的機構。雖然中國在不斷加快機構投資者的建設與發展,不斷擴充中國證券市場的機構投資者比例,推動投資者結構的合理化,例如允許保險公司、社保基金等適當投資股票市場,允許部分經過認證合格的境外機構投資者進入中國資本市場,QFII和RQFII的不斷擴容等。機構投資者與個人投資者相比:①投資管理更加的專業化,能配備專門的部門進行信息搜集分析、投資決策運作以及上市公司研究等,並且有專門的投資專家進行管理。機構投資者的投資行為更加理性化,對於特定股票有較長的投資週期。②投資行為更加規範,機構投資者由於受到多方面的監管,投資行為相對比較規範,國家和政府通過一系列的法律和法規來監督和規範機構投資者的行為。③投資組合化,機構投資者往往具備較雄厚的資金實力,這使得機構投資者具備更強的風險承受能力。在投資過程中往往會根據證券市場情況進行更專業化的市場研究,從而進行更合理的投資組合,使得自身投資風險降到最低。

但中國證券市場目前所處階段還未達到半強式有效市場,公開信息對中國證券市場價格的波動依然存在顯著的影響。從目前中國證券市場投資者結構的比例來看,目前證券市場中99.73%的投資者為個人投資者。個人投

資者由於受到自身條件和外部因素的限制,在做出投資決策行為時,較容易被其他投資者的投資行為影響,並模仿其投資決策。由於個人投資者的投資理念不成熟,很容易形成「跟風」行為,進而出現證券市場的「羊群效應」。在證券市場中,「羊群效應」使得投資者拋棄自身的私人信息而盲目追從別人,使得投資者行為具有較強的趨同性,這樣證券市場基本面等因素對股票未來價格的影響能力就會削弱。「羊群效應」將引發過度反應,在趨勢上升的市場中,投資者的從眾心理使得其盲目追漲,股票的價格將遠遠超出其價值的限度,從而導致泡沫的產生;在趨勢下跌的市場中,這種從眾心理又使得投資者盲目地殺跌,增加市場風險。

「羊群效應」導致證券市場的不穩定性和脆弱性,進而給整個金融市場帶來風險。證券市場監管部門如何在證券市場的「羊群效應」形成前探測出證券市場波動的範圍,做好必要的風險防控,防止證券市場受外因影響造成劇烈波動,是一個關係到經濟健康發展和社會穩定的重大問題。

上市公司的新聞、公告等信息在投資者中流轉後,經過投資者的交流討論,相互影響,容易對上市公司目前經營狀態、未來股票價格走勢產生相對一致的看法,形成投資者情緒的聚集,造成公司股票價格的劇烈波動。上市公司若能在投資者情緒出現錯誤偏差時,及時介入,對錯誤信息進行澄清,正確引導投資者的投資行為,將避免公司股票價格較大幅度地偏離其本身價值,從而降低公司風險。

個人投資者由於受自身信息渠道的影響,無法像機構投資者那樣廣泛地收集上市公司的相關信息,從而對股票價格做出合理判斷。社會化媒體平臺成了個人投資者獲取信息的重要途徑。然而,社會化媒體中海量的信息也為個人投資者對信息做出準確判斷帶來了極大的挑戰。個人投資者無法吸收社會化媒體中所有的股票相關信息,這使得投資者只能根據片面的信息做出投資決策,極易受部分其他投資者的影響,造成財產損失。機器學習、人工智能的出現,使得借助計算機強大的運算能力,匯集提煉社會化媒體平臺信息成為可能。個人投資者不再需要逐個的閱讀吸收海量的信息,通過計算機所總結的社會化媒體平臺信息就可以洞悉其他投資者情緒,全面掌握股票相關資訊,從而為正確做出投資決策提供必要的支撐。

綜上所述,無論是證券市場監管者、上市公司還是個人投資者均需要從海量的社會化媒體信息中提前獲取證券市場的投資者情緒,為監管決策、公

司管理和投資行為提供依據。目前基於媒體感知的證券市場研究無法利用社會化媒體的特殊結構,不能對海量社會化媒體信息進行自動、高效和準確地獲取、量化,造成證券市場媒體情緒感知滯後和低覆蓋率,進而導致了利用媒體效應預測證券市場波動時產生嚴重偏差。

投資者通過閱讀新聞媒體、公司財報以及社會化媒體平臺中的信息,依據自身的認知,對這些信息進行理解和吸收後,通過發帖、回復和評論等方式,反饋到社會化媒體平臺中,進一步影響其他投資者的情緒。投資者在此基礎上做出投資決策。

本書在大數據背景下,基於社會化媒體本身的特徵和結構,結合機器學習、人工智能和深度神經網路,利用創新的社會化媒體情感提取算法、CSCNN深度神經模型和基於社會化媒體情緒驅動的 LSTM 深度神經網路,構建出基於大數據的證券市場社會化媒體效應量化智能平臺(SMQIP),其在證券市場參與者中的作用如圖 3.2 所示。該平臺能自動快速地從東方財富股吧、新浪財經和雪球網等平臺中爬取社會化媒體信息,並自動進行數據清洗、過濾、篩選、情感抽取、構建基於股票和板塊的社會化媒體市場情緒指數,根據證券市場信息和社會化媒體市場情緒指數對證券市場波動做出預測,實現證券市場大幅波動自動預警以及為證券市場監管、公司管理和投資者決策提供支持。

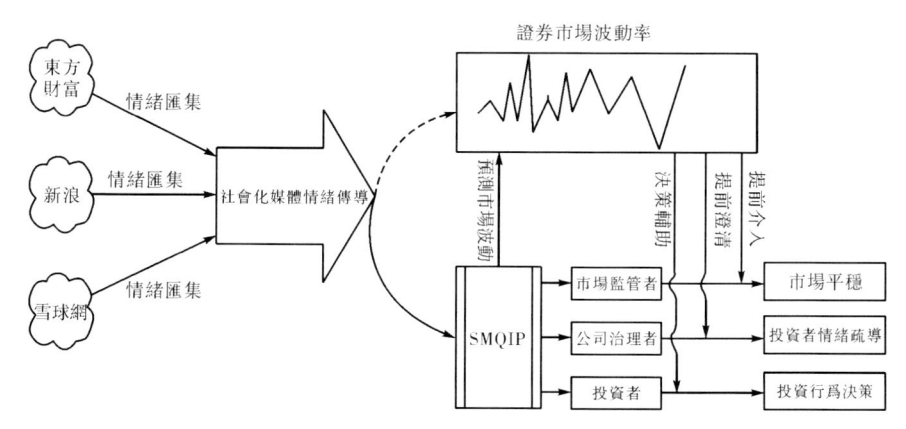

圖 3.2 SMQIP 在證券市場參與者中的作用

3.3 平臺總體結構與數據處理流程

3.3.1 平臺總體結構與功能模塊

基於大數據的證券市場社會化媒體效應量化智能平臺主要由社會化媒體信息獲取模塊、社會化媒體數據預處理模塊、社會化媒體量化處理模塊、人工情感標註模塊、社會化媒體情感極性判定模塊、投資者市場情緒指數量化模塊、證券市場數據獲取及預處理模塊、基於社會化媒體情緒驅動的LSTM深度神經網路市場波動預測模塊和決策支持模塊九大核心模塊構成（見圖3.3）。

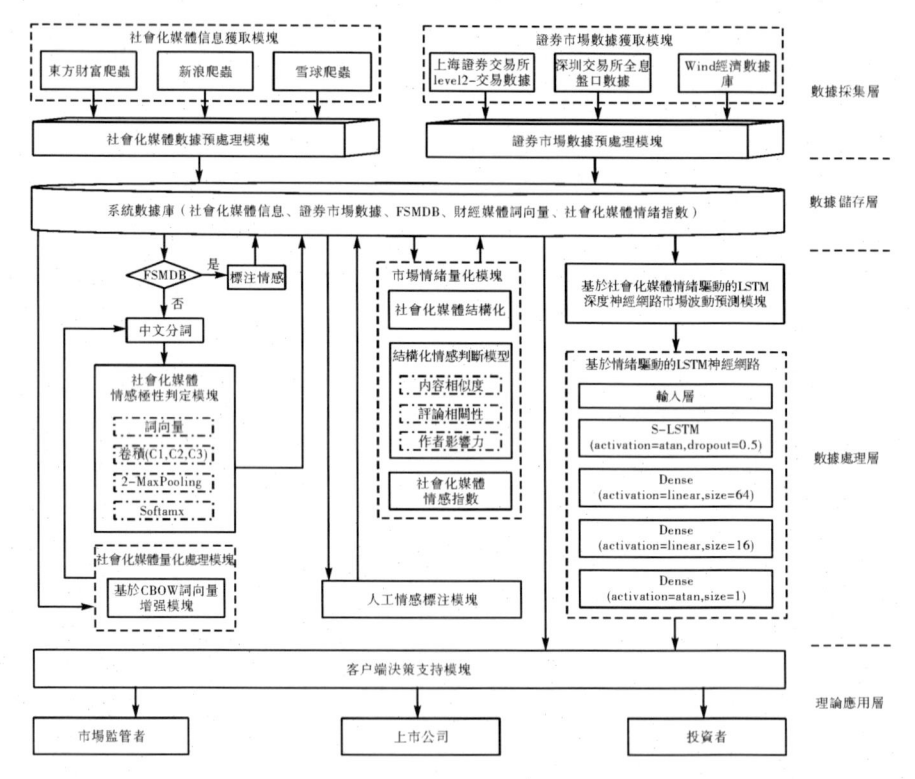

圖3.3 基於大數據的證券市場社會化媒體效應量化智能平臺（SMQIP）框架圖

（1）社會化媒體信息獲取模塊：該模塊包括採集新浪財經、東方財富股吧以及雪球網等社會化媒體數據的組件。根據不同社會化媒體平臺的特點，分別設計了新浪爬蟲（XLSpider）、雪球爬蟲（XQSpider）和東方財富網股吧爬蟲

(GuBaSpider)，採用分佈式爬取策略，即時有效地使用廣度優先算法，採集了所有相關的社會化媒體信息。同時與 Redis 高速內存數據庫相結合，有效地提高了數據採集的性能。

（2）社會化媒體數據預處理模塊：該模塊對存儲在 MongoDB 中待預處理的社會化媒體文本信息進行分析處理；對於缺失信息的數據，根據缺失的信息進行必要地填補，無法填補的信息則對將文本信息從 MongoDB 中移除；將社會化媒體平臺常用的表情符號（圖片）替換為 SMQIP 可以識別的文本；將不帶情感信息的數字字符替換與剔除；將證券市場中特有的證券代碼替換為對應的股票名稱。通過對採集文本數據的清洗、過濾和抽取關鍵字等預處理，為後續證券市場社會化媒體情緒抽取提供有效的基礎數據。

（3）社會化媒體量化處理模塊：該模塊對社會化媒體文本數據根據證券市場特有環境以及中文詞彙使用環境特點進行分詞後，利用基於 CBOW 模型改造算法的簡單神經網路對證券市場社會化媒體環境中的詞語進行了向量化，將每個詞彙在證券市場社會化媒體詞向量空間中表示成一個唯一的 1,000 維詞向量。這個詞向量空間是後續文本量化的基礎。

（4）人工情感標註模塊：該模塊用於生成 CSCNN 深度神經網路模型的訓練數據。根據規則分別選擇東方財富網股吧、新浪財經和雪球網的部分文本數據作為樣本，對文本數據進行分句後，邀請具有證券市場背景的專業人士對語句的情感進行標註，採用「投票」的方式確認所有語句的情感極性後，用於神經網路的訓練。該模塊同時支持對標註進行修正，並將修正後的結果重新用於神經網路的訓練，提高神經網路情感提取的準確性。

（5）社會化媒體情感極性判定模塊：該模塊對於待標註情感的社會化媒體文本進行分句及分詞處理後，首先利用 Hash 算法將語句與 FSMDB 中的常用語句進行匹配，並直接得出語句的情感極性；對於未能匹配的語句，根據訓練好的詞向量，將語句量化為數值矩陣，並將該數值矩陣作為 CSCNN 情感判定模型的輸入變量，模型經過卷積、2-Max 池化和 Softmax 函數後得出語句的情感分類概率，將概率值最大的分類作為該語句的情感極性類型。該模塊定期利用新加入 FSMDB 的社會化媒體文本語句和人工標註的語句，對 CSCNN 深度神經網路模型進行訓練，不斷地提高模型的情感極性判定能力。

（6）市場情緒量化模塊：該模塊包括的功能有：①根據用戶選擇的股票和時間窗口，動態地獲取數據庫中在該時間窗口中所有社會化媒體的文本內容，引用關係以及發布者信息。根據創新的 SentenceRank 市場情緒量化算

法,結合文本內容相似度,評論相關性和發布者的影響力等,計算出每條社會化媒體文本數據的權重,利用社會化媒體的情感極性與權重得出該股票在對應時間窗口的證券市場情緒。②以天作為時間窗口,自動運算出用戶所有關注的股票池和板塊的社會化媒體證券市場情感指數,並對異常波動給出警示。

(7)證券市場數據採集及預處理模塊:該模塊與高頻交易數據庫進行對接,獲取證券市場即時交易數據。主要包括上交所 Level2 股票交易數據、深交所全息盤口數據以及 wind 經濟數據庫數據。這些數據與社會化媒體數據構成 SMQIP 的主要數據來源,為進一步的建模分析奠定基礎。為了避免數據量綱不一致帶來的預測偏差,同時提高 LSTM 深度神經網路在 BPTT① 反向傳播時的運算效率,該模塊還對採集到的證券市場即時數據進行了歸一化處理。

(8)基於社會化媒體情緒驅動的 LSTM 深度神經網路市場波動預測模塊:該模塊結合社會化媒體情緒指數和市場歷史交易數據,利用創新的基於社會化媒體情緒驅動的 LSTM 深度神經網路模型對證券市場波動率進行預測。該模型充分利用了證券市場歷史交易數據,同時對社會化媒體情緒進行了有選擇性的過濾,模擬投資者的投資決策過程,極大地提高了對證券市場波動率預測的準確性。實驗證明,該模型的預測準確率遠高於支持向量迴歸(SVR)、人工神經網路(ANN)和增強樹(BT)等機器學習算法。

(9)決策支持模塊:該模塊為證券市場監管者、公司管理者和證券市場投資者提供決策支持的可視化界面。通過該模塊,證券市場監管者可以查看證券市場總體市場情緒變化以及證券市場波動情況,也可以重點監控某些關注股票和板塊的市場情緒變化以及股票價格、交易量和板塊指數波動情況,通過設置變化閾值,SMQIP 可以自動對異常變化進行預警,為證券市場監管者提前介入提供幫助;公司管理者可以監控社會化媒體中上市公司相關的市場情緒指數變化,並與整體市場情緒指數進行對比,提前發現公司股票的市場情緒異動,對此做出必要的正確引導或處理;投資者在 SMQIP 中可以關注股票和板塊市場情緒變化,平臺將給出股票價格波動預測和板塊指數波動預測,為投資者進行股票買賣決策、投資組合選取提供依據。

---

① BPTT(Back Propagation Through Time,隨時間反向傳播),在 RNN 中為了避免反向傳播求導過程中造成梯度消失等問題,採用沿著時間軸的方式進行反向傳播,將求導過程由連乘變成了相加。

3.3.2 總體數據處理流程

SMQIP 中包含了 9 大核心模塊和大量輔助模塊,數據在 SMQIP 中的模塊之間流動,最終得到市場監管者、公司管理者和投資者所需信息。本節使用數據處理流程圖對 SMQIP 的數據、存儲和處理的邏輯關係進行描述,以便厘清 SMQIP 的數據處理過程和處理需求。

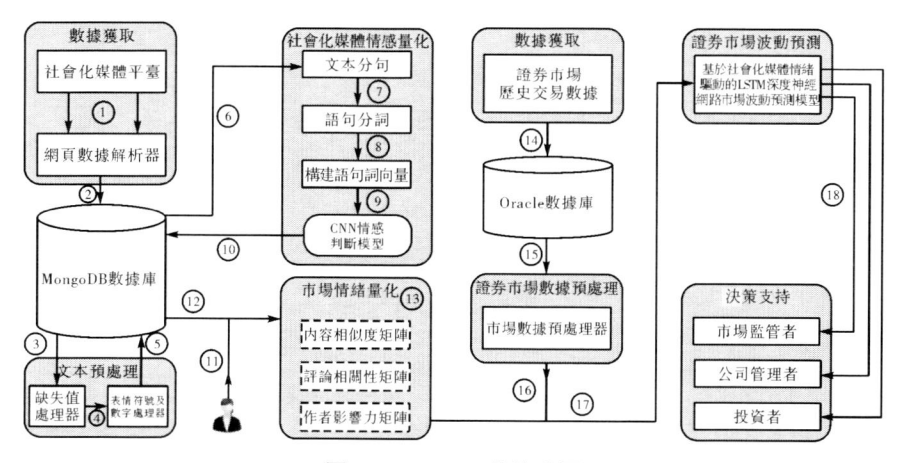

圖 3.4 SMQIP 數據流圖

如圖 3.4 所示,SMQIP 涉及海量的數據處理,數據在 SMQIP 中的流動包括以下過程:

(1) SMQIP 所需文本數據分散在各社會化媒體平臺的網頁中,定向分佈式社會化媒體爬蟲爬取後的網頁數據在網頁解析器中根據網頁的不同結構,提取出 SMQIP 所需文本數據。

(2) 將文本數據以待預處理狀態存儲到 MongoDB 數據庫服務器集群中。

(3) 文本預處理進程獲取待預處理文本數據,由缺失值處理器進行文本缺失值預處理。

(4) 處理社會化媒體文本中的表情符號以及數字字符。

(5) 將經過預處理後符合 SMQIP 要求的社會化媒體文本數據重新存儲到 MongoDB 數據庫中,並修改其狀態為待標註情感。

(6) 社會化媒體情感量化模塊取出 MongoDB 數據庫中的待標註情感的文本數據,對文本數據按照語句格式進行分句。

(7) 對語句按照中文習慣以及證券市場特有屬性(上市公司名稱、股票名稱、板塊名稱等)進行分詞。

（8）將每個分詞使用證券市場環境下的詞向量進行替換，並對語句進行必要的統一化：對不足八個詞的語句進行零詞向量填充，對於超過八個詞的語句進行頭部截斷。

（9）將由詞向量構成的語句矩陣作為 CNN 情感判斷模型的輸入變量，由 CNN 情感判斷模型對語句進行判斷。對於由多條語句構成的社會化媒體文本，經計算後得到其情感極性。

（10）將情感極性標註後的社會化媒體文本重新存儲到 MongoDB 數據庫中，並將狀態修改為標註完成。

（11）市場監控者、公司管理者或投資者根據自身需求，輸入股票代碼或板塊代碼以及時間窗口信息。

（12）結合上一步輸入的信息，從 MongoDB 數據庫中獲得對應的社會化媒體文本數據的內容，引用關係以及作者信息。

（13）構造內容相似度矩陣，評論相關性矩陣和作者影響力矩陣，計算基於社會化媒體的證券市場情緒指數。

（14）定時自動獲取證券市場相關數據，存儲到 Oracle 數據庫中。

（15）根據時間窗口等信息獲取證券市場相關數據，並利用市場數據預處理器對數據進行歸一化等預處理。

（16）將預處理後的證券市場數據與社會化媒體市場情感指數相結合。

（17）將結合後的數據進行平滑處理後，利用基於社會化媒體的 LSTM 深度神經網路模型對證券市場波動率進行預測。

（18）市場監管者、公司管理者和投資者根據自身需求，基於 SMQIP 的預測結果進行相應決策。

3.4　本章小結

本章基於文獻綜述的研究結果，梳理出目前基於媒體感知的證券市場波動研究領域存在的四個主要問題：大數據背景下海量社會化媒體文本信息無法被自動、高效和準確地獲取；大量雜亂無序的噪音信息導致社會化媒體文本情緒提取不準確；證券市場投資者情緒量化準確率低、檢測效能差；無法準確刻畫社會化媒體情緒對證券市場波動影響的深度和廣度。

針對以上問題分別提出相應的解決思路：利用本書提出的定向分佈式社

會化媒體爬蟲框架即時獲取各平臺最新數據,並進行相應預處理;利用創新性的上市公司財經社會化媒體信息語料庫(FSMDB)和CSCNN深度神經網路模型相結合對海量文本信息自動做出準確高效的情感判定;結合社會化媒體文本的結構特點,利用首次提出的SentenceRank算法計算出文本的重要性,結合用戶影響力因子、點讚數因子、閱讀數因子以及文本情感極性準確地提取出市場投資者的情緒;創新性地利用基於以社會化媒體情緒驅動的LSTM神經網路的證券市場波動預測模型,將證券市場連續時序性和離散時序性的數據融合,準確刻畫出社會化媒體情緒對證券市場波動影響的深度和廣度。

本章對證券市場現狀進行了相關分析,並基於此提出基於大數據的證券市場社會化媒體效應量化智能平臺(SMQIP),對平臺的主要模塊進行了說明。為了厘清平臺中數據的流動,對SMQIP中的數據處理流程進行了詳盡描述。

通過本章的梳理,保證了本書的研究順利推進。在接下來的章節中將沿著「社會化媒體——投資者情緒——證券市場波動」的主線推進:第4章將對社會化媒體量化以及媒體信息中的投資者情緒提取的問題展開研究。第5章將在社會化媒體文本情緒的基礎上,根據社會化媒體的特徵,構造證券市場基於社會化媒體的投資者情緒指數(SMISI)。第6章將結合Fama五因子、VAR模型和基於情緒驅動的S-LSTM模型研究社會化媒體情緒對證券市場波動影響的深度和廣度。第7章分別從市場監管者、公司管理者和投資者的角度驗證了SMQIP的可行性並提出相關決策參考建議。

4 社會化媒體量化與投資者情緒提取研究

通過對基於媒體效應的證券市場波動影響相關研究的梳理發現,社會化媒體信息通過影響投資者情緒,從而對證券市場波動產生一定的影響。在本書的主線「社會化媒體——投資者情緒——證券市場波動」中,準確高效地從社會化媒體中提取投資者情緒是準確刻畫社會化媒體信息影響證券市場深度和廣度的前提。然而,由於社會化媒體平臺自由開放的特性,使得平臺中的信息具有「文本短」「噪音大」以及「錯誤多」等特徵,最終導致了證券市場監管部門、上市公司以及投資者對於社會化媒體效應下的證券市場情緒感知準確性低,對市場情緒做出的反應嚴重滯後,給證券市場參與者在進行相關決策時帶來偏差,甚至造成證券市場劇烈波動,影響國家金融穩定。如何快速有效地從海量的社會化媒體信息中篩選出有用信息,從中提取社會化媒體效應下的證券市場情緒一直是學術界和業界研究的熱點和難點。本章提出基於大數據環境下的證券市場社會化媒體的量化方法以及投資者情緒提取模型,為進一步準確刻畫在大數據背景下社會化媒體影響證券市場的深度和廣度奠定了基礎和提供了技術保障。

4.1 研究現狀與解決思路

4.1.1 基於社會化媒體對證券市場波動影響的研究現狀

現代經典金融理論和行為金融理論均表明,信息在證券市場中有一定作用。其中,行為金融理論中的認知偏差理論和展望理論通過分析投資者的心理特徵,研究投資者在進行投資決策過程中系統性偏差產生的原因。社會化

媒體平臺的興起,使得投資者心理很大程度上會受到平臺上各種消息的影響,從而導致了決策時的系統性偏差。已有大量的研究表明了社會化媒體對證券市場存在影響,例如 Bollen et al.(2011),Preis et al.(2013),Moat et al.(2013),Curme et al.(2014),Li et al.(2015)和 Zhang et al.(2017)等。

文本信息的量化是研究社會化媒體與證券市場波動關聯性的前提。文本信息的量化即是將文本轉換為可衡量大小的數字的過程。量化方法經歷了新聞數量法、詞袋法和情感分析法的發展過程。

在早期的基於媒體的證券市場研究中,通過人工統計所選股票相關的正面新聞與負面新聞的數量(Chan et al. 2003;Mitchel et al. 1994)作為影響力因子,研究新聞數量與股票收益率之間的關係,發現了證券市場與正面新聞以及負面新聞之間的相關性。然而,隨著互聯網媒體的發展,新聞信息呈爆炸式的增長,新聞數量法明顯的缺陷得以顯現,通過人工閱讀的方式已經無法及時完成相關股票的正面及負面新聞數量的統計。

詞袋模型法首次通過計算機技術對文本信息進行量化。其核心思想是將新聞文本看作詞袋(即詞的集合),統計不同類型關鍵詞在新聞中出現的頻率(Schumaker et al.,2009b),通過 TF-IDF 等模型對文本信息進行量化,計算出相應股票特定時段漲、跌和平的指數,並利用指數捕捉新聞媒體與證券市場波動的關聯關係。該方法僅利用了帶有價格變化趨勢的有限關鍵字,無法準確描述出證券市場的投資者情緒,具有較大的局限性。

情感分析法使用文本中代表正面情感和負面情感的名詞來衡量文本的情感。通過通用情感詞庫(Tetlock et al., 2008;王超,2009)或財經專用情感辭典(Li et al., 2014b;Li et al., 2015)分別計算文本中包含的正面情感詞和負面情感詞的個數,利用個數計算出相應股票的正面情緒和負面情緒。特別是 Bollen et al. (2011)利用 Twitter 用戶發表的帖子進行分析,發現公眾的冷靜情感與道瓊斯工業指數的高度重合,興起了社會化媒體效應下證券市場波動研究的熱潮。相對於詞袋法,該方法不僅僅局限於代表價格變化趨勢的關鍵字,而使用更能反應投資者心理的情感詞彙,對市場情緒的捕捉更加全面。然而通用情感詞庫中正面和負面情緒的情感詞性分類並不能有效地應用在證券市場這樣的特殊環境中,即使是使用了財經專用情感辭典,其忽略語句本身的語法結構有時依然不能準確地表述投資者情緒。

現有文本量化方法優劣勢比較以及代表性文獻如表 4.1 所示。

表 4.1　　　　　　　　　現有文本量化方法比較

方法	優勢	劣勢	代表文獻
新聞數量法	簡單易實現	過於簡化,難以準確捕捉真實影響力	Fan et al.(2009),Chan et al.(2003),Mitchel et al.(1994),Niederhoffer(1971)
詞袋法	提取關鍵詞語,消除噪音信息	可擴展性較差	Li et al.(2014b),Mittermayer et al.(2011),Wang et al(2011),Schumaker et al.(2009b),Wuthrich et al.(1998)
情感分析法	文本情感和公眾情緒量化,刻畫文本與證券市場關聯關係更準確	忽略語義及語言特徵,判定準確率低;不適用於海量文本數據	Li et al.(2014a),Zheludev et al.(2014),Schumaker et al.(2012),Bollen et al.(2011),王超等(2009),Tetlock et al.(2008),De Long et al.(1990)

雖然基於媒體效應的證券市場波動研究吸引了大量學者的關注,然而目前媒體文本量化及投資者情緒提取方法均使用較為簡單的頻率統計方式,完全忽略了自然語言的特性,例如語句「今天開盤大盤在銀行及證券板塊帶動下快速上漲,漲停股票達到 30 只,大盤漲幅超 2%,但是尾盤出現大幅跳水」中有三個正面詞彙:「上漲」「漲停」及「漲幅」,負面詞彙只有「跳水」一個詞語,按照頻率統計為正面情緒,但由於語句轉折,整個語句的情緒應為負面情緒。

在面對海量的社會化媒體文本信息時,由於社會化媒體平臺中信息的特性,僅使用頻率統計的方式已經無法高效準確地挖掘出文本信息中的投資者情緒。

4.1.2　解決思路

針對文本情感判定的問題,本書首次提出中文語句卷積神經網路情感判定算法(Chinese Sentence Convolutional Neural Network,CSCNN),在證券市場環境下的詞向量空間基礎上,對社會化媒體平臺文本進行情感極性判定,充分利用了詞彙之間的句法和語義關係,首次實現了在證券市場環境下基於中文的句法和語義的文本情感自動判定。經對比實驗,其效果明顯好於其他現有算法,為後續研究媒體,特別是社會化媒體與證券市場關聯關係奠定了基礎和提供了新的解決思路,具有重要的實踐意義(詳細描述參看 4.4 節)。

4.2 技術路線圖

基於對文獻的分析發現,投資者聚集的社會化媒體平臺形式各異,包括微博、論壇和微信等形式。本書選取了投資者較為集中的新浪財經、東方財富網股吧和雪球網三個社會化媒體平臺作為數據源。本節將介紹以這三個數據源為基礎的社會化媒體投資者情緒提取模型的設計和構建原理。

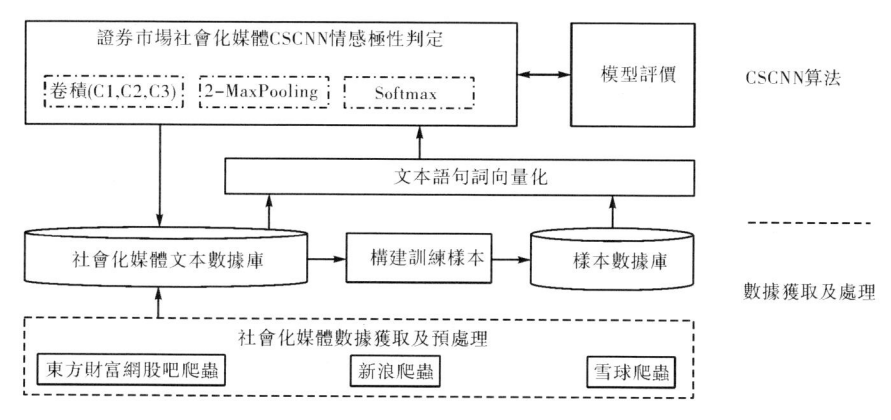

圖 4.1 基於社會化媒體的投資者情緒提取技術路線圖

如圖 4.1 所示,SMQIP 在對社會化媒體數據處理時按照「社會化媒體數據獲取與預處理——文本語句詞向量化——情感極性判定」的線路進行設計和規劃。SMQIP 首先利用分佈式社會化媒體爬蟲從不同數據源爬取最新發帖和評論回復信息,進行相應預處理後存儲到社會化媒體數據庫中;新的數據經過證券市場社會化媒體詞向量庫進行向量化後,將被 SMQIP 運用創新性的 CSCNN 深度神經網路模型判定出情感極性並存入到社會化媒體數據庫中,新的數據將會被用於生成對應時間的窗口的社會化媒體情緒指數。本章接下來將對每個環節進行詳盡說明。

4.3 社會化媒體數據獲取與相關處理

4.3.1 社會化媒體數據獲取

進行基於大數據的證券市場社會化媒體效應量化分析研究的前提是有高質量、大體量的樣本數據。故如何獲取到預測模型需要的高質量大數據是本書首先需要解決的問題。本節將對本書的社會化媒體信息獲取模塊進行詳細描述，主要對其中的定向分佈式社會化媒體爬蟲框架結構進行探討和分析。

社會化媒體信息具有更新速度快、媒體信息結構化強的特徵。使用普通的爬蟲程序無法高效準確地獲取社會化媒體的完整信息。本書針對社會化媒體的特徵，設計出定向分佈式社會化媒體爬蟲框架，該框架使用 Redis 高速內存數據庫存儲任務列表等臨時性、高頻次訪問的信息；使用 MongoDB 存儲文本信息；並在對爬取任務分配時使用廣度優先策略，實現了快速、高效、準確地獲取社會化媒體數據，為本書的研究順利進行奠定了堅實基礎（見圖 4.2）。

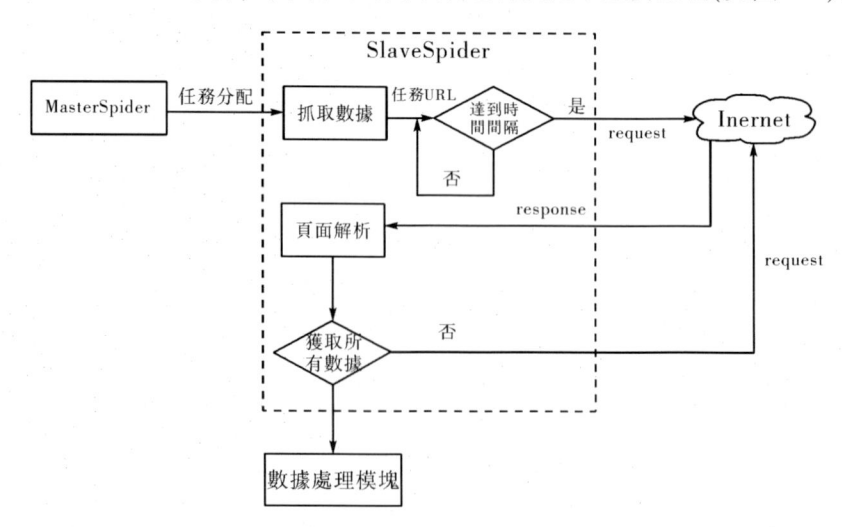

圖 4.2 爬蟲數據處理流程圖

Redis 數據庫是一個高性能的鍵值對（key-value）內存數據庫。Redis 讀取數據的速度可以達到 110,000 次/秒，寫的速度可以達到 81,000 次/秒。支持二進制的字符串（String）、列表（List）、哈希表（Hash）、集合（Set）及有序集

合(Ordered Set)數據類型操作。為了提高爬取效率,本書採用 Redis 數據庫存儲臨時性、高頻次訪問的數據,例如:三類爬蟲最近爬取時間(String)、爬取任務實體列表(list)、發帖人信息列表(list)等。

由於社會化媒體數據主要由發帖和回帖構成,而回帖數量有時可以達到上百條,這使得一條社會化媒體信息將包含多個網頁,在獲取所有評論信息時,為減少與服務器交互頻率,爬取主帖內容後,需要繼續完成該主帖的所有評論及回復內容的爬取。

社會化媒體具有海量的半結構化數據。MongoDB 是一個基於分佈式文件存儲的 NoSql 數據庫系統,非常適合於存儲此類海量數據。MongoDB 沒有複雜的 SQL 語句,在存儲文本類數據時性能極強。MongoDB 採用集合(Collection)的方式將數據分組地存儲在數據集中,每個集合中包含著不限數量的文檔(Document)。因此本書採用 MongoDB 存儲社會化媒體文本數據。

社會化媒體數據採集模塊由三類服務器構成:Redis 數據庫服務器、MongoDB 數據庫服務器和分佈式爬蟲服務器。社會化媒體數據採集的具體算法實現如下:

(1)系統初始化:從 Oracle 數據庫讀取當前系統存儲發帖人信息、數據源最後更新時間等。

(2)啓動任務列表爬蟲,分別從新浪財經、東方財富網股吧以及雪球網爬取最新評論列表,對列表進行頁面解析後,提交給數據處理模塊。

(3)數據處理模塊首先將列表生成爬取任務,在對爬取任務根據 URL 進行去重後,添加到 Redis 爬取任務列表;然後根據列表發帖人信息生成發帖人信息採集列表,在對發帖人信息進行去重後,添加到 Redis 發帖人信息列表中。同時通知主爬蟲獲取最新爬取任務列表和發帖人信息列表。

(4)主爬蟲根據當前系統狀況和時間分配爬蟲任務,啟用從爬蟲服務器。從爬蟲服務器根據任務信息發送請求(Request)抓取數據,為了減輕被爬數據源壓力,減小被拒可能性,在爬取數據前對時間間隔進行判斷,達到時間間隔後才進行爬取。對返回的數據(Response)進行頁面解析,對於具有多頁評論的帖子,繼續爬取評論列表,直到爬取完所有評論。將爬取信息提交給數據處理模塊。

(5)數據處理模塊將帖子和評論數據存儲到 MongoDB 數據庫,同時將評論的發布者信息構造成發帖人任務,與 Oracle 數據庫中發帖人信息進行對比,信息不存在或信息更新時間超過 7 天的發帖人,在與 Redis 中發帖人任務

列表進行去重後,添加到 Redis 發帖人信息列表中。同時通知主爬蟲獲取最新發帖人信息列表。

4.3.2 社會化媒體數據描述性統計分析

本書在構建了定向分佈式社會化媒體數據採集模塊後,爬取了 7,835 萬條新浪財經相關數據、東方財富股吧論壇數據以及雪球網論壇數據。

在爬取了社會化媒體歷史數據後,本書對歷史數據的特徵進行分析發現,社會化媒體用戶發帖和回覆均存在時間上的規律,現以東方財富科大訊飛帖吧 2015 年 1 月 1 日至 2017 年 12 月 31 日的所有數據為例分析。

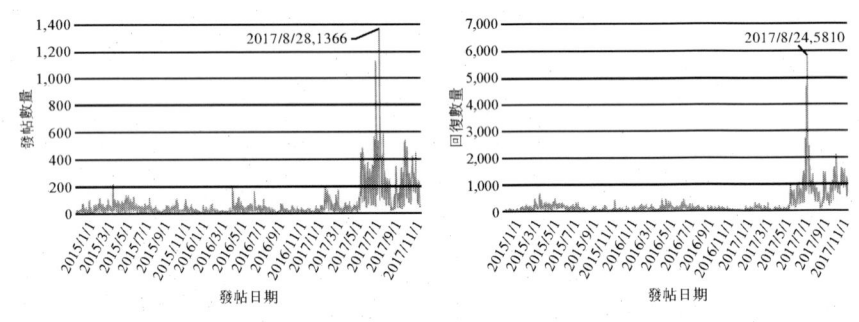

圖 4.3 科大訊飛日發帖數量與回復數量

從圖 4.3 可以看出,科大訊飛在 2017 年 4 月開始的日發帖量和回復量均有明顯升高,到 2017 年 8 月底達到頂峰後逐步回落,在對比了科大訊飛的日 K 線和深證成分指數日線後發現,科大訊飛在同期的股票價格相對於深證成分指數有較明顯地拉升。這也驗證了社會化媒體活躍度與證券市場波動率之間存在相關性。值得注意的是,科大訊飛的股票價格在 2015 年 1~6 月也有一段快速拉升的過程,但是發帖量和回復量並沒有對應的變化,這與整個證券市場在 2015 年 1~6 月的火爆行情有關。

從圖 4.4 可以看出,科大訊飛每小時發帖和回復量在早上 7 點後逐步增大,在早上 10 點達到高峰,隨後雖有波動但始終維持著較高的發帖量和回復量,直到次日凌晨 1 點之前。這個時間規律[①]也與中國證券市場的時間相符,中國證券市場在 9 點 30 分開盤至 11 點 30 分收盤,13 點開盤至 15 點收盤。投資者在盤中(10 點和 14 點)的發帖和回復均達到小高峰,在 19 點後又開始有較多的回復。這個時間規律出現在幾乎所有的股票和板塊中。根據這個

---

① 其他股票也有相似的時間規律,限於篇幅,本書僅報告了科大訊飛的情況。

規律,本書對於定向分佈式社會化媒體數據爬蟲的爬取時間間隔和頻率也做出對應調整:在9點至15點,每隔5分鐘刷新發帖列表以及當天所有發帖的回復列表,在15點至次日8點則採用動態調整時間間隔的方式刷新。

$$Itv_n = Itv_{n-1} * (1 + \frac{PV_{n-1} - PV_{n-2}}{PV_{n-1}} + \frac{CV_{n-1} - CV_{n-2}}{CV_{n-1}}) \quad (4-1)$$

上式中,Itv_n 為當前時間間隔,PV_{n-1} 和 PV_{n-2} 為前一次和前兩次的發帖數量,CV_{n-1} 和 CV_{n-2} 為前一次和前兩次的評論數量。15點過後的第一個時間間隔為30分鐘。通過動態調整時間間隔的方式,可以有效避免給被爬數據源造成流量衝擊,同時又能保證有突發事件時,可以及時捕捉到變化的市場情緒。

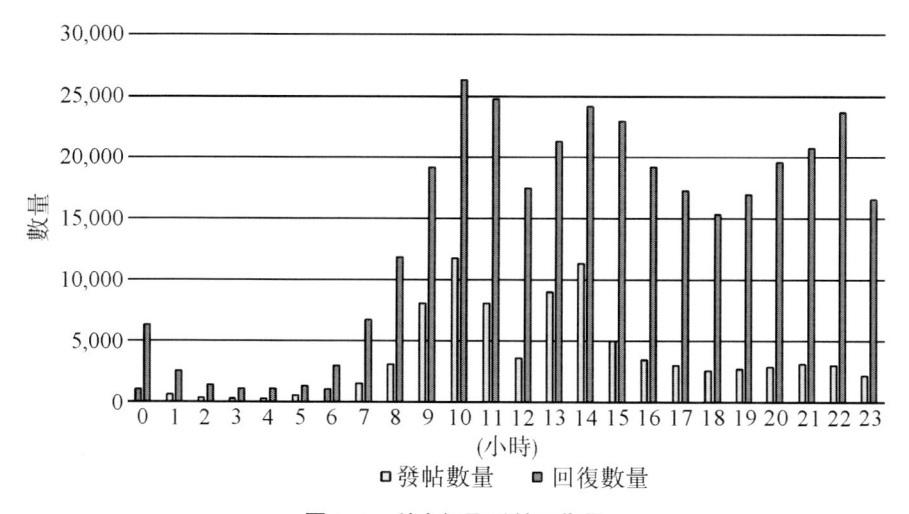

圖4.4 科大訊飛發帖回復量

4.3.3 社會化媒體數據預處理

將社會化媒體數據爬取並保存到數據庫服務器上後,需要對數據進行清洗與篩選,使得數據符合SMQIP的數據規範。同時,在對CNN深度神經網路情感提取模型進行訓練時,需要使用大量的人工標註情感的語句樣本,從社會化媒體數據庫服務器中篩選標註樣本也屬於預處理範疇。SMQIP中社會化媒體數據預處理包括缺失值分析處理、表情符號處理和數字字符處理三部分。

4.3.3.1 缺失值分析處理

在網路爬蟲爬取社會化媒體數據時,由於網路或者數據源本身的原因,有部分數據不完整,對於這部分數據根據缺失的信息不同,需要進行不同的處理:

(1)缺失數據源的信息,由於無法用於計算數據源情感指數,故將其移除;

(2)同時缺失標題和內容的主帖數據,無法分析情感極性,故將其移除;

(3)缺失內容的評論數據,無法分析情感極性,故將其移除;

(4)缺失發帖人信息的文本數據,使用系統默認發帖人代替(發帖人信息用戶計算該文本的權重);

(5)缺失發布時間的文本數據,無法將其與某時段情緒指數關聯,故將其移除;

(6)缺失評論數量的主帖數據,計算當前系統已爬取該帖評論數量,並填充;

(7)缺失閱讀數量的主帖數據,計算當前系統已爬取該帖評論數量,並填充。

4.3.3.2 表情符號處理

社會化媒體平臺為了便於用戶之間的交流,提高趣味性,都會提供自定義的表情符號用於用戶表達特定情感,這些符號中蘊含了大量用戶的情感信息,如圖4.5所示。表情符號在網頁中顯示為特殊圖片,爬取後,則以特定的正則表達式①的形式或者圖片連結的形式出現。故在對社會化媒體文本進行量化提取情感極性前,需要將對應的表情符號轉換為文字。

圖4.5 東方財富網「股吧」表情符號

---

① 正則表達式是一個計算機科學概念,即使用單個字符串進行描述和匹配某個語法規格的字符串形式。

表 4.2 為東方財富網股吧部分表情符號在爬取結果中對應的圖片名稱、標題以及本書使用的替換文本：

表 4.2　　　　　　　部分表情符號及對應替換文本

表情符號	圖片名稱	圖片標題	替換文本
	Emot01.png	微笑	［微笑］
	Emot02.png	大笑	［大笑］
	Emot03.png	鼓掌	［鼓掌］
	Emot04.png	不說了	［不說了］
	Emot05.png	為什麼	［為什麼］
	Emot06.png	哭	［哭］
	Emot07.png	怒	［怒］
	Emot08.png	不屑	［不屑］
	Emot09.png	滴汗	［滴汗］

4.3.3.3　數字字符處理

投資者在社會化媒體平臺發表言論時，偶爾會使用一些數字。例如，投資者「爆米花」於 2018 年 5 月 9 日 17:43:21 在東方財富拓維信息吧中發布帖子說道：「6.5 的本，大家看什麼時候能解套。今天買入，收盤竟然還套 2 個點，跌跌不休的樣子。不過，我覺得應該不會破前低 5.75，大家怎麼看？」數字本身並不承載任何情感信息，並且由於數字的不同，會大大增加詞向量庫的詞彙數量，極大地影響平臺效率，故 SMQIP 去除了社會化媒體文本中的數字字符。

在證券市場的社會化媒體平臺中，投資者會使用股票代碼來表示股票，故在去除數字字符時，首先判斷該串數字字符是否屬於股票代碼，對於屬於股票代碼的數字字符，替換成對應股票名稱。例如投資者「朋友 UTw9oy」於 2018 年 5 月 11 日 23:35:35 在東方財富京東方 A 吧中發布帖子說道：「賺了點賣出了，買進 600,565，又有紅包收了。」其中 600,565 為迪馬股份的代碼，經過預處理後，該帖子內容為：「賺了點賣出了，買進迪馬股份，又有紅包收了。」並且該帖子與迪馬股份建立了關聯關係。

4.3.4 社會化媒體數據向量化表示

研究基於大數據的證券市場社會化媒體效應的前提是將社會化媒體的文本數據轉換為計算機所能理解的數值數據。本書對社會化媒體數據量化的步驟:首先將社會化媒體文本數據進行分詞;然後利用爬取的證券市場社會化媒體數據進行訓練,得到證券市場環境下的詞向量;最後在社會化媒體文本情感判定前,利用詞向量將文本語句量化,得到語句詞向量矩陣。

4.3.4.1 證券市場社會化媒體中文分詞

投資者在社會化媒體平臺中發布帖子,發表評論通常使用的是完整的語句,投資者的情緒就隱含在這些語句中。如例 4.1 所示:

> Pinweishede888
> 發表於 2018-04-28,13:39:40 東方財富網 Android 版
> **柳鋼利潤吊打科大訊飛。隨便一家鋼鐵公司就秒了所謂的高科技公司。吹再多就是沒利潤。**
> 柳鋼利潤吊打科大訊飛。隨便一家鋼鐵公司就秒了所謂的高科技公司。
> 吹再多就是沒利潤。
> 蘋果告訴大家,高科技百分百有高利潤。蘋果吊打中國所有鋼鐵公司的業績。告訴大家啥叫科技。
> 不賺錢的科技都是偽科技,沒利潤的高市盈率只會連鋼鐵股都不如。
> 現在競爭激烈,科大訊飛前途渺茫。隨時會被互聯網巨頭打敗。

例 4.1 社會化媒體發帖

在例 4.1 中網友 Pinweishede888 在發帖中提道:「吊打」「所謂」「吹」「偽科技」和「前途渺茫」這些詞彙,體現了其對科大訊飛的消極情緒。為了能準確地提取社會化媒體文本中的情感信息,對文本進行分詞是第一步。

分詞就是將句子分割成單獨的詞,將連續的字序列重新按照一定規則組合成詞序列。在英文語句中分詞比較簡單,因為英文的單詞都由空格或標點符號分割,然而中文的單詞是由一個或多個漢字構成,如何對漢語的語句進行準確分詞也是目前自然語言處理領域的研究熱點之一。

本書採用的分詞方法主要原理為:

(1)基於字符串匹配的分詞法:這種分詞方式是在字典和詞庫的基礎上,

對語句中的字符串進行機械地匹配,如果在字典或者詞庫中找到了語句中的某個字符串,則匹配成功。根據語句掃描方向的不同分為正向和逆向匹配;根據長度優先級的不同分為最大和最小匹配。例如最大正向匹配法的算法為:首先,正向(從左到右)取 n 個字符稱作匹配詞,然後查找字典和詞庫進行匹配。如匹配成功,則將該詞切分出來;如果不成功,將當前匹配詞的最後一個字符去掉後作為信息的匹配詞進行匹配,不斷重複,直到將整個語句切分成單詞為止。在本書中,為了提高分詞準確率,將股票代碼、股票名稱、上市公司名稱、板塊名稱、東方財富網表情替換詞、新浪財經表情替換詞和雪球網表情替換詞等構造成用戶辭典,從而在中文分詞過程中,能夠針對證券市場的專業領域進行準確分詞。例如,對於語句「中國科大訊飛離漲停一步之遙」,在加入用戶辭典前,分詞結果為:「中國科大」「訊」「飛離」「漲停」和「一步之遙」;在加入用戶辭典後,分詞結果為:「中國」「科大訊飛」「離」「漲停」和「一步之遙」。

(2)基於詞頻統計的分詞法:針對特定領域,字與字的組合出現的頻率是不一樣的,不能以常用詞來定義證券市場的專用詞彙,要根據專業領域的大量文本來判斷。在專業領域文本的語境中,字符同時出現的次數越多,這些字符則代表在該領域構成詞的可能性越大。本書對於非辭典和詞庫中的詞採用該方法進行分詞。常用的統計模型有隱馬爾可夫模型(Hidden Markov Model,HMM)和 N 元文法模型(N-gram)兩種。HMM 基於兩個假設:語句中字符只和前面一個字符有關係,即:$P(y_i|x_1,y_1,x_2,y_2,\cdots,x_{i-1},y_{i-1}) = P(y_i|y_{i-1})$;獨立性假設,任何位置的字符僅與當前狀態相關,即:$P(o_1,\cdots,o_t|s_1,\cdots,s_t) = P(o_t|q_t)$。基於這兩個假設則有:$P(X|Y)P(Y) = \pi(y_1)\prod_2^n P(y_i|y_{i-1})P(x_i|y_i)$,其中 $\pi(y_1)$ 為第一狀態是 y_1 的概率。

4.3.4.2 證券市場專業詞彙向量化

如前所述,為了讓 CNN 深度神經網路模型能處理文本信息,首先需要將文本信息向量化。詞彙向量化即把文本詞彙映射到一個特定的詞彙空間,用唯一的向量來表示某個特定的詞彙。已有的研究表明,使用毫無意義的向量表示的詞彙在進行文本語法、語義和情感提取時準確率較低,詞向量之間的相關性有助於提高結果的有效性。在特定的證券市場領域,找到詞彙之間的相似性和差異性,利用 CNN 深度神經網路根據這種相似性和差異性得到語句結構的相似性,有助於提高社會化媒體文本數據極性判定的效率和準確性。

大數據視角下的社會化媒體對證券市場的影響研究

本節根據社會化媒體文本特徵，運用詞向量編碼技術，詳細設計了證券市場領域專業詞彙向量化的方法，為後續 CNN 深度神經網路判定語句情感極性提供了大量有效的詞向量。

詞彙向量化就是使用數學方法，利用數學向量形式來表示人類語言中的文字符號信息。向量化後的詞彙稱為詞向量（Word Vector）。

在對詞彙進行有效向量化之前，首先需要使用簡單的數學向量方式表示詞彙向量，以便構造計算機可以識別的詞彙。其中最簡單的方式就是獨熱編碼（One-Hot Encoding），又稱 One-Hot 編碼，基本思想是整個表示詞彙的詞向量由 N 個 0 或者 1 構成，其中只有一個值為 1，其他的值為 0，N 為整個詞彙空間的大小。假設詞庫中有 1 萬個詞，該詞為第一個詞，則該詞的詞向量為 [1, 0, 0, ……0]。採用這種方式將詞向量化後，「漲停」和「跌停」兩個詞的詞向量分別為：

「漲停」：[0, 0, 0, 0…1, 0, 0, 0…0]

「跌停」：[0, 0, 0, 0…0, 0, 1, 0…0]

One-Hot 編碼方式雖然簡單方便地量化了詞彙，但對於本書無法直接使用其來量化社會化媒體文本語句，原因如下：

（1）社會化媒體文本數據通常由大量證券市場專業詞彙和人們交流使用的日常詞彙構成，該詞庫的單詞數量巨大，這樣構成的詞向量維數太大，容易造成維數災難。

（2）從「漲停」和「跌停」兩個詞向量可以看出，這種編碼方式的結果取決於詞彙在詞庫中的位置，不能通過詞向量刻畫出詞彙之間的相似性。這使得基於這種方式構造的詞向量無法找出語句的相似性，從而導致無法進行語句情感極性判定。

本書首次提出的基於證券市場詞向量空間的社會化媒體情感極性判定模型是通過 CNN 深度神經網路對社會化媒體文本語句的學習「經驗」來做出的判定，故使用的詞向量空間不能僅僅是表示唯一性的向量。詞向量之間需具備一定的關聯性。本書使用 One-Hot 編碼方式為前提，對證券市場詞彙利用離散式編碼（Distributed Representation）的方式來向量化，基本思路是通過訓練後，每一個詞都對應到一個相對較短的詞向量。與 One-Hot 編碼方式相比，該編碼方式的詞向量長度不取決於整個詞彙空間的大小，而是根據研究需要，將詞向量的長度設置為固定值 1,000 維。詞向量空間則由這些詞向量共同構成，每個詞彙在詞向量空間中都由向量數值唯一表示，這樣就可以在

這個空間中計算向量之間的距離(點之間的距離),從而判定出詞彙之間的相似性。CNN深度神經網路將學習到這種相似性,從而根據「經驗」提高其文本情感判定的準確性。

本書基於word2vec的結構,構建了一個包含輸入層、隱藏層和輸出層的證券市場社會化媒體詞彙向量化人工神經網路,根據證券市場社會化媒體文本短、「口水話」多、廣告多的特性對CBOW模型(Continuous Bag-of-Words Model)進行改造,以提高在證券市場環境下詞向量之間複雜關係的映射效率。

本書選取了東方財富股吧600萬條語句,雪球網100萬條語句和新浪財經300萬條語句,在對社會化媒體文本語句進行分詞後,對所有詞彙進行去重,得到99,351個詞彙,以這些詞彙為基礎,構造每個詞彙的One-Hot編碼,利用詞彙的One-Hot編碼作為輸入向量,對證券市場社會化媒體詞彙向量化人工神經網路進行訓練。在證券市場社會化媒體文本環境下訓練後的人工神經網路,可以得到包含語義特徵的詞向量。

使用該方法訓練得到的詞向量為一個包含1,000個實數的向量,例如,「漲停」的詞向量為:

$[-1.7906086e+00, 1.2300807e+00, \cdots, 2.9766021e+00, -1.5456890e+00]$

通過計算向量之間的距離可以得到其相似性。詞向量中包含了句法和語義信息,對於通過CNN深度神經網路提取語句情感非常重要。

例如,在對證券市場詞彙空間進行訓練後,得到與「漲停」最相似的8個詞彙如表4.3所示:

表4.3　　　　　　　　　與「漲停」相似詞彙

排名	詞彙	相似度	排名	詞彙	相似度
1	漲板	0.941,719	5	一字板	0.710,206
2	漲停板	0.832,878	6	封板	0.685,068
3	停板	0.753,133	7	翻紅	0.615,053
4	板	0.716,675	8	連板	0.610,901

對於語句1:「今天應該會漲停」和語句2:「今天肯定有一字板」,進行分詞後分別為:[「今天」「應該」「會」「漲停」]和[「今天」「肯定」「有」「一字板」]。通過詞向量計算其相似性為0.875,728。由此可見,將文本詞彙表示成向量空間的詞向量後,保持了詞彙在證券市場領域的相關性,通過這個相關性可以判定語句之間的相似性,從而提高情感判定效率。

4.4　CSCNN 深度神經網路情感判定模型

在社會化媒體文本中提取情感從本質上來說就是一個分類問題(Santos et al., 2014),即把一段社會化媒體文本歸於樂觀、積極、平靜、消極和悲觀這五類中的某一個類別。

本書構建的中文語句卷積神經網路(Chinese Sentence Convolutional Neural Network, CSCNN)屬於一種前饋神經網路,由於其善於捕捉結構關係,常常用於大型圖像處理等問題。2016 年 3 月與人類對戰圍棋的 AlphaGo 就是使用卷積神經網路進行棋譜識別。通常來說,卷積神經網路由一個或者多個卷積層、池化層和全連接層組成。利用這一特殊的結構,卷積神經網路可以接受二維數據的輸入。與簡單人工神經網路相比,卷積神經網路利用權值 w 和偏置 b 共享,使得在不影響模型預測效果的前提下,需要估計的參數大大減少。同時,可以對卷積結果進行池化,即保留樣本最大特徵的方式再次對數據進行壓縮。正因為這些特性,卷積神經網路常應用於圖像識別、影像分析、藥物發現和自然語言處理等領域。

通過 CSCNN 能結合句法和語義,對證券市場環境下的社會化媒體文本語句直接做出情感極性的判定。然而,和其他所有神經網路一樣,在將 CSCNN 應用於 SMQIP 判定新獲取的文本語句情感極性前,需要大量的人工標註樣本對 CSCNN 進行訓練。因此,本節將按照如圖 4.6 所示的步驟進行:

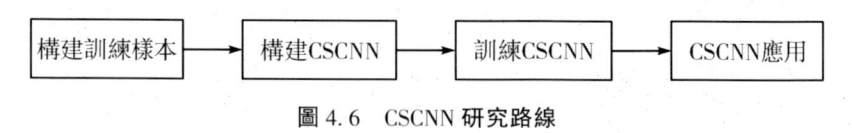

構建訓練樣本 → 構建CSCNN → 訓練CSCNN → CSCNN應用

圖 4.6　CSCNN 研究路線

4.4.1　構建訓練樣本

CSCNN 深度神經網路模型在對網路進行訓練時,需要大量已經標註了情感的語句(訓練樣本),以幫助模型從中「學習」到不同詞彙構成的不同結構的語句情感極性的「規律」,使得該模型對於新的語句能做出正確的情感極性判定。然而目前並沒有公開適用於證券市場環境的訓練集,本書借助 Google 人工智能與機器學習首席科學家李飛飛使用 ImageNet 構建圖片數據集的相同

方式,創建了語句情感標註平臺,構建了基於中國證券市場環境的語句情感標註數據集。該數據集的創建和公開,將為後續相關研究提供有力支持。

目前研究互聯網媒體信息對證券市場波動影響的研究中,絕大部分都是簡單地將互聯網媒體信息情感分成正面和負面兩種類型,這種分類方式忽略了人類情感的多維度結構和複雜性,為了捕捉到社會化媒體信息中多維度的情感,本書採用 Bollen et al.(2011)中的分類方法,更為精細地將社會化媒體信息的情感分為五類:樂觀、積極、平靜、消極、悲觀。基於社會化媒體文本短,數據量大的特點,本書採用兩種方式對訓練樣本進行情感標註:

4.4.1.1　情感機器標註

社會化媒體數據中,特別是評論文本中,存在大量的評論為一個字或者一個詞。對於這類數據,本書採用直接從前期研究中的漢語財經情感辭典中對比情感詞,利用計算機算法程序將存在於漢語財經情感辭典當中的詞彙直接進行情感標註。本書將社會化媒體信息的情感分為了樂觀、積極、平靜、消極和悲觀五類,但漢語財經情感辭典僅區分了樂觀和悲觀兩種類型,故採用該方式標註的社會化媒體文本情感僅分為這兩種類型,例如,將評論中的「大漲」「大有前途」「漲停」等標註為樂觀;「跌停」「大跌」「巨虧」等標註為悲觀。

4.4.1.2　情感人工標註

利用情感機器標註方式對數據進行第一輪處理後,本書對剩餘數據進行了清理。本書按照「股吧」、新浪財經和雪球網總樣本比例,隨機從樣本中選取了 1,000 萬條社會化媒體文本數據進行分詞及詞彙統計分析,按照詞彙數量進行計數匯總,其中大於等於 9 個詞彙的作為一個匯總項。

如圖 4.7 所示,大部分社會化媒體文本數據所包含的詞彙數量在 8 個詞彙以內,超過 8 個詞彙的語句數量占總樣本數量的 2.21%。本書從中隨機選取出 30,000 條不同長度和內容的文本數據進行情感人工標註。根據爬取的社會化媒體文本語句詞彙數分佈情況的分析,利用計算機算法,選取的人工標註樣本分佈如表 4.4 所示。

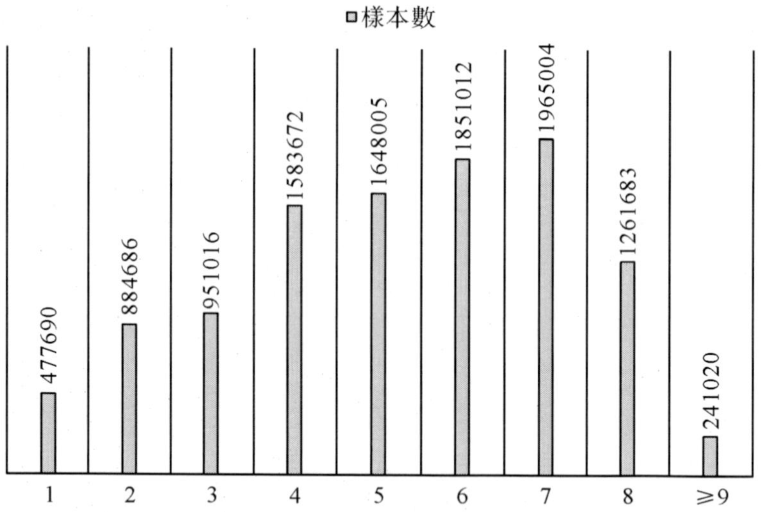
樣本數
477690
884686
951016
1583672
1648005
1851012
1965004
1261683
241020
1
2
3
4
5
6
7
8
≥9

圖 4.7 社會化媒體文本語句詞彙數量

表 4.4 人工標註樣本分佈表

詞數(個)	樣本數(個)	占比(%)	詞數(個)	樣本數(個)	占比(%)
1	1,200	4	6	5,400	18
2	2,400	8	7	5,400	18
3	2,400	8	8	3,600	12
4	4,500	15	≥9	600	2
5	4,500	15			

值得一提的是,為了提高 CSCNN 深度神經網路在學習過程中識別出帶有轉折的語句情感極性的準確率。本書對所有樣本中包含否定詞的語句占比進行了統計,統計結果為占比 26.7%。基於該結果,本書在選取人工標註樣本時,選擇了 8,010 條包含否定詞的文本語句。本書根據郝雷紅(2003)給出的否定副詞範圍,選擇了「不、不曾、不用、不要、不必、沒、沒有、未、未曾、未嘗、無需、無須、毋需、勿、休、何必、何曾、何嘗、何須、白、別、非」等 22 個否定詞。

證券市場社會化媒體信息的情感標註帶有較強的專業性,故本書組織了 20 名證券期貨專業的學生、2 名證券行業從業人員和 2 名普通投資者對選出的 30,000 條文本數據進行了情感標註。

標註人員通過手機或者電腦打開語句情感調查網站。每次打開後,網站

將隨機從待標註的語句樣本集中選出 20 條不同長度的文本語句，標註人員對每條語句進行五類情感判定：樂觀、積極、平靜、消極和悲觀。如圖 4.8 所示。

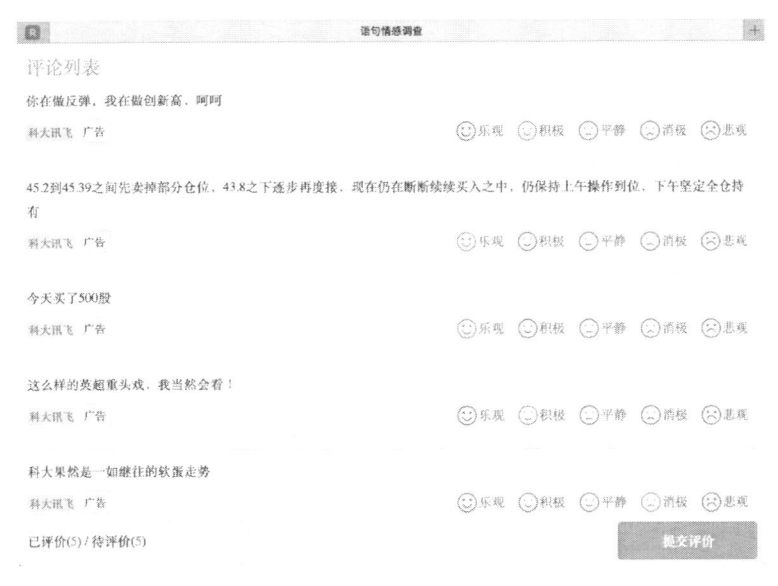

圖 4.8　語句情感標註

為了保證樣本數據的有效性，在每次隨機選取用戶標註樣本語句時採用如下規則：

（1）每條語句至少被兩個人標註。

（2）如果語句被兩個人標註為相同的情感分類，則確定該語句的情感分類的類型。

（3）如果語句被兩個人標註不同的情感分類，則語句會再被選中標註，直到標註的類型中，某個分類佔有多數為止。最後使用占多數的分類作為該語句的情感分類類型。

4.4.2　CSCNN 的構建

傳統情感判定方式中，新聞數量法、詞袋法和使用傳統機器學習的情感分析法均忽略了語句中的語法結構，無法準確地對語句情感極性做出判定。卷積神經網路 CNN 對於結構特徵的捕捉能力已經在圖像等領域得到了充分驗證，因此本書結合證券市場社會化媒體文本「文本短」「噪音大」以及「錯誤多」等特徵，提出中文語句卷積神經網路 CSCNN，主要由以下 6 個核心部分構成：

(1)卷積層(Convolutional Layer):在本書中,無須捕捉詞向量矩陣的列之間的關係,只需要捕捉行之間的關係,故本書的卷積層由3種大小不同的卷積核構成,每個卷積核是一個 $n \times 1,000$ 的實數矩陣,其中 n 的大小分別為(3,4,5),1,000是詞向量的維度,共300個卷積核。該層的作用是提取樣本的不同特徵,利用卷積核與樣本相應位置的值進行內積後求和計算得到特徵圖對應位置的值。

$$g(x) = \sum_{i}^{n} \sum_{j}^{n} \theta_{(n-i)(n-j)} x_{ij} \quad (4-2)$$

上式中,$\theta_{(n-i)(n-j)}$ 為卷積核對應位置的值,x_{ij} 為詞向量矩陣對應位置的值。通過卷積核窗口的不斷滑動,可以得到某個卷積核整個特徵圖。特徵圖的大小與樣本輸入矩陣、卷積核以及滑動步長有關。計算公式如下:

$$\begin{cases} height_{fm} = (height_s - height_k + 2*padding)/stride + 1 \\ width_{fm} = (width_s - width_k + 2*padding)/stride + 1 \end{cases} \quad (4-3)$$

上式中,$height_{fm}$ 和 $width_{fm}$ 分別是特徵圖的高度和寬度,$height_s = 8$ 和 $width_s = 1,000$ 分別為輸入樣本矩陣的高度和寬度,$height_k = (3,4,5)$ 和 $width_k = 1,000$ 分別為卷積核的高度和寬度,$padding = 0$ 為樣本補零填充的大小,$stride = 1$ 為卷積核滑動的步長。故對於 $3 \times 1,000$ 的卷積核,得到的特徵圖大小為:

$$\begin{cases} height_{fm} = (8 - 3 + 2*0)/1 + 1 = 6 \\ width_{fm} = (1,000 - 1,000 + 2*0)/1 + 1 = 1 \end{cases} \quad (4-4)$$

同理可以得到卷積核 $4 \times 1,000$ 的特徵圖為 5×1,卷積核 $5 \times 1,000$ 的特徵圖為 4×1,卷積核的初始值設置為隨機值,卷積神經網路在訓練過程中通過反向傳播(Back Propagation,BP),不斷地更新和修正卷積核的值,從而使得在訓練過程中的準確率不斷提高。

(2)激活層(Activate Layer):為了增強模型的判定能力和捕捉社會化媒體語句中詞彙之間的非線性特徵,本書在卷積核進行卷積後,使用激活函數作為卷積層的輸出,把卷積層輸出結果做非線性映射。在人工神經網路中最常用的激活函數為 Sigmoid 函數:

$$f(x) = \frac{1}{1 + e^{-x}} \quad (4-5)$$

Sigmoid 函數可以將隱藏層的輸出控制在[0,1]的範圍內。然而,在 CNN 中,反向傳播求導時,其導數會快速趨近於0,容易造成「梯度消失」或「梯度

彌散」的後果，從而導致大量神經元再也無法被激活。

本書使用 ReLU 函數作為卷積神經網路激活函數，其函數形式為：

$$f(x) = max\ (0, x) \tag{4-6}$$

其函數圖像如圖 4.9 所示：

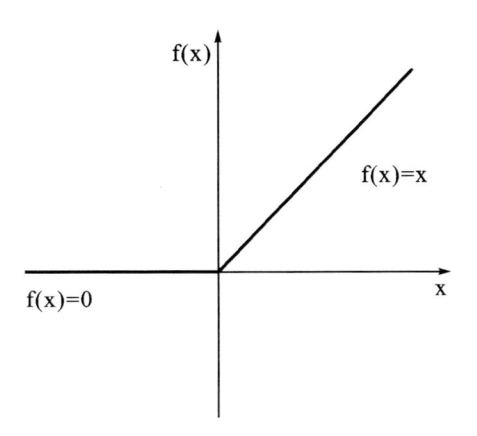

圖 4.9　ReLU 函數圖像

從圖 4.9 可以看出，ReLU 激活函數實際上是一個分段函數，實現了單側抑制，即把所有的負數變為 0，而正數保持不變，這樣使得神經網路中的神經元具有了稀疏激活性。並且在反向傳播求導時，也不容易造成「梯度消失」的問題，其導數形式為：

$$f'(x) = \begin{cases} 1, & x > 0 \\ 0, & x \leq 0 \end{cases} \tag{4-7}$$

使用 ReLU 激活函數後，300 個特徵圖中的正值保持不變，而所有的負值會被替換成 0。

（3）池化層（Pooling Layer）：為了進一步聚合特徵，達到降低數據量、降低模型規模和加速訓練的效果，本書在卷積層後面加入了池化層。池化層的操作為：

$$C = \begin{bmatrix} P[f(c_1 + b_1 * e)] \\ \cdots \\ P[f(c_n + b_n * e)] \end{bmatrix} \tag{4-8}$$

上式中，c_i 為卷積層卷積後的特徵圖中第 i 個特徵值，b_i 為偏置項，e 為與 c_i 大小相同的單位矩陣，f 為激活函數，P 為池化操作。

常用的池化操作方法有：最大池化（Max Pooling）和均值池化（Mean Pooling）。最大池化法對鄰域特徵點取最大值，即池化窗口中的最大值，通過這

種方式保留最顯著的特徵。均值池化法則是對鄰域特徵點取平均值,即池化窗口中的所有值取其平均,通過這種方式盡可能地保留更多特徵。

基於社會化媒體文本語句的文本短的特徵,為了在保留語句重要特徵的同時能夠捕捉特徵之間的關係,本書對最大池化法進行改良,取每個特徵圖的大小排序前 K 個特徵,即 K-max 池化(K-max Pooling)。該池化方法是取所有特徵值中按降序排列的前 K 個值,並且保留這 K 個特徵值的先後順序關係:

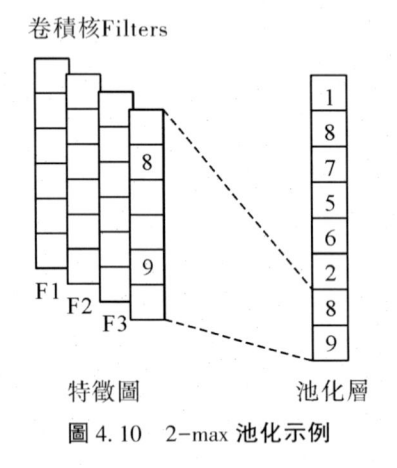

圖 4.10　2-max 池化示例

在圖 4.10 示例中,K 取值為 2,其中 F1 池化後保留了 1 和 8,F2 池化後保留了 7 和 5,F3 池化後保留了 6 和 2,F4 池化後保留了 8 和 9。

(4)全連接層(Full Connection Layer)與 Dropout:通過卷積層、激活函數和池化層等操作後,原始的數據被映射到了隱藏層的特徵空間,在對模型做出分類之前,全連接層將這些「分佈式特徵」映射到樣本所標記的空間中。在全連接層中每一個神經元都與上一層的所有神經元相連,從而把前面所提取到的特徵能夠綜合起來。由於其全相連的特性,一般全連接層的參數也是最多的。

為了能捕捉所有特徵之間的關係,本書在最後輸出層的 5 個情感分類與倒數第 2 層之間使用了全連接層,即倒數第 2 層的每 1 個神經元(共 600 個)分別與輸出層的 5 個神經元都建立連接,將產生 5 × 600 個權重參數。

在卷積神經網路中,由於參數非常多,很容易造成過擬合(overfitting)的問題,特別是在全連接層,每個神經元都與上一層的所有神經元相連接的情況下,參數密度非常高。使用 Dropout 可以防止過擬合。也就是在訓練模型的過程中,在網路某些隱含層隨機選擇一些神經元的權重不激活,可以認為不激活的神經元暫時不是網路結構的一部分(但在下一個樣本訓練時可能會被激活),該神經元的權重被保留了下來,在本次訓練中不做更新。

根據社會化媒體文本語句的特性，本書使用的詞向量為1,000維，每個語句的長度為8個詞彙，在對30,000條樣本語句進行訓練的過程中，容易造成過擬合。從表4.5可以看出，在使用Dropout值為0.5後，模型在訓練集、驗證集和測試集中都能達到較好的準確率，可以明顯減少過擬合現象。如圖4.11所示，在dropout=0.5時，每一層都有一半的神經元沒有被激活，這使得卷積神經網路不會靠記憶來進行分類，而是利用學習到的特徵進行分類。

表4.5　　　　　　　　　　不同Dropout值的比較

Dropout	準確率(%)	
	訓練集	測試集
0.1	55.1	36.3
0.3	53.2	40.5
0.5	50.1	50.1
0.7	46.0	41.2
0.9	23.3	25.1

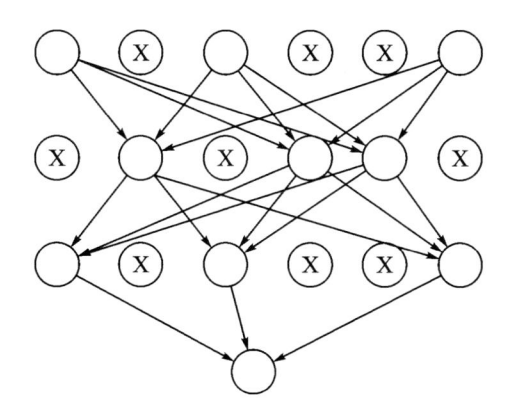

圖4.11　應用Dropout=0.5後的全連接層

（6）分類層（Classifier Layer）：本書的CSCNN深度神經網路情感提取模型是將社會化媒體信息中的文本語句作為輸入，最終輸出該語句對應的情感分類：樂觀、積極、平靜、消極和悲觀。為了得到5個分類可能的概率，在模型的最後一部分使用Softmax函數，從5個類別中選出最有可能（概率值最大）的一個情感類別作為輸入語句的情感分類。

$$p(\kappa \mid x,\theta) = \frac{e^{score_\theta(x)_k}}{\sum_{\forall i \in N} e^{score_\theta(x)_i}} \quad\quad (4-9)$$

CSCNN 深度神經網路情感提取模型在分類時使用的 Softmax 函數的形式如公式4-9所示，其中，$p(\kappa|x,\theta)$ 為語句 x 在 θ 參數條件下為第 k 個分類的概率，$score_\theta(x)_k$ 為全連接層輸出的第 k 個神經元的分數值，N為社會化媒體文本情感的5個分類。從公式4-9可以看出，Softmax 函數將5維向量輸出映射在區間(0,1)之間，做了歸一化處理，並且所有元素的和為1。從 Softmax 函數的形式可以看出，由於使用了指數，可以使得輸入向量中大的值更大，小的值更小，從而增加了對類別的區分度，提高了學習效率，同時 Softmax 函數是連續可導的，這個特性在機器學習的梯度下降法中非常重要。本書不僅在該模型中使用了 Softmax 函數，在構造證券市場詞向量空間時也是使用的 Softmax 函數。

綜上所述，本書的 CSCNN 深度神經網路情感提取模型結構為：由8個1,000維詞向量 $\{w_1,w_2,w_3,w_4,w_5,w_6,w_7,w_8\}$ 構成的輸入矩陣作為輸入（小於8個詞彙的語句使用1,000維的0向量填充，超過8個詞彙的語句則取後8個詞彙），經過300個窗口大小為3×1,000、4×1,000和5×1,000卷積核（每個窗口大小分別有100個卷積核）卷積後，產生300個特徵圖，對特徵圖應用2-max池化，拼湊成600維的輸出向量，最後與5個神經元的網路層做全連接(dropout=0.5)，並利用 Softmax 函數做分類輸出，得到5種情感分類的概率，從中取最大的概率值，並將該概率值對應的類別作為該語句的情感類型。例如，語句「資金瘋狂出逃所為何來」經過 CSCNN 後，得到的5個概率值為[0.003,2,0.001,8,0.159,0.351,0.485]，分別對應的是樂觀、積極、平靜、消極和悲觀5種情感分類的概率，其中最大的值為悲觀的概率0.485，因此該語句的情感極性為悲觀。具體如圖4.12所示：

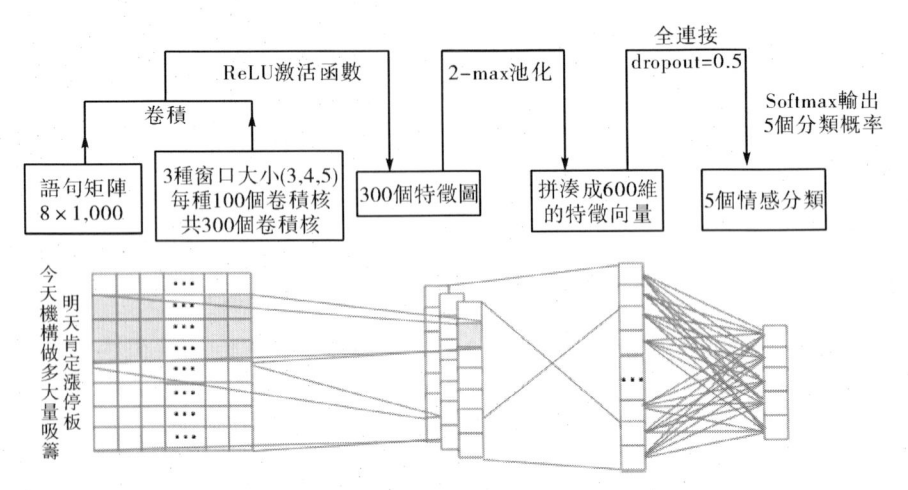

圖 4.12　CSCNN 深度神經網路情感提取模型

4.4.3 CSCNN 深度神經網路性能評估指標

CSCNN 深度神經網路模型在經過訓練後,可以利用模型將測試集的數據進行分類。通過分類的結果,可以對模型進行性能評估,以選擇出性能更好的網路模型。目前常採用的評價指標有精確率(Precision)、召回率(Recall)、準確率(Accuracy)和 F 值(F-Measure)等。

為了便於計算以上指標,本書引入以下四個標準統計指數:

TP(True Positive,真正類):將某個給定分類正確預測為該分類的數量。

FN(False Negative,假負類):將某個給定分類錯誤預測為其他分類的數量。

TN(True Negative,真負類):將其他分類正確預測為對應分類的數量。

FP(False Positive,假正類):將其他分類錯誤預測為某個給定分類的數量。

(1)精確率(Precision),又稱為查準率,即正確分類的正例數量占分類為正例總數量(含正確分類和錯誤分類)的比例。

$$P = \frac{TP}{TP + FP} \times 100\% \qquad (4-10)$$

(2)召回率(Recall),又稱為查全率,即正確分類的正例數量占實際正例個數的比例。

$$R = \frac{TP}{TP + FN} \times 100\% \qquad (4-11)$$

(3)準確率(Accuracy),通常用來衡量神經網路模型預測新數據分類的能力,即正確分類的實例數量占總實例數量的比例。

$$ACC = \frac{TP + TN}{TP + TN + FP + FN} \times 100\% \qquad (4-12)$$

(4)F 值(F-Measure),精確率和召回率有時候會出現相互矛盾的情況,提高精確率會導致召回率降低,反之亦然。為了便於比較不同的模型,引入 F 值衡量,即精確率和召回率的加權調和平均值。

$$F = \frac{2 * P * R}{P + R} = \frac{TP}{TP + \frac{FN + FP}{2}} \qquad (4-13)$$

4.4.4　社會化媒體文本情感計算

本書的 CSCNN 深度神經網路情感提取模型能夠接收 8 個詞向量的語句作為輸入變量,並輸出其情感極性,但是用戶在社會化媒體平臺發布帖子或進行評論時,內容有時會超過一個語句。所以,SMQIP 在對社會化媒體文本進行情感極性判定時,首先對其按照中文習慣進行分句,對每個語句進行情感極性判定,然後使用公式 4-14 計算整個社會化媒體文本的情感極性:

$$E'_p = \frac{\sum_{i=0}^{n} e_i}{n} \quad (4\text{-}14)$$

上式中,E'_p 為計算後的整個社會化媒體文本極性值,n 為語句數量,e_i 為每條語句的情感極性:樂觀取值為 2、積極取值為 1、平靜取值為 0、消極取值為 -1 和悲觀取值為 -2。經過計算後的情感極性如公式 4-15 所示:

$$E_p = \begin{cases} 2 & E'_p \geq 2 \\ 1 & 0.5 < E'_p < 2 \\ 0 & -0.5 \leq E'_p \leq 0.5 \\ -1 & -2 < E'_p < -0.5 \\ -2 & E'_p \geq -2 \end{cases} \quad (4\text{-}15)$$

例如,網友「天啓之騎士」在 2017 年 6 月 29 日在東方財富網股吧的京東方 A 吧發帖如圖 4.13 所示:

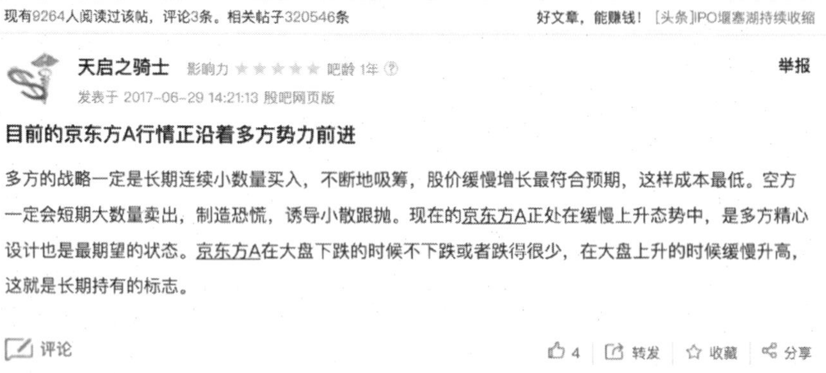

圖 4.13　網友發帖截圖

該發帖內容被切分成 5 條語句(含標題),經過 CSCNN 判定,5 條語句的情感極性分別為:2、1、-2、1 和 2。通過公式 4-14 可計算帖子情感極性值 E'_p

為 0.8,根據公式 4-15,該發帖的情感極性判定為積極,即 E_p 為 1。

4.4.5 CSCNN 深度神經網路訓練實驗

在模型訓練過程中,需要驗證模型的分類效果,以判定 CSCNN 深度神經網路對證券市場社會化媒體中語句情感極性判定的精確度。對語句情感極性的準確判定將直接影響到社會化媒體投資者情緒指數的準確性,進而影響到 SMQIP 的有效性。本書使用人工標註的 30,000 條證券市場社會化媒體數據對 CSCNN 深度神經網路模型進行訓練。

由於模型的卷積核、權重參數和偏執項都是在訓練數據集的基礎上得到的,再利用這些數據進行分類的效果並不能代表該模型對於未知數據的分類效果,因此本書將 30,000 個樣本劃分成了:訓練集、驗證集和測試集。首先將 30,000 個樣本按 9∶1 的比例劃分為訓練數據和測試數據,然後在訓練過程中,採用 10-fold 交叉檢驗,隨機地把訓練數據分成 10 份,訓練 10 次,每次用 9 份數據作為訓練集,1 份作為驗證集。訓練集用於訓練模型,估計模型中的各類參數(例如卷積核、權重參數等),通過匹配這些參數的值來建立基於深度神經網路的分類器;驗證集用於確定深度神經網路的結構以及進一步確認模型複雜程度的超參數(例如 Dropout 值);測試集則用於評估最終選擇的最優模型的分類效果(即模型泛化的能力、準確率、識別率等)(見圖 4.14)。

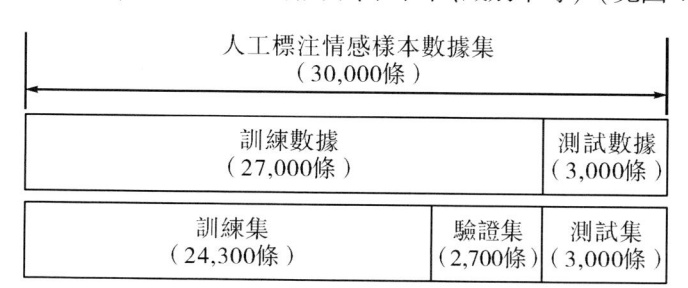

圖 4.14 CSCNN 樣本數據集劃分

為了保證模型最終對所有詞彙長度的語句情感分類的準確性,本書採用分層抽樣的方式對樣本進行劃分,具體步驟如下:

(1)遍歷樣本數據集,按照詞彙數量將樣本放入到不同數組中。
(2)將每個數組中的樣本隨機打亂。
(3)取每個數組中的 90% 作為訓練數據、10% 作為測試數據。
(4)測試數據作為測試集,訓練數據在訓練時分層隨機取 90% 作為訓練集,10% 作為驗證集。

本書的 CSCNN 深度神經網路模型使用 Softmax 函數（公式 4-9 所示）作為最後一層的多分類輸出函數，在訓練時，為了衡量模型的輸出（5 個概率值構成的向量）和實際標註的分類（5 個類別構造的 One-hot 向量，例如，[0,1,0,0,0] 代表標註為積極，[0,0,0,0,1] 代表標註為悲觀）之間的誤差，使用交叉熵函數作為損失函數，用於反向傳播時修改網路中的權重。交叉熵函數的輸入是兩個概率值，當兩個概率值越相近時，交叉熵取得的值越小。交叉熵函數計算公式為：

$$\psi(y',y) = -\sum_{i=1}^{5} y^{(i)} log(y'^{(i)}) \qquad (4-16)$$

上式中，y' 是 Softmax 函數輸出的每個分類的概率值，為 5 維向量；y 是標註的值，為 One-Hot 編碼後的 5 維向量。通過隨機梯度下降（stochastic gradient descent, SGD）的方式最小化該損失函數，最終得到最優的網路參數。

4.4.6　CSCNN 深度神經網路訓練實驗測評

為了便於清楚地計算多分類的評價指標，本書使用 5×5 的混淆矩陣（Confusion matrix）來表示分類結果，如圖 4.15 所示。混淆矩陣是一個 $m \times m$ 的矩陣，m 為分類結果數量，橫向表示樣本真實的分類，縱向表示神經網路預

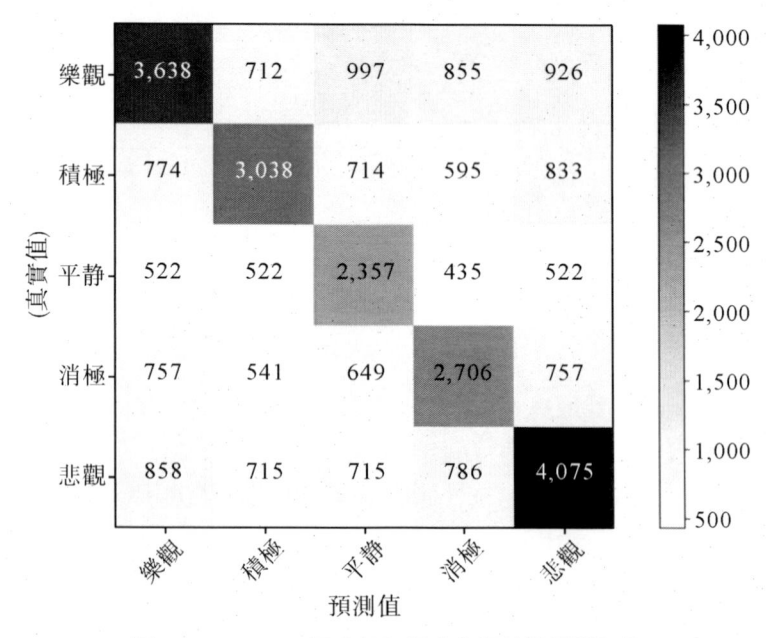

圖 4.15　CSCNN 深度神經網路分類結果混淆矩陣

測的分類,沿主對角線上的各項表示的是正確分類的總數,其他各項則表示分類錯誤的總數。利用混淆矩陣可以方便地計算出 CSCNN 深度神經網路分類的精確率、召回率、準確率和 F 值。

本書將 CSCNN 與 Socher et al.(2013b)中建議的一些不同模型結果進行了對比,結果如表 4.6 所示:

表 4.6　　　　　　　　　多種分類模型性能比較

模型	ACC	樂觀 R/P/F	積極 R/P/F	平靜 R/P/F	消極 R/P/F	悲觀 R/P/F
SVM	41.2	39.0/43.6/0.41	40.0/42.9/0.41	43.5/39.2/0.41	40.1/42.3/0.41	40.2/42.1/0.41
NB	43.5	41.0/45.5/0.43	41.2/44.7/0.43	47.6/38.3/0.42	43.5/44.2/0.44	43.3/45.1/0.44
RNN	50.7	46.1/53.6/0.50	48.3/52.1/0.50	55.6/46.3/0.51	49.2/52.3/0.50	48.2/50.6/0.49
CSCNN	52.7	51.0/55.6/0.53	51.0/54.9/0.53	54.1/43.4/0.49	50.0/50.3/0.50	57.0/57.3/0.57

註:ACC:準確率,Accuracy;R:召回率,Recall;P:精準率,Precision;F:F 值,F measure;SVM:支持向量機,Support Vector Machine;NB:樸素貝葉斯,Naive Bayes;RNN:循環遞歸神經網路,Recurrent Neural Network。

從表 4.6 中可以看出,所有模型均有較好的準確率,這說明使用特定空間的詞向量構造的語句矩陣所包含的語法信息有助於提高模型的判定效率,模型可以從中「學習」到詞彙所構造的情感語句方式。CSCNN 模型的準確率最高,達到 52.7%,緊接著是 RNN 模型的 50.7%,最低的是 SVM 模型的 41.2%。儘管 RNN 模型在對平靜情緒的判定中 F 值略高於 CSCNN,但 CSCNN 總的準確率依然超出 2%。表 4.6 中 CSCNN 和 RNN 模型屬於深度神經網路模型,SVM 和 NB 屬於傳統機器學習模型,該結果再次證明,深度神經網路模型的準確率遠超出傳統機器學習分類模型。

此外,本書對 CSCNN 模型和傳統的詞袋法等模型的效果進行了比較,發現 CSCNN 模型不僅能夠判定出帶有明顯轉折語句的情感極性,而且對於詞袋法無法做出正確判定的語句,CSCNN 模型也能做出正確判定。例如,對於語句「今天漲上去就下來了」,使用詞袋法判定的結果是平靜的情感,而使用 CSCNN 模型可以得出消極的情感極性的判斷。

根據比較結果,CSCNN 模型的分類準確率遠超其他模型,本書認為 CSCNN 模型可以對證券市場社會化媒體文本信息的情感極性做出較好的判定,其結果為進一步進行基於大數據的社會化媒體文本情感對證券市場波動影響的深度和廣度研究提供了有效的數據基礎。

4.4.7 社會化媒體文本情緒統計特徵分析

本書所爬取的發帖數量和評論數量分佈如表4.7所示：

表4.7　　2014—2017年發帖數量與回復數量分佈表

年份	新浪財經 發帖數量	新浪財經 評論數量	東方財富網股吧 發帖數量	東方財富網股吧 評論數量	雪球網 發帖數量	雪球網 評論數量
2014	9,523	58,690	37,589	295,290	862	2,054
2015	39,820	241,999	16,798,654	131,539,809	58,320	318,711
2016	97,239	590,123	23,065,273	180,606,826	86,909	474,412
2017	142,890	866,800	28,145,251	220,384,440	124,098	676,902
合計	298,532	1,813,888	68,078,077	533,073,228	296,600	1,620,797

從表4.7的數據分析可以看出：

（1）三個社會化媒體平臺的發帖數量和評論數量在2015年突然暴增，經驗證，雪球網公開數據有時間限制，且新浪財經與東方財富網股吧2015年前數據並不完整，不適用於本書分析，故應予以剔除。

（2）2015—2017年三個社會化媒體平臺的數據增長速度基本相似，經與相應年份股民數量增長速度的對比分析，基本符合正常增長範圍。故本書認為，爬取的數據中，2015年1月1日至2017年12月31日的社會化媒體文本數據基本完整，將使用這個時間段的數據作為進一步研究的基礎數據。

根據對爬取的數據進行基本情況分析後，本書使用2015—2017年的新浪財經、東方財富網股吧和雪球網的發帖和評論數據作為研究對象，從以下方面進行了描述行統計分析：

4.4.7.1　社會化媒體情感極性分佈

在使用訓練好的CSCNN模型對研究期內的社會化文本進行情感極性判定後，將社會化媒體文本分為樂觀、積極、平靜、消極和悲觀五類。從圖4.16可以看出，平靜情緒占比48%，即接近一半的文本被判定為平靜情緒，本書分析其原因為在社會化媒體平臺中，存在大量「口水話」、錯誤語法和廣告等語句，從分類結果中可以看出，這些語句均被判定為平靜情緒。例如「早上好」「你在哪裡看到的」「不知道啊」等語句經常出現在評論當中，CSCNN將這些語句判定為平靜類型。在觀察期內，樂觀和積極的情緒比悲觀和消極情緒多10%的占比，這與2015年上半年的大牛市有關。雖然上證指數從2015年

2月6日的3,075.91到2015年6月11日的5,166.35僅用了不到半年時間，但這段時間論壇用戶活躍，絕大部分用戶都對股市上漲充滿信心。隨後的下跌和長達兩年時間的盤整，從數據上也在一定程度上說明，投資者情緒積極樂觀時比消極悲觀時更傾向於在社會化媒體平臺中進行表達，積極樂觀情緒更容易在投資者群體中傳播。

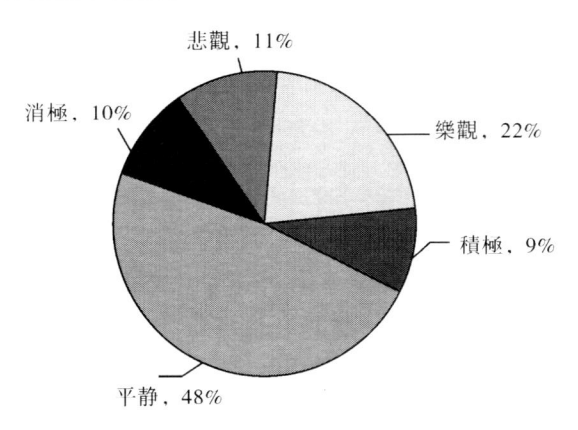

圖4.16　社會化媒體情感極性分佈

4.4.7.2　不同數據源情感極性分佈

在剔除了不同數據源樣本數量不一致的影響後，本書得到各數據源中樂觀積極、平靜和消極悲觀的占比，如圖4.17所示。從圖4.17可以看出，東方財富網股吧和新浪財經投資者在樂觀積極和消極悲觀等情緒中占比明顯大於雪球網，而相反的是，在雪球網投資者中，平靜情緒占比遠大於其餘兩個社會化媒體平臺。本書分析原因為東方財富網股吧和新浪財經的投資者中，普通投資者占比較大，這部分投資者容易受市場情緒影響，更易造成證券市場的羊群效應；而雪球網中，專業投資者占比較大，這類投資者往往具有更加專業的證券市場知識和操作能力，其獲取信息的能力也更強，相對不太容易受到其他投資者的影響，表現得更為理智。

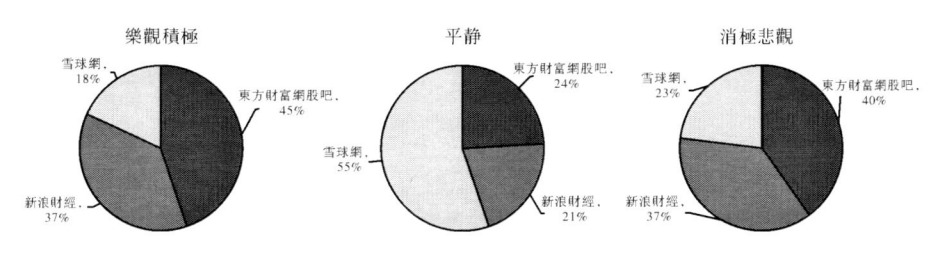

圖4.17　不同數據源情感極性分佈

4.4.7.3 主帖與評論回復情感極性一致性占比分析

由於社會化媒體平臺中文本語句的特殊結構,其文本信息直接存在主帖和評論回復的關係。在得到文本語句的情感極性後,本書將每個發帖的主帖情感極性與其評論回復的情感極性匯總後的結果進行了對比,結果如圖 4.18 所示①。可以看出,其中主帖與評論情感極性不一致的信息占比 22%。也就是說,如果僅僅使用主帖的情感極性來計算證券市場投資者情緒,由於 22% 的主帖情感覆蓋了評論回復中的情感,這種計算結果並不能準確刻畫市場投資者的情緒。這也進一步論證了本書將社會化媒體平臺中的評論和回復納入投資者情緒的計算範圍是對目前投資者情緒研究領域的有效補充。

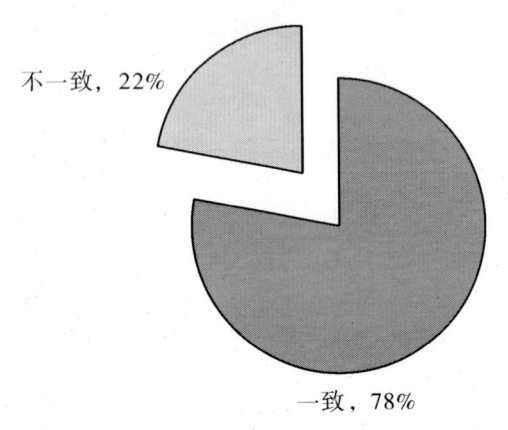

圖 4.18 主帖與評論情感極性一致性占比分析

4.5 本章小結

本章構造的定向分佈式社會化媒體爬蟲框架首次將 Redis 高速內存數據庫、MongoDB 文本數據庫和 Oracle 數據庫相結合,利用主從結構構成的分佈式爬蟲框架,解決了社會化媒體平臺信息更新速度快、媒體信息結構化強等特徵帶來的文本信息獲取的難題。實現了東方財富網股吧、新浪財經和雪球網多數據源的同時爬取、預處理和匯總。本章構建了首個基於證券市場專業環境的詞向量庫,包含了 99,351 個詞向量,並通過算法實現了詞向量庫的自

---

① 在統計時,剔除了沒有評論和回復的帖子。

動完善，從而解決了包含新詞彙的文本語句向量化的問題。本章的 CSCNN 深度神經網路情感判定算法是 SMQIP 的核心算法之一，該算法的提出，首次實現了基於語義和句法的證券市場環境下中文語句情感極性判定，利用訓練好的 CSCNN 模型，可以對獲取的社會化媒體文本語句做出快速的情感極性判定。實驗測評表明，CSCNN 模型比傳統的 SVM、NB 和 RNN 等方法具有更高的情感極性判定性能，更加適用於大數據環境下的證券市場社會化媒體文本情感極性判定。本章通過對 2015 年 1 月至 2017 年 12 月的社會化媒體情感進行描述性統計分析，首次刻畫出了證券市場社會化媒體不同數據源情感極性偏好，以及主帖與評論回復情感極性一致性特徵，對後續證券市場媒體情感分析具有重要的參考價值，具有較強的實踐意義。

社會化媒體文本情感極性快速準確自動的判定是進行基於大數據的證券市場社會化媒體效應量化分析研究的重要前提，是「社會化媒體——投資者情緒——證券市場波動」研究主線中的第一步。在這一步完成之後，如何將散亂在社會化媒體中的投資者情緒準確地匯總出來，實現特定窗口的投資者市場情緒量化是完成研究的關鍵。第 5 章將對以上問題進行研究，完成研究主線中「投資者情緒」量化這一關鍵步驟。

5 投資者情緒指數的構造

文本的情感極性分類無法直接相加或對比。為了描述這類複雜的現象，在統計學上通常使用統計指數來反應其總體變動的方向和程度，便於對其進行綜合評價和測定。因此，為了準確描述社會化媒體中投資者的綜合情緒，本書構造了「社會化媒體投資者情緒指數」（Social Media Investor Sentiment Index, SMISI），用以刻畫證券市場中的投資者情緒，為基於投資者情緒的證券市場波動研究提供有效的基礎數據。上一章的 CSCNN 深度神經網路對社會化媒體文本中的情感極性進行了判定，完成了研究主線「社會化媒體──投資者情緒──證券市場波動」中的第一步，即對社會化媒體情緒量化，為後續研究提供了重要數據。本章將以此為基礎，進一步闡述社會化媒體投資者情緒指數的構造機理，完成研究主線中承上啓下的第二步，即證券市場投資者情緒量化。

5.1 研究現狀與構造原理

在證券市場中，投資者基於對證券資產現有特徵的認識，受「投資者情緒」的影響，對證券資產未來的價值做出主觀判斷，導致做出「有限理性」的投資行為。由於證券市場的「羊群效應」，投資者的有限理性行為將帶來市場的系統性偏差，而這種偏差又進一步影響投資者的判斷，進而放大了市場中的樂觀和悲觀情緒，使得證券市場波動幅度進一步加劇。因此，對投資者情緒指標的測評具有非常重要的現實意義。

5.1.1 國內外研究現狀概述

研究投資者情緒與證券市場的關聯關係其關鍵在於準確地衡量投資者

情緒的變化(Baker et al., 2006)。通過梳理文獻發現,許多研究表明,在證券市場中,資產定價長期來說取決於公司基本面、市場資金和宏觀經濟等因素,然而在短期內,市場情緒更能左右資產價格的波動與變化。為了量化市場情緒,研究者通常使用代理指標對投資者情緒進行度量。目前主要有兩種方式:直接情緒指標和間接情緒指標,如表5.1所示。

表5.1　　　　　　　　　部分情緒指標及相關文獻

分類	指標	相關文獻
直接情緒指標	股市信心指數	Shleifer et al.(1990)
	投資者智能指數	Firsher et al.(2000)、Lee et al.(2002)、Brown et al.(2004)
	個體投資者協會指數	Firsher et al.(2000)
	央視看盤指數	饒育蕾等(2003)、王美今等(2004)、劉超等(2006)
	消費者信心指數	薛斐(2005)
間接情緒指標	道富投資者信心指數	Qiu et al.(2004)
	封閉式基金折價率	Zweig et al.(1973)、Brown(1999)、Baker et al.(2006)、金曉斌等(2001)、黃少安等(2005)、朱偉驊等(2006)、伍燕然等(2007)
	IPO公司數量及首日收益率	Baker et al.(2006)、王春峰等(2007)
	交易量	Baker et al.(2004)
	共同基金贖回	Lee et al.(1991)、Brown(1999)
	波動率指標	Whaley(2000)
	零股買賣比例	Lee(2006)
	新增開戶數	魯訓法等(2012)
	股利收益	Barker et al.(2004)
	BW綜合情緒指數	Barker et al.(2006)
	CICSI投資者情緒指數	易志高等(2009)

直接情緒指標通過問卷調查等方式,根據發布機構對不同投資者群體所發放的調查結果編製而成,能夠直接獲取投資者的主觀情緒。按照調查指標的不同,分為兩種:調查投資者對證券市場未來走勢的判斷和調查投資者對未來經濟和投資前景的看法或信心。目前主要的直接情緒指標有:耶魯大學Robert Shiller教授根據投資者態度問卷調查結果編製的「股市信心指標」(Stock Market Confidence Index)、根據投資專家對於證券市場看空和看多的比

例進行編製的「投資者智能指數」(Investor Intelligence Index)、由美國個人投資者協會按照協會中會員看空的比例編製而成的「個人投資者協會指數」(Association of Individual Investors Index)以及中央電視臺根據國內70多家券商和諮詢機構的預測數據編製的「央視看盤指數」。但直接情緒指標存在著固有的缺陷,主要表現在:

(1)更新不夠及時。從問卷調查到指數編製需要較長時間,數據收集也有時間限制,例如消費者信心指數的數據在次月底才公布,而這時已對投資者失去了現實的指導意義。

(2)投資者情緒對實際投資決策的影響力因人因情境而異。投資者在進行投資決策時,並不一定完全按照其情緒行事(Fisher et al.,2000)。投資者在面對新的信息時表現的不願意接受而繼續保持原有的信念或假設,即「後悔厭惡」(Festinger,1957)。

間接情緒指標利用特定統計方法,從金融市場中與情緒相關的客觀交易數據挖掘出反應投資者情緒的指標編製而成。其借助市場相關交易數據進行統計分析,反應了事後的投資者情緒和行為。相對於直接情緒指標,它對於投資者情緒的刻畫更加客觀和準確。常用的間接情緒指標有:哈佛大學教授Froot和道夫的O'Connell共同根據全球投資者風險資產變化情況編製的道富投資者信心指數(State Street Investor Confidence Index)、根據封閉式基金的市價與單位淨值的折價率編製的封閉式基金折價率、首次公開發行(IPO)公司數量和當日收益率、交易量、共同基金贖回、波動率指標、零股買賣比例、新增開戶數、股利收益以及根據多個指標共同編製而成的BW綜合情緒指數等。

間接情緒指標在歷史交易數據基礎上進行構建,存在較為明顯的滯後性。不同類型的市場交易數據具有本身的特性,僅能反應部分投資者的情緒,其有效性受具體情境限制,例如封閉式基金折價率在到期日時,由於交易頻率較高,無法用來正確衡量投資者情緒。

綜上所述,目前在學界和業界對於投資者情緒依然沒有一個公認的和權威的衡量標準,使用的情緒指標存在更新不及時、情緒與決策行為不一致、數據滯後性和覆蓋率低等缺陷。社會化媒體平臺的特性使得投資者可以匿名自由地在平臺發布帖子或評論,相對於問卷調查等方式,其更能反應投資者的真實情緒。通過計算機技術,可以全面即時爬取社會化媒體平臺最新數據,這使編製一個即時的、反應證券市場投資者的真實情緒的指標成為可能,這也是本書研究的基礎和動機之一。

5.1.2　SMISI 指數構造因子選擇

指數通常用來將現象在不同時間和空間的水準進行對比,在經濟分析領域被廣泛應用。統計指數是一個相對數,用於衡量某變量在時間或空間等不同場合下的相對變化水準,是代表變量總體水準的一個數值。可以綜合反應社會經濟現象的變動方向、變化幅度和變動趨勢。在統計學中,統計指數分為廣義指數和狹義指數兩種。廣義指數反應的是同類現象在時間、空間等不同場合下數量變動情況的相對數;狹義指數反應在數量上無法直接相加的社會經濟現象綜合變動情況的相對數。

隨著社會化媒體的興起,越來越多的投資者聚集其中,發表意見和看法。從社會化媒體平臺挖掘出能反應市場情緒的信息,加以提取和觀測,已經成為證券市場波動研究的熱點。隨著 Baker, Malcolm 和 Jeffrey Wurgler 在 2006 年利用主成分分析法構建 BW 指數的成功應用,越來越多的學者使用多變量綜合性指標來度量投資者情緒,這也成為本書構造 SMISI 指數的理論基礎。

在社會化媒體平臺中,論壇的信息通常是由主帖、評論和回復構成。信息的閱讀量越大,評論數量越多,則可認為投資者對於該信息相關的股票關注度越高(崔亮,2013)。社會化媒體特有的結構使得不同位置的文本語句重要性不相同,被引用或回復更多的語句受到投資者的關注度更高。同時,在社會化媒體平臺中,用戶可以被其他用戶關注,這種方式天然地篩選出「優質」的平臺用戶,被關注數量越多的用戶,其發帖或評論的內容會被更多的其他用戶所看到,也就是能影響更多的用戶,不同的用戶具有不同的影響力。「點讚」功能自從 2009 年被 Facebook 引入後,幾乎成了所有社會化媒體平臺的「標配」。用戶可以非常方便地表達對發帖、評論或回復的喜歡和讚成。也就是說,在證券市場的社會化媒體平臺中,原信息的情感極性也部分程度地代表了點讚用戶的情感。

通過實證檢驗,崔亮(2013)驗證了由投資者關注度和情感極性相結合構成的投資者情緒的有效性。

綜上所述,構造證券市場投資者情緒指數不能簡單地進行數量上的相加。本書根據社會化媒體平臺的特點擬選擇:文本語句權重(SentenceRank, SR)、用戶影響力(User Influence, UI)、閱讀數量(Read Count, RC)、點讚數量(Like Count, LC)等因子作為權重與社會化媒體文本語句情感極性共同構造社會化媒體投資者情緒指數 SMISI。本章後面將對各因子進行詳細分析,最後構造 SMISI,並對其進行統計分析。

5.2 文本語句權重 SR 因子

目前的基於媒體感知證券市場波動的研究中,把每一條媒體信息(例如新聞)的影響力視為等同,在挖掘海量文本信息情緒時簡單地將每條文本信息的情緒進行匯總。然而,在社會化媒體平臺中,每一個用戶都可以自由的創造和傳播內容(孫楠楠等,2009),造成了社會化媒體與傳統媒體之間存在很大的差異:

(1)用戶既是媒體內容的受眾,也是內容的創造者和傳播者。在社會化媒體平臺中,用戶不再僅僅是閱讀平臺的媒體內容,還可以對當前內容進行評價(內容創造者),也可以將內容以轉發的形式快速傳播出去(內容傳播者)。用戶創造和傳播內容的影響力又是由用戶自身屬性所決定的。

(2)用戶反饋方式的變革。與傳統媒體不同,在社會化媒體平臺中,用戶對媒體發布的信息可以及時發表評論,其他用戶也可以對評論進行附和或者反駁,在一條媒體信息下展開爭論。這就使得僅僅使用一條媒體信息是無法代表公眾情緒的。

在社會化媒體平臺中,位於平臺不同結構位置的文本、不同發布者發布的文本以及不同內容的文本其影響力是不一樣的,簡單匯總並不能真正反應市場整體情緒。針對以上問題,本書提出基於圖論的 SentenceRank(SR)算法,用於計算社會化媒體中每條媒體信息的權重。從而更加精準地刻畫證券市場環境下的社會化媒體中隱含的投資者情緒。

5.2.1 相關理論介紹

5.2.1.1 圖論

圖論(Graph Theory)是組合數學當中的一個分支,其主要的研究對象就是圖。圖論中的圖是一種由多個頂點(Vertex)和連接頂點的邊線(Edge)構成的。在實際應用中,通常使用頂點來表示事物,使用頂點之間的邊線來描述事物之間的關係。可以用圖來表示幾乎所有類型的數據結構和系統。

根據圖的定義可知,圖 G 實際上是由頂點(記為 V)和邊線(記為 E)兩個

集合組成,即 G = <V,E>。圖中的邊 $e_{i,j}$ 可以由頂點 v_i 和 v_j 表示為 (v_i,v_j),其中 $v_i,v_j \in V$。

有向邊是指有方向性的邊線,即 (v_i,v_j) 表示的是以 v_i 為起點,v_j 為終點的有向邊,又稱為弧;無向邊是指沒有起點和終點區分的頂點連接。由有向邊構成的圖稱為有向圖;由無向邊構成的圖稱為無向圖。

當給圖中的每條邊賦予一個權重值時,構成加權圖。權重在不同的數據結構和系統中代表不同的意義,例如兩個城市之間的距離等。

5.2.1.2　PageRank 算法

PageRank 算法是由 Google 創始人佩奇(Larry Page)和布林(Sergey Brin)提出來的,又稱為佩奇算法。該算法的目的是為了評價網頁的重要性,其核心思想為:

● 一個被很多其他網頁連結到的網頁應該比較重要,其 PageRank 值會相對較高。

● 一個被 PageRank 值較高的網頁所連接的網頁,其 PageRank 值也應該相應的提高。

基於以上兩點,可以計算每張網頁的 PageRank 值(簡稱 PR 值)。PR 值代表的是網頁能夠被訪問到的概率,平均來講,概率值應該為 1/N,其中 N 為網頁的總數量,所有網頁的 PR 值和為 1。但是,由於每張網頁的重要性不同,其被訪問到的概率也應該不同,在預先給定每張網頁的 PR 值後通過 PageRank 算法不斷的迭代,直到達到平穩狀態為止。PageRank 算法的具體計算公式為:

$$PR(p_i) = \frac{1-\alpha}{N} - \alpha \times \sum_{p_j \in M_{p_i}} \frac{PR(p_j)}{C(p_j)} \qquad (5-1)$$

上式中,N 為網頁的總數量;α 稱為阻尼系數,可取值範圍為(0,1);M_{p_i} 為具有連結到網頁 p_i 的網頁集合;$PR(p_j)$ 為網頁 p_j 的 PR 值;$C(p_j)$ 為網頁 p_j 的所有出鏈數量。

本書基於社會化媒體語句之間的關係特徵,在 PageRank 算法的基礎上進行改進,提出 SentenceRank 算法,計算社會化媒體各語句之間的權重,從而確定各語句在投資者情緒指數計算時的影響力。

5.2.2 社會化媒體語句權重 SentenceRank 算法

基於證券市場社會化媒體特徵和前期主題挖掘研究的基礎上(Li et al., 2014),本書提出基於圖論的社會化媒體文本語句權重挖掘算法。其核心思想為:通過社會化媒體文本內容相似度(Content Similarity)、引用(Quote)和回復(Reply)關係構建內容相似度矩陣(M_s)、引用關係矩陣(M_q)和回復關係矩陣(M_r),計算得到關聯關係矩陣後,最終利用 SentenceRank 算法得到每條語句的重要性,即權重值。具體算法如圖 5.1 所示。

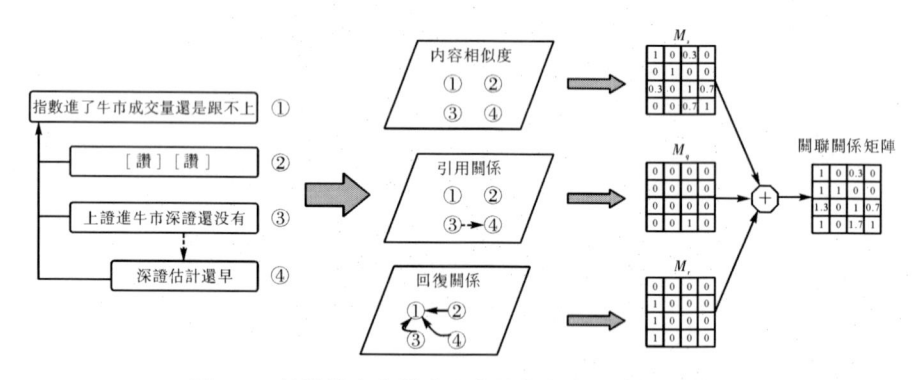

圖 5.1 基於社會化媒體文本信息內容和結構關聯圖

5.2.2.1 內容相似度矩陣 M_s 計算

文本語句之間內容的相似度在自然語言的範疇內無法完成,故需要將語句轉化為數學方法表示,即把文本進行向量化。向量化後的兩條文本語句即可使用歐式距離、餘弦相似度或 Jaccard 系數進行相似度計算(Baeza-Yates et al., 1999)。本書採用餘弦相似度計算文本語句的相似性,假定語句 S^1 向量化後為 $[S_1^1, S_2^1, \cdots, S_n^1]$。語句 S^2 向量化後為 $[S_1^2, S_2^2, \cdots, S_n^2]$。則語句 S^1 和 S^2 之間的夾角 θ 的餘弦值為:

$$cos\theta = \frac{\sum_{i=1}^{n}(S_i^1 \times S_i^2)}{\sqrt{\sum_{i=1}^{n}(S_i^1)^2} \times \sqrt{\sum_{i=1}^{n}(S_i^2)^2}} \quad (5-2)$$

餘弦值越接近於 1,說明語句 S^1 和 S^2 之間越相似。

5.2.2.2 引用關係矩陣 M_q 計算

社會化媒體平臺在發表言論時,通常允許引用之前的內容,例如圖 5.1

中，語句 4 在引用了語句 3 的基礎上再發表。本書利用圖論中的有向圖 G_q 來描述社會化媒體文本語句之間的引用關係：$G_q = (V, E_q)$，其中 V 是社會化媒體平臺發帖中的主帖和所有評論構成的頂點集合，E_q 是每個頂點相互連接構成的有向邊集合。如果語句 v_i 引用了語句 v_j，則 $e_{i,j} = 1$，否則 $e_{i,j} = 0$，$e_{i,j} \in E_q$，為 v_i 和 v_j 之間的有向邊，即弧。通過轉換，可以將 G_q 中的所有弧的權重值表示為一個由 0 和 1 構成的 $|V| \times |V|$ 引用關係矩陣 M_q。

5.2.2.3 回復關係矩陣 M_r 計算

在社會化媒體平臺，允許用戶對新聞、主帖和評論進行回復，如圖 5.1 中的語句 2、3、4 為對語句 1 的回復。類似於引用關係矩陣 M_q，本書根據社會化媒體文本語句之間的回復關係，構造圖：$G_r = (V, E_r)$，其中 V 是社會化媒體平臺發帖中的主帖和所有評論構成的頂點集合，E_r 是每個頂點之間弧的集合。對於語句 v_i 和 v_j 之間的弧 $e_{i,j}$，如果語句 v_j 為語句 v_i 的回復，則 $e_{i,j} = 1$，否則 $e_{i,j} = 0$，$e_{i,j} \in E_r$。通過轉換，可以將 G_r 中的所有弧的權重值表示為一個由 0 和 1 構成的 $|V| \times |V|$ 回復關係矩陣 M_r。

在計算出語句之間的內容相似度矩陣 M_s、引用關係矩陣 M_q 和回復關係矩陣 M_r 後，將這三個矩陣進行線性相加得到關聯關係矩陣：

$$M = \beta_1 \times M_s + \beta_2 \times M_q + \beta_3 \times M_r + \varepsilon \times M_1 \tag{5-3}$$

上式中，$\beta_1, \beta_2, \beta_3$ 為權重參數，用於調節內容相似度、引用和回復的重要度，ε 為其他因素的干擾項，M_1 為 $|V| \times |V|$ 的單位矩陣。

當某條語句與其他語句內容相似度越高、被越多的其他語句引用或得到越多的回復，則這條語句在社會化媒體平臺中影響力越大，其所表達的情緒權重值應越大。類似於網頁的重要性，本書用通過對 PageRank 算法進行改進後的 SentenceRank 算法來計算語句的權重：

$$s_i = \alpha \times \sum_{k=1}^{N} \frac{M_{k,i}}{\sum_{m=1}^{N} M_{k,m} + \varepsilon} \times s_k + \frac{(1-\alpha)}{N} \tag{5-4}$$

上式中，α 為阻尼系數，通常取值為 0.85；N 為語句數量；$M_{k,i}$ 為關聯關係矩陣中第 k 行 i 列的值；ε 為常數，避免出現 0 為除數的情況；s_k 為語句 k 當前的 PR 值。利用公式 5-4 進行迭代計算，直到所有語句的 PR 值達到平衡為止，最終得到所有語句的權重值。

5.2.3 社會化媒體語句權重 SentenceRank 算法實驗測評

證券市場社會化媒體平臺中投資者發帖和評論結果如圖 5.2 所示,投資者「追夢的少年」於 2017 年 6 月 6 日在東方財富網京東方 A 中發表帖子,隨後有四名投資者對其進行了回復,其中有兩名投資者分別引用了其他兩名投資者的發言。按照本書基於圖論的社會化媒體文本語句權重挖掘算法,構造的內容相似度矩陣 M_s、引用關係矩陣 M_q、回復關係矩陣 M_r 以及計算所得關聯關係矩陣 M 如圖 5.3 所示:

圖 5.2 東方財富網股吧發帖截圖

1	0.01	0.01	0
0.01	1	0.42	0.01	0
0.01	0.42	1	0	0.05
0	0.01	0	1	0
0	0	0.05	0	1

內容相似度矩陣 Ms

0	0	0	0
0	0	0	0
1	0	0	0
0	0	0	0
0	0	0	0

引用關係矩陣 Mq

0	0	0	0
1	0	0	0
1	0	0	0
1	0	0	0
1	0	0	0

回復關係矩陣 Mr

1	0.01	0.01	0	0
1.01	1	0.42	0.01	0
1.01	1.42	1	0	0.05
1	0.01	0	1	0
1	0	0.05	1	1

關聯關係矩陣 M

圖 5.3 東方財富網股吧發帖 M_s、M_q、M_r 和關聯關係矩陣 M

設置各語句的初始權重值為：$s_1 = 1$、$s_2 = 1$、$s_3 = 1$、$s_4 = 1$ 和$s_5 = 1$，利用關聯關係矩陣和公式 5-4，迭代計算至平穩狀態後，得到各語句的最終權重值分別為：$s_1 = 0.686$、$s_2 = 0.098$、$s_3 = 0.075$、$s_4 = 0.083$ 和$s_5 = 0.053$。從結果可以看出：被引用次數較多的語句 1 的權重最大；語句 2 和語句 4 由於被回復，故其權重大於語句 3 和語句 5；語句 3 的權重大於語句 5 是因為語句 3 與語句 2 的內容相似度相對較高。

本書從 2015 年 1 月 1 日至 2017 年 12 月 31 日的東方財富網股吧、新浪財經和雪球網論壇的數據中隨機抽取 1,000 組帶有引用和回復的樣本數據，利用 SentenceRank 算法計算每組樣本數據中語句的權重。

另外，本書組織了 6 名證券期貨專業的大學生、2 名證券行業從業人員和 2 名普通投資者對這 1,000 組數據按照其對規則的理解進行權重打分，要求每組內語句權重之和為 1。

5.2.3.1 權重值大小描述性統計分析

在得到 SentenceRank 算法權重值以及人工判定權重值後，將算法權重值減去對應人工判定值後取絕對值 SRHD（SentencesRank Human Difference），其描述性統計情況如表 5.2 所示：

表 5.2　　　　　　　　SRHD 描述性統計值表

統計量	最大值	最小值	均值	中位數	標準差
SRHD	0.218	0.001	0.034	0.012	0.023

從表 5.2 可以看出，算法判定的權重值與人工判定權重值之間的差異均值為 0.034、標準差為 0.023。兩組數據之間並無明顯差異。

5.2.3.2　麥克尼馬爾檢驗（McNemar test）

麥克尼馬爾檢驗屬於兩配對樣本（2 Related Samples）非參數檢驗的一種，該檢驗通常用於對同一研究對象分別進行兩種不同處理的效果比較或者對某一研究對象處理前後效果的比較。因此，麥克尼馬爾檢驗的兩個樣本觀察數目相同，並且兩個樣本觀察值的順序不能隨意改變。為了檢驗 SentenceRank 算法判定權重值與人工判定權重值是否有顯著性差異，本書利用麥克尼馬爾檢驗對樣本進行變化顯著性檢驗。

麥克尼馬爾檢驗要求待檢驗的樣本觀察值是二分類數據，因此，本書對權重值分別按照 0.1~0.9 進行分類處理，部分處理結果如表 5.3 所示：

表 5.3　　　　　　　　　權重值處理部分結果

權重值	0.9		0.8		0.7		0.6		0.5		0.4		0.3		0.2		0.1	
	SR	人工	SR	人工	SR	人工	SR	人工	SR	人工	SR	人工	SR	人工	SR	人工	SR	人工
...
0.732	0.8	0	0	0	1	1	1	1	1	1	1	1	1	1	1	1	1	1
0.268	0.2	0	0	0	0	0	0	0	0	0	0	0	0	1	1	1	1
0.612	0.5	0	0	1	0	0	0	1	0	1	1	1	1	1	1	1	1
0.235	0.3	0	0	0	0	0	0	0	0	0	0	0	1	1	1	1	1
0.153	0.2	0	0	0	0	0	0	0	0	0	0	0	0	0	1	1	1
0.328	0.4	0	0	0	0	0	0	0	0	0	0	1	1	1	1	1	1
0.125	0.1	0	0	0	0	0	0	0	0	0	0	0	0	0	0	0	1
0.231	0.3	0	0	0	0	0	0	0	0	0	0	0	1	1	1	1	1
0.243	0.1	0	0	0	0	0	0	0	0	0	0	0	1	0	1	1	1
0.073	0.1	0	0	0	0	0	0	0	0	0	0	0	0	0	0	0	1
...

麥克尼馬爾檢驗原假設為：樣本來自兩配對總體分佈無顯著差異。分別對不同標準進行分類處理後，使用麥克尼馬爾檢驗得到的 P 值如表 5.4 所示：

表 5.4　　　　　　　　麥克尼馬爾檢驗結果

	0.9	0.8	0.7	0.6	0.5	0.4	0.3	0.2	0.1
P 值	0.164	0.388	0.108	0.393	0.535	0.283	0.134	0.121	0.166

從表 5.4 可以看出，所有的 P 值均大於 0.05，即按照不同標準的分類方式進行的麥克尼馬爾檢驗都應該接受原假設，認為 SentenceRank 算法判定的權重值與人工判定權重值之間並無顯著差異。

5.2.3.3 語句權重大小順序準確性分析

分別對 SentenceRank 算法和人工判定結果在每組樣本內，根據權重大小在每組樣本內對語句進行排序。SentenceRank 算法的排序結果與人工判定的排序結果相同的樣本數量為 871 組，不一致的數量為 129 組，準確率為 87.1%。

綜上所述，人工判定的權重值與 SentenceRank 算法權重值接近，也就是說可以使用 SentenceRank 算法來確定社會化媒體語句的重要性。

5.3 用戶影響力 UI 因子

在社會化媒體平臺中用戶自由註冊、發言和討論,導致了平臺中充斥著大量「口水話」以及廣告等無用信息。大量的無用信息將影響對投資者情緒量化的準確性。社會化媒體平臺的特性使得不同的用戶具有不同的影響力。另外,用戶 A 可以在平臺中關注用戶 B,則用戶 A 稱為用戶 B 的粉絲。粉絲數量越多的用戶,其發言的可信度以及影響力越高,其所代表的情緒權重越大。除此之外,在社會化媒體平臺中,影響用戶可信度和影響力的因素還有:註冊時長、關注人數、發帖數量和評論數量等。東方財富網給出了用戶的影響力值,但雪球網和新浪財經並未給出,故本書設計了用戶影響力算法。

5.3.1 用戶影響力算法

針對社會化媒體平臺用戶的特性,本書在對粉絲數量、關注人數、註冊時長、發帖數量和評論數量進行歸一化處理後,利用線性方程計算用戶影響力:

$$\begin{aligned}U_{inf} = &\beta_1 \times (C_{fan} - \min_{fan}) / (\max_{fan} - \min_{fan}) \\&+ \beta_2 \times (C_{follow} - \min_{follow}) / (\max_{follow} - \min_{follow}) \\&+ \beta_3 \times (C_{year} - \min_{year}) / (\max_{year} - \min_{year}) \\&+ \beta_4 \times (C_{post} - \min_{post}) / (\max_{post} - \min_{post}) \\&+ \beta_5 \times (C_{comm} - \min_{comm}) / (\max_{comm} - \min_{com})\end{aligned} \quad (5-5)$$

上式中,$\beta_1, \beta_2, \beta_3, \beta_4, \beta_5$ 為權重參數,$\beta_1 + \beta_2 + \beta_3 + \beta_4 + \beta_5 = 1$;$C_{fan}$ 為該用戶在平臺中的粉絲數量;C_{follow} 為該用戶在平臺中關注的其他用戶的數量;C_{year} 為用戶的註冊年限;C_{post} 為用戶發表的帖子數量;C_{comm} 為用戶的評論數量;min 為分別對應的最小值;max 為分別對應的最大值。

5.3.2 用戶影響力算法實驗測評

東方財富網中,發布者的屬性如圖 5.4 所示:

圖 5.4　東方財富網股吧發布者截圖

其中具有最高 10 級的影響力。為了獲得準確的社會化媒體平臺用戶影響力，本書對 β_1、β_2、β_3、β_4、β_5 的值進行了測試，使用各種不同的值進行影響力計算，對於影響力 U_{inf} 結果進行處理：$U_{inf} < 0.1$，影響力記為 0；$U_{inf} < 0.2$，影響力記為 1；$U_{inf} < 0.3$，影響力記為 2；$U_{inf} < 0.4$，影響力記為 3；以此類推。將處理結果與東方財富網中發布者的影響力進行準確率比較，部分比較結果如表 5.5 所示。

表 5.5　　　　　　　　發布者的影響力準確率比較表

β_1	β_2	β_3	β_4	β_5	準確率(%)
0.10	0.10	0.10	0.10	0.60	34
0.15	0.10	0.10	0.10	0.55	34
0.20	0.10	0.10	0.10	0.50	36
…					
0.40	0.05	0.10	0.31	0.14	92
…					
1.00	0.00	0.00	0.00	0.00	18

經過對比分析，$\beta_1 = 0.40$、$\beta_2 = 0.05$、$\beta_3 = 0.10$、$\beta_4 = 0.30$、$\beta_5 = 0.15$ 時，準確率最高，達到 92%。結果表明，發帖用戶的影響力在很大程度上受其粉絲數量和發帖數量的影響，占 71% 的比重，符合常理，即粉絲數量越多，發帖內容能被越多的人看見，並且也在一定程度上說明其發言被更多的人認可，從而被關注。

5.4 閱讀數量 RC 因子

在社會化媒體平臺中,帖子列表顯示的是主帖的標題。用戶對某個帖子標題感興趣時,可以點擊查看主帖的詳細內容,則主帖的閱讀數量(Read Count,RC)會增加。所以,閱讀數量在一定程度上反應出投資者對於某主題的關注程度,並且投資者情緒會受到主帖內容的影響。

5.4.1 閱讀數量因子算法

在計算 t 日的投資者情緒時,為衡量每條社會化媒體文本語句的影響力,將該語句的情感極性賦予閱讀數量權重,其計算公式如(5-6)所示:

$$RC_{i,t} = \frac{rc_{i,t}}{M_t} \tag{5-6}$$

上式中,$RC_{i,t}$ 為 t 日第 i 條社會化媒體文本的閱讀數量因子;$rc_{i,t}$ 為 t 日第 i 條社會化媒體文本的閱讀數量;M_t 為 t 日所有社會化媒體文本的平均閱讀數量,計算公式如(5-7)所示:

$$M_t = \frac{\sum_{j=1}^{n} rc_{j,t}}{n} \tag{5-7}$$

5.4.2 閱讀數量描述性統計分析

本書利用已進行情感標註的 2015—2017 年社會化媒體論壇數據,對閱讀數量進行描述性統計分析。

5.4.2.1 閱讀量描述性統計

表 5.6 為研究期內帖子閱讀量的描述性統計分析。

表 5.6　　　　　　　閱讀量 RC 描述性統計值表

統計量	最大值	最小值	均值	中位數	標準差
RC	109,042,784	1	3,398	5,629	36,271

從表 5.6 可以看出,帖子的閱讀量最大值為 109,042,784,該帖子為東方財富網發布的一條關於其自身優勢的描述性帖子,異常大的閱讀量可能與該

帖子被東方財富網長期置頂有關。根據對帖子閱讀數量的統計分析發現,閱讀數量的均值在 3,398,並且 65% 的帖子閱讀數量為 1,000～5,000,也就是說,這些帖子的發布,會對大量投資者的情緒產生影響。

圖 5.5　最大閱讀量發帖截圖

5.4.2.2　情感極性分佈

本書對研究期內的帖子按照樂觀、積極、平靜、消極和悲觀 5 個分類對閱讀數量進行了統計,在消除了各分類帖子數量的影響後得到如圖 5.6 所示的分佈結果。從圖 5.6 可以看出,在社會化媒體平臺中,情感極性較為極端的樂觀和悲觀類帖子閱讀量相對較大,這類帖子對投資者情緒的影響力要大於積極和消極類帖子,因此在計算市場情緒時,其權重相對偏大。

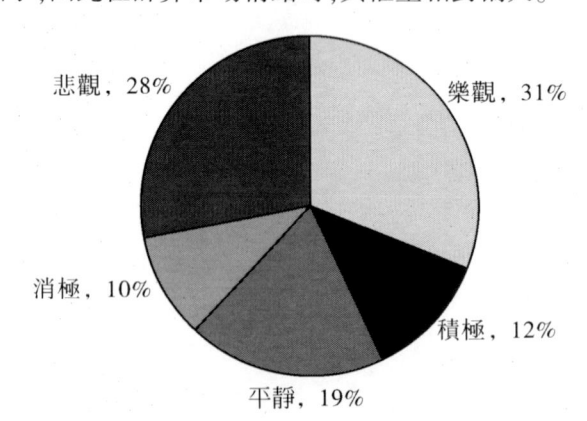

圖 5.6　閱讀數量情感極性分佈

5.4.2.3 漲跌幅分佈

本書將研究期內帖子的閱讀數量按照漲幅分別進行累加,並除以對應漲幅股票數量,用以消除股票數量對閱讀量的影響。從當日漲跌幅分佈來看,如圖5.7所示,在當日股票漲幅達到漲停時,股票對應帖子的閱讀數量達到最高;漲跌幅位於0%附近時,閱讀數量在低谷;總體來說,上漲股票帖子的閱讀數量要大於下跌股票的閱讀數量。這可能是因為投資者更加關注上漲股票,急於瞭解這類股票的相關信息,符合投資者「追高」的心理偏好。

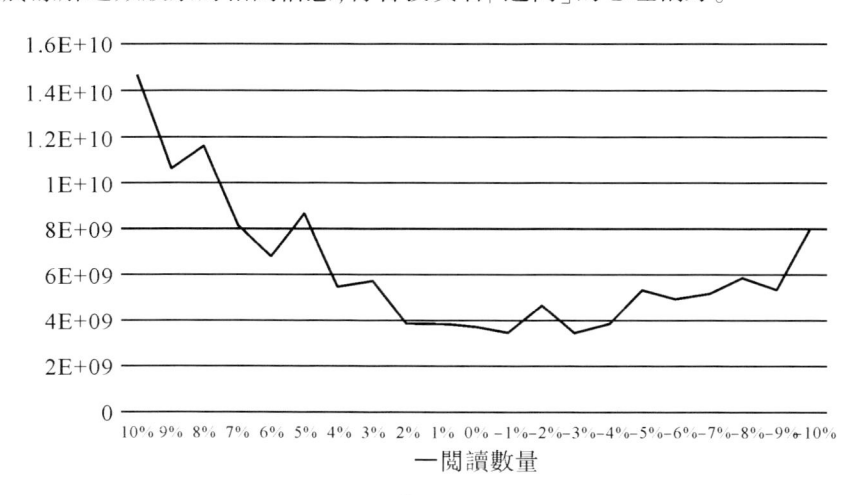

圖5.7 閱讀數量漲跌幅分佈

5.5 點讚數量LC因子

用戶通過「點讚」來表達對原信息的喜歡和讚成,無須通過輸入大量文本就可以在社會化媒體平臺中表達情感,因此受到大量用戶的熱捧,一度成為2013年十大流行語之一。在東方財富網股吧、新浪財經和雪球網等證券市場社會化媒體平臺中,用戶閱讀主帖內容,查看其他用戶評論和回復,並對讚成的信息內容進行「點讚」。因此,「點讚」用戶的情緒成為證券市場投資者情緒不可或缺的部分。

5.5.1 點讚數量因子算法

本書採用類似閱讀數量因子的方法計算點讚數量(Like Count)因子的權

重,在計算 t 日的投資者情緒時,為衡量每條社會化媒體文本語句的影響力,將該語句的情感極性賦予點讚數量權重,其計算公式如(5-8)所示:

$$LC_{i,t} = \frac{lc_{i,t}}{M_t} \qquad (5\text{-}8)$$

上式中,$LC_{i,t}$ 為 t 日第 i 條社會化媒體文本的點讚數量因子;$lc_{i,t}$ 為 t 日第 i 條社會化媒體文本的點讚數量;M_t 為 t 日所有社會化媒體文本的平均點讚數量,計算公式如(5-9)所示:

$$M_t = \frac{\sum_{j=1}^{n} lc_{j,t}}{n} \qquad (5\text{-}9)$$

5.5.2 點讚數量統計分析

本書利用已標註情感極性的 2015—2017 年社會化媒體論壇數據,對點讚數量進行統計分析:

5.5.2.1 情感極性分佈

將研究期內帖子按照 5 個情感類型的分類對點讚數量匯總,並消除各分類數量對點讚占比的影響後,得到如圖 5.8 所示的結果。從圖 5.8 可以看出,相對於閱讀數量的情感極性分佈,投資者在點讚時帶有明顯的情感偏好,對於樂觀類型的發言點讚占 71%,緊接其後的是情感極性比較大的悲觀類帖子,占比為 12%。

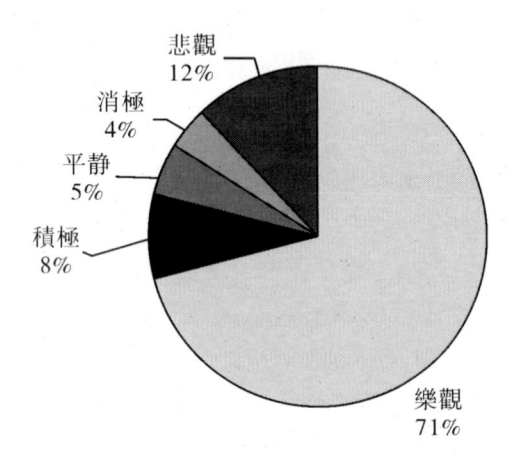

圖 5.8 點讚數量情感極性分佈

5.5.2.2 漲跌幅分佈

將研究期內帖子的點讚數量按照漲幅分別進行累加,並除以對應漲幅股票數量,用以消除股票數量對點讚數量的影響。從當日漲跌幅的分佈來看,如圖 5.9 所示,相對於閱讀數量,點讚數量在各漲跌幅的分佈中並沒有明顯的差異,但從總體上來說,股票在上漲時投資者點讚數量要大於下跌時的點讚數量,這與閱讀數量的分佈類似。值得一提的是,投資者在股票下跌時,特別是跌停時,點讚數量有上升的趨勢,這可能是因為投資者讚成看跌或看空的發言。也就是說,點讚數量不僅僅可以反應出投資者「喜歡」的積極和樂觀類情緒,對於消極和悲觀類情緒也會在點讚中表現出來。因此,點讚所代表的投資者情緒為證券市場投資者情緒的組成部分。

圖 5.9　點讚數量漲跌幅分佈

5.6　投資者情緒指數 SMISI 的構造與分析

根據統計指數的分類定義,本書構造的 SMISI 指數屬於廣義指數,其所反應的是證券市場中投資者在社會化媒體平臺中的綜合情緒變動的相對數。因此,SMISI 可以用於追蹤特定時間內投資者情緒的變化程度和方向。其可以用於分析在大數據背景下,社會化媒體與證券市場波動之間複雜的非線性關聯關係。

5.6.1 SMISI 的構造

根據社會化媒體文本結構特點以及前文相關的理論，本書使用：文本語句權重 SR、用戶影響力 UI、閱讀數量 RC 和點讚數量 LC 4 個因子作為權重，結合文本的情感極性，匯總計算證券市場社會化媒體投資者情緒指數（SMISI）。其具體構造流程如圖 5.10 圖所示。

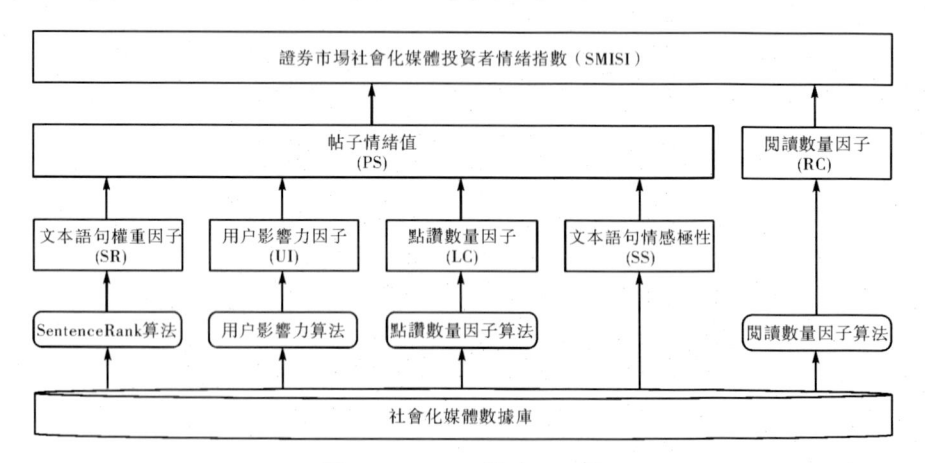

圖 5.10 SMISI 構造流程圖

具體計算步驟如下所述：

步驟一：按照日期獲取第 t 日的所有社會化媒體文本數據，包括發布者信息、回復關係、評論關係、閱讀數量、點讚數量和文本語句信息情感極性[①]信息。

步驟二：分別按照 5.2.2、5.4.1 和 5.5.1 的算法計算文本語句權重 SR 值、閱讀數量因子 RC 值和點讚數量因子 LC 值。通過發布者 ID 獲取發布者的影響力因子 UI 值[②]，對於 UI 值不存在的發布者，按照 5.3.1 的算法進行計算。

步驟三：利用 SR 值、UI 值、RC 值和 LC 值作為權重，結合對應文本語句的情感極性值計算出每條信息代表的情緒值，最後匯總得到第 t 日的證券市場社會化媒體投資者情緒指數 SMISI。計算公式如(5-10)所示：

---

① 每條信息的情感極性已由其他進程利用 CSCNN 深度神經網路進行判定，並保存在數據庫中。

② 每個用戶的 UI 值已由其他進程計算並保存到數據庫中。

$$SMISI_t = \frac{\sum_{i=1}^{n}(1 + RC_{i,t}) \times PS_{i,t}}{N} \qquad (5-10)$$

上式中，$SMISI_t$ 為第 t 日的社會化媒體投資者情緒指數值；n 為第 t 日所有社會化媒體帖子數量；$RC_{i,t}$ 為第 t 日第 i 條信息帖子數量因子值；N 為 $\sum_{i=1}^{n}(1 + RC_{i,t})$；$PS_{i,t}$（Post Sentiment）為經過計算後第 t 日第 i 條帖子的文本情感值，計算公式如(5-11)所示：

$$PS_{i,t} = \frac{\sum_{j=1}^{m} SR_{j,i,t} \times UI_{j,i,t} \times (1 + LC_{j,i,t}) \times SS_{j,i,t}}{\sum_{j=1}^{m} w_j \times (1 + LC_{j,i,t})} \qquad (5-11)$$

上式中，$SR_{i,t}$、$UI_{i,t}$、$LC_{i,t}$ 和 $SS_{i,t}$ 分別為第 t 日第 i 條信息文本語句權重值、發布者影響力值、點讚數量因子值和文本情感極性；在現實的證券市場中，悲觀和消極情緒的影響大於積極和樂觀情緒，因此當 $SS_{i,t}$ 為悲觀或消極情緒時，w_j 為 2，否則為 1；$SS_{i,t}$ 的取值為：

$$SS_{i,t} = \begin{cases} 1 & 樂觀 \\ 0.5 & 積極 \\ 0 & 平靜 \\ -1 & 消極 \\ -2 & 悲觀 \end{cases} \qquad (5-12)$$

利用公式 5-10 可以計算出第 t 日抓取的所有社會化媒體信息構造市場 SMISI 值，各板塊股票涉及的社會化媒體信息構造板塊 SMISI 值，個股涉及的社會化媒體信息構造個股 SMISI 值。限於篇幅，本章僅列出市場 SMISI 值的相關性統計分析。

5.6.2 SMISI 與市場相關性統計分析

本書根據 SMISI 的構造流程，利用公式 5-10 計算出研究期（2015 年 1 月 1 日至 2017 年 12 月 31 日）內每天的市場 SMISI 指數值，本節對 SMISI 與市場相關性進行統計分析。

5.6.2.1 SMISI 描述性統計分析

從表 5.7 和圖 5.11 可以看出，SMISI 的最大值為 0.996,233，出現在 2015 年 11 月 4 日。從上證綜指的走勢圖來看，上證綜指從 2015 年 6 月 12 日的最

表 5.7　　　　　　　　SMISI 描述性統計值表

統計量	最大值	最小值	均值	中位數	標準差
SMISI	0.996,233	−0.986,93	0.030,938	−0.011,36	0.510,73

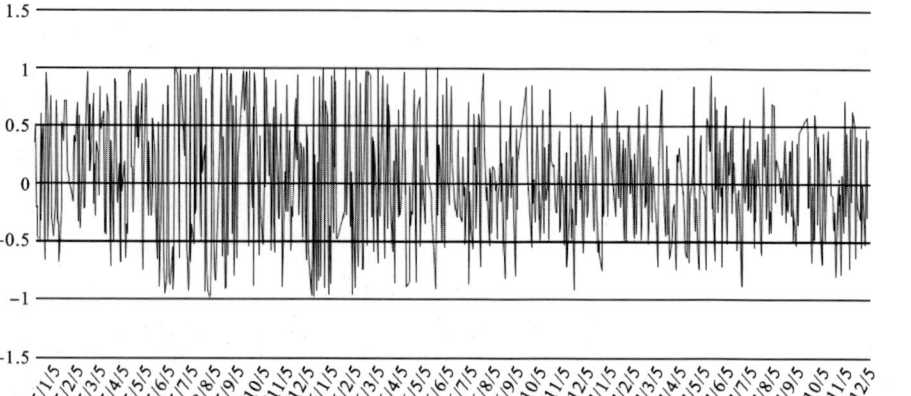

圖 5.11　研究期內 SMISI 圖

高點 5,166.35 點開始下跌以來,到 2015 年 8 月 26 日的局部低點僅僅用了兩個月的時間,特別是中間兩次斷崖式的下跌,投資者的信心受到巨大打擊。至 2015 年 11 月初,經歷了兩個月的小幅震盪後,在 2015 年 11 月 4 日市場看漲情緒積聚,使得上證綜指最終在當日拉升 4.3%,雖然前期在 2015 年 6 月 30 日、7 月 9 日和 8 月 27 日均有超過 5%的漲幅,但與 2015 年 11 月 4 日不同的是,這三個交易日之前都經歷了較大的跌幅,應屬於報復性反彈,投資者的看漲情緒並不十分高漲。

SMISI 的最小值為−0.986,93,出現在 2015 年 8 月 24 日,當日上證指數跌幅為−8.49%,也是研究期內最大跌幅。這種重疊並非巧合,從 SMISI 與上證綜指的跌幅比較分析發現,跌幅在−7%以上的交易日,其 SMISI 指數值均小於−0.9。這也說明對於中國證券市場來說,樂觀積極情緒需要相對較長的時間聚集,投資者之間的這類情緒相互影響程度不如悲觀消極情緒的影響程度。投資者悲觀消極情緒會在社會化媒體平臺中迅速「傳染」,並快速地傳達到證券市場中。並且這類情緒對證券市場波動的影響持續性要強於樂觀積極情緒的持續性。

SMISI 平均數為 0.030,938,中位數為−0.011,36,表明在研究期內投資者

情緒總體來說較為平靜。這與研究期內的 2016 年 2 月份開始進入長時間的熊市震盪調整有關。投資者在調整期內對市場的未來趨勢並無太大的把握，大部分投資者認為市場將進入一個較長的盤整時期，偶爾的快速拉升並不能聚集太多的人氣，快速地下跌也無法引起過度的恐慌，投資者的這種「習慣性思維」造成了投資者情緒較長時間的平靜。

研究期內 SMISI 的標準差為 0.510,73，說明 SMISI 的波動幅度較大。這是由於在研究期內經歷了 2015 年上半年快速拉升帶來的「短命牛市」以及緊隨其後多次斷崖式下跌帶來的持續兩年的熊市，牛市和熊市如此快速地更迭，必定會引起投資者情緒的劇烈波動，從而造成了研究期內 SMISI 值較大的標準差。

5.6.2.2 SMISI 與證券市場收益率

本書將 SMISI 值分別與上證指數、深證成指的日收益率做相關性分析時（如表 5.8 所示）發現，在研究期 2015 年 1 月初至 2017 年 12 月底內（只包含交易日），SMISI 值與上證指數日收益率的相關係數為 0.576，與深圳成指日收益率的相關係數為 0.543，在置信度水準 5% 下顯著相關。也就是說 SMISI 值與上證指數、深證成指均具有一定的相關性。在僅對 2015 年數據進行分析時發現，SMISI 與上證指數、深證成指日收益率的相關係數分別為 0.807 和 0.798，相關係數值均有所提高，這說明在市場波動較為劇烈時，SMISI 與市場收益率的關聯性更強。

表 5.8　　　　　　　　　SMISI 與日收益率相關性

	SMISI	上證日收益率		SMISI	深證日收益率
SMISI	1		SMISI	1	
上證日收益率	0.576	1	深證日收益率	0.543	1

圖 5.12 為研究期內 SMISI 與上證深證日收益率 2015 年 1 月至 2015 年 6 月（牛市）和 2016 年 1 月至 2016 年 6 月（熊市）部分趨勢圖。從趨勢圖中可以看出，無論在牛市期間還是熊市期間，SMISI 與上證深證日收益率兩者趨勢線中的波峰與波谷有一定的對應關係，兩者之間存在較強的趨勢一致性，可以使用 SMISI 對上證、深證指數進行相關分析。本書對 SMISI 與滬深 50、中證 100、滬深 300、中小板指數以及創業板指數等主要市場指數也做了同樣的分析，得到相同結論。也就是說，SMISI 值與證券市場波動率之間存在相關關係，本書將在第 6 章對其進行實證分析。

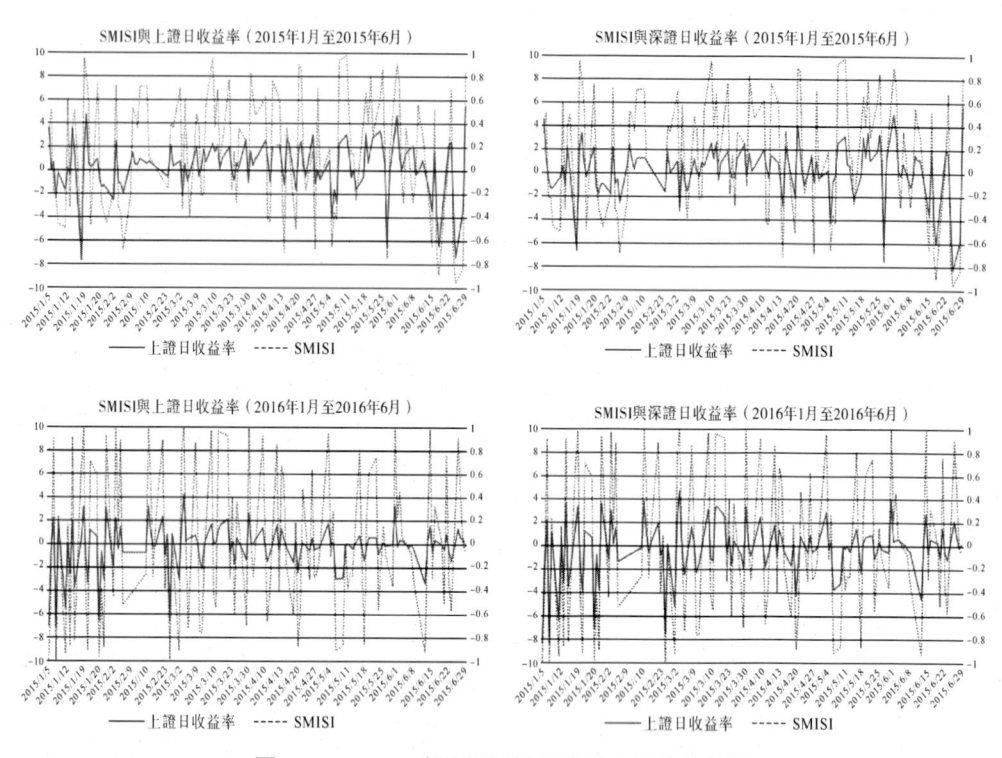

圖 5.12　SMISI 與上證深證日收益率部分趨勢圖

5.7　本章小結

　　本章構造的社會化媒體投資者情緒指數(SMISI)在整個基於大數據下的證券市場社會化媒體效應量化智能平臺(SMQIP)中起著承上啓下的重要作用。證券市場投資者情緒是一個複雜多維的指標，在結合相關理論的基礎上，本書提出了基於社會化媒體的證券市場投資者情緒指數構造模型。

　　SMISI 針對社會化媒體的特有結構，創新性地利用 SentenceRank 算法計算出每個帖子內部各語句的權重，引入作者影響力因子、點讚數因子，準確測算出每個帖子的情緒值。通過麥克尼馬爾檢驗對 SentenceRank 算法的有效性進行了驗證。利用帖子情感值、閱讀數量匯總得到 SMISI 值。結合 2015 年 1 月至 2017 年 12 月上證和深證的真實市場交易數據，通過 SMISI 值的描述性統計以及與證券市場收益率的相關分析可以看出，SMISI 值可以有效地反應

出證券市場中基於社會化媒體的投資者市場情緒,該值與證券市場收益率存在較強的相關性,對中國證券市場的走勢具有較好的解釋能力。利用 SMISI 值:證券市場監管者可以即時觀察市場情緒的變化,及時對異常情緒變化制定應對策略;公司管理者可以對公司輿情進行監控,對偏離的投資者市場情緒進行必要的引導,以避免損害投資者利益;投資者在進行投資決策時,可以參考市場、板塊或個股的 SMISI 值,從而在證券市場中獲取更大的利益。

SMISI 的構造為觀察證券市場投資者情緒變化提供了參考依據,同時為本書進一步利用深度神經網路刻畫社會化媒體對證券市場波動影響的深度和廣度提供了重要特徵變量。

6 SMISI 對證券市場波動的量化研究

根據研究主線「社會化媒體——投資者情緒——證券市場波動」的設定,在獲取了證券市場社會化媒體情緒指數(SMISI)後,本書將對 SMISI 與證券市場波動之間的複雜非線性關聯關係進行分析。重點將考察 SMISI 與證券市場收益率之間的聯動關係,力圖準確刻畫 SMISI 對證券市場資本價格影響的深度和廣度。

本章首先通過將 SMISI 與 Fama 五因子模型結合進行實證分析,驗證了 SMISI 對證券市場收益率存在系統性影響;接著使用 VAR 模型探尋了 SMISI 對證券市場收益率影響的範圍及程度;最後利用改進的基於社會化媒體情緒驅動 S-LSTM 深度神經網路模型更加準確地捕捉 SMISI 對證券市場收益率的影響效應。研究表明,社會化媒體通過投資者情緒對證券市場產生了系統性影響。

6.1 投資者情緒對證券市場波動的影響及其研究方法的比較與選擇

在證券市場中,有眾多的因素會引起市場的波動,公司基本面信息和媒體情感信息兩者構成了影響證券市場波動的主要來源(Tetlock et al., 2008)。基本面信息對證券市場產生了長期性的影響,而投資者情緒通過影響投資者的投資行為對證券市場的短期波動帶來了重要影響。為探尋投資者情緒與證券市場波動的複雜關係,大量學者使用了不同類型的模型方法,Li et al. (2018)的分類方式主要包括:

6.1.1 統計模型

統計模型通過數理統計的方法獲取各變量之間的函數關係。t 檢驗、Wilcoxon 檢驗和 Kruskal-Wallis 檢驗常用於單變量分析模型中,用於判斷媒體與市場波動的關聯性。Pearson 相關係數、Spearman 等級相關係數和互信息等常用於雙變量分析模型,用於判定媒體信息和波動指標兩者之間相關性的強度和方向。例如,Moat et al.(2013)通過 t 檢驗,將網頁瀏覽量和編輯量作為投資者情緒(關注度)的代理變量,挖掘出瀏覽次數與股票價格之間的負相關關係。Zheludev et al.(2014)使用互信息驗證了 Tweet 情緒對標普 500 指數波動的可預測性。

統計模型為檢驗投資者情緒與證券市場波動之間的關聯性提供了強有力的統計方法。但該方法關注單個信息對證券市場的影響,無法分析多個信息源對證券市場波動共同的影響。

6.1.2 計量經濟學迴歸模型

王美今等(2004)通過 TGARCH 模型驗證了受價格影響的投資者情緒對股票價格的均衡存在系統性影響。程昆等(2005)將好淡指數作為投資者情緒代理指標,利用向量自迴歸(VAR)模型驗證了其與牛、熊市的關聯,並通過格蘭杰因果檢驗和方差分解分析了投資者情緒指數與證券市場收益率之間的動態關係。Tetlock et al.(2007)使用線性迴歸模型研究後發現,負面新聞的內容會降低股票的收益率。邱金丹(2012)通過將投資者情緒加入 Fama 三因子模型中,對投資者情緒與市場收益率、市盈率、公司規模和業績等進行了實證研究。魯訓法等(2012)利用 ARMA-GARCH 模型,將新開戶交易帳戶數作為投資者情緒代理指標研究後發現,ARMAM-GARCH 模型在擬合上證指數收益率和投資情緒變化率的異方差性和自相關性時有較好的效果。Luo et al.(2015)利用向量自迴歸模型研究了 Google 搜索量、博客情緒和網路流量與公司股價的關係,發現社會化媒體對股價具有預測價值。

計量經濟學迴歸模型能夠很好地解釋多變量之間的因果關係。本書選擇利用 2013 年由 Fama 和 French 在三因子模型基礎上提出的五因子模型驗證 SMISI 對證券市場收益率的系統性影響;利用自向量迴歸模型(VAR)來探尋 SMISI 與證券市場收益率之間的相互影響關係。

6.1.3 基於機器學習的模型

Wuthrich et al.(1998)基於 KNN 算法,對財經新聞內容與亞洲、歐洲和美國主要證券市場日收盤價進行研究,發現了它們之間的關聯性。Li et al.(2010)利用樸素貝葉斯機器學習算法研究發現,公司管理層的討論分析以及報告中前瞻性的陳述與公司股價的波動存在關聯,與公司未來的收益和流動性呈正相關。Rachlin et al.(2007)使用決策樹歸納算法分析了互聯網文本信息和公司股票未來趨勢之間的關聯關係。Schumaker et al.(2009)使用支持向量迴歸(SVR),通過專有名詞標註技術,發現了突發新聞與公司股價之間的關係。Bollen et al.(2011)使用自組織模糊神經網路挖掘出 Tweet 文本中的情緒,發現其中的平靜情緒趨勢與道瓊斯工業指數走勢高度重合。Wang et al.(2012)利用差分整合移動平均自迴歸模型和支持向量機(SVM)研究了公司季報和年報對股票價格的影響。Huang et al.(2016)在捕捉公眾情緒與證券市場波動的研究中,比較了 DNN 和 CNN 兩類模型,結果發現 CNN 的表現效果更好。

相對於統計模型和計量經濟學迴歸模型,機器學習算法模型更能捕捉隱含在數據中的複雜非線性關係,特別是基於機器學習發展起來的人工神經網路各類模型,可以通過成千上萬甚至上億的神經元準確地在大數據中捕捉各種隱含的關聯關係。SMISI 和證券市場收益率均屬於時序數據,因此本書利用善於處理時序的長短期記憶時間遞歸神經網路 LSTM,更加準確地刻畫出 SMISI 對證券市場波動影響的深度和廣度。

6.2 基於 Fama 五因子的 SMISI 與市場收益率實證分析

6.2.1 基本原理及模型構建

為了驗證 SMISI 是否為影響證券市場收益率的系統性因素,本書將 SMISI 加入 Fama 五因子模型中進行實證分析。

Fama,French(1992,1993)在對美國證券市場中決定股票收益率的所有因素進行研究分析後發現,單獨使用 Beta 值或將其與市值、槓桿比例、P/E 比

(Price to Earnings Ratio)、B/M 比(Book to Market Equity Ratio)相結合時,Beta 值對於股票收益率的解釋力都很弱。但單獨使用市值、槓桿比例、P/E 比、B/M 比來解釋收益率時,它們的解釋力都很強,如果把這幾個因子結合起來,杠杠比例和 P/E 比的解釋力會被市值和 B/M 比弱化。基於研究結果,Fama 和 French 從眾多因素中選取了 3 個對股票收益率有重要影響的因子:市場風險溢酬因子、市值因子以及帳面市值比因子,並按照 CAPM 模型的構建方式,利用 3 個因子建立線性模型對股票收益進行解釋,提出了著名的三因子模型(Fama-French Three Factor Model)。三因子的線形迴歸模型形式如(6-1)所示:

$$R_{it} - R_{ft} = \alpha_i + \beta_i(R_{mt} - R_{ft}) + s_i SMB_t + h_i HML_t + \varepsilon_{it} \quad (6-1)$$

上式中,R_{it} 是投資組合 i 在時刻 t 的收益率;R_{ft} 為無風險收益率;$R_{it} - R_{ft}$ 即為超額收益率;R_{mt} 為時刻 t 的市場收益率;$R_{mt} - R_{ft}$ 為市場風險溢價;SMB_t(Small Minus Big)為時刻 t 的市值因子,即小公司比大公司高出的收益率;HML_t(High Minus Low)為時刻 t 的帳面市值比因子,即高 B/M 比公司的股票收益率減去低 B/M 比公司的收益率;α_i 為尚未解釋的超額收益率;β_i、s_i、h_i 為 3 個因子的敏感係數;ε_{it} 為迴歸殘差項。

Fama 和 French 在 2013 年發現,除了上述的三因子外,還有投資水準風險和盈利水準風險也可以給個股帶來超額的收益,於是提出了 5 因子模型:

$$R_{it} - R_{ft} = \alpha_i + \beta_i(R_{mt} - R_{ft}) + s_i SMB_t + h_i HML_t + r_i RMW_t + c_i CMA_t + \varepsilon_{it}$$
$$(6-2)$$

上式中,RMW_t 為時刻 t 的盈利水準因子,即高盈利股票投資組合減低盈利股票投資組合;CMA_t 為投資水準因子,即低再投資比例公司突破投資組合回報減高再投資比例公司突破投資組合回報。

Stambaugh et al.(2010)將投資者情緒作為因子加入三因子模型中,構造出四因子模型,如公式 6-3 所示:

$$R_{it} = a + b S_{t-1} + c MKT_t + d SMB_t + e HML_t + u_t \quad (6-3)$$

上式中,S_{t-1} 為時刻 $t-1$ 的投資者情緒;MKT_t 為時刻 t 市場風險溢價;其他與(6-1)類似。

參照 Stambaugh et al.(2010)的做法,本書將社會化媒體投資者情緒指數 SMISI 作為因子加入五因子模型中,構造出六因子模型,並基於這兩個模型進

行實證分析,從而驗證 SMISI 為影響證券市場收益率的系統性因素。六因子模型如公式6-4所示:

$$R_{it} - R_{ft} = \alpha_i + \beta_i(R_{mt} - R_{ft}) + s_i SMB_t + h_i HML_t + r_i RMW_t + c_i CMA_t + d_i SMISI_{t-1} + \varepsilon_{it} \qquad (6-4)$$

6.2.2 模型數據來源及實證分析

6.2.2.1 模型數據來源

(1)股票池:選擇研究期內的全部 A 股,剔除了 ST 和 PT 股票;

(2)無風險利率 R_{ft}:央行公布的3個月定存基準利率;

(3)市場風險溢價因子 MKT_t:現金紅利再投資的日市場回報率(流通市值加權平均法)與日度化無風險利率(央行公布3個月定存基準利率)之差。

(4)市值因子 SMB_t:小盤股組合和大盤股組合的收益率之差。其中組合日收益率的計算採用流通市值加權。

(5)帳面市值比因子 HML_t:高帳面市值比組合收益率與低帳面市值比組合收益率之差。組合投資收益率的計算採用流通市值加權。

(6)盈利水準因子 RMW_t:高盈利股票組合和低盈利組合的收益率之差。組合投資收益率的計算採用流通市值加權。

(7)投資水準因子 CMA_t:低投資比例股票組合收益率與高投資比例股票組合收益率之差。

(8)投資者情緒指數 $SMISI_t$:研究期內對應股票投資組合的投資者情緒指數。

(9)股票投資組合日收益率 R_{it}:為了檢測 A 股市場平均收益率與五因子以及市場情緒的相關性,將 A 股市場所有股票按照因子維度進行分層,根據每層之間股票時間上的平均收益率變化情況,可以判斷出各因子與股票收益率之間的相關關係。由於 A 股市場的股票數量相對於美股來說較少,採用 Fama 和 French(2015)提出的股票分類方法,即沿著其中兩個因子維度將股票分成 5×5 的 25 格資產組合,限於篇幅,本書選用規模(Size Factor,SF)和帳面市值比(Book-to-Market Factor,BM)兩個因子,將規模因子從小到大劃分為 SF_1、SF_2、SF_3、SF_4、SF_5 五個分類,將帳面市值因子從小到大劃分為 BM_1、BM_2、BM_3、BM_4、BM_5 五個分類,形成25格的股票資產組合。每格內股票組合的每日收益率將形成一個時間序列,構成帶迴歸因變量。

6.2.2.2 數據統計性描述

研究期內按規模—帳面市值分組的股票資產日平均收益率如表 6.1 所示。股票資產組合的日平均收益率隨著規模(股票市值,SF)的增大而降低,隨著帳面市值比(BM)的增大而增高。該結論與 Fama、French(2015)的研究結果是一致的。

表 6.1　　　　　規模—帳面市值分組股票資產日平均收益率　　　　單位:%

	SF1	SF2	SF3	SF4	SF5
BM1	0.17	0.10	0.10	0.07	0.06
BM2	0.17	0.12	0.10	0.09	0.05
BM3	0.19	0.13	0.11	0.09	0.08
BM4	0.19	0.14	0.13	0.11	0.09
BM5	0.19	0.14	0.13	0.11	0.09

在研究期內五因子模型變量的描述統計量如表 6.2 所示。市場風險溢價因子 MKT 的平均值為 0.000,41,表明在研究期內市場日收益率要高於無風險利率(央行公布 3 個月定存基準利率);市值因子 SMB 平均值為 0.000,67,表明在研究期內小規模公司投資組合的日收益率要大於大規模公司投資組合的日收益率;帳面市值比 HML 的平均值為 -0.000,11,表明帳面市值比低的公司投資組合的日收益率要大於帳面市值比高的公司投資組合的日收益率;盈利水準因子 RMW 的平均值為 0.000,03,表明高盈利股票組合相對於低盈利組合的日收益率平均高出 0.000,03。投資水準因子 CMA 的平均值為 -0.000,4,表明低投資比例股票組合的日收益率小於高投資比例股票組合的日收益率。

表 6.2　　　　　　　五因子模型變量描述性統計量

	MKT	SMB	HML	RMW	CMA
平均	0.000,41	0.000,67	-0.000,11	0.000,03	-0.000,04
標準誤差	0.000,67	0.000,42	0.000,33	0.000,26	0.000,16
標準差	0.018,17	0.011,28	0.009,03	0.007,15	0.004,45
最小值	-0.094,04	-0.072,11	-0.038,65	-0.029,65	-0.031,67
最大值	0.070,96	0.053,74	0.051,54	0.050,02	0.017,58

6.2.2.3 時間序列平穩性檢驗

在五因子模型中的各因子以及本書構造的六因子模型中的投資者情緒因子均屬於時間序列。對時間序列進行分析的基本假設前提即序列是平穩的,平穩時間序列的預測只有基於平穩前提下才是有效的。因此,本書利用 ADF 檢驗(Augmented Dickey-Fuller Test)對各時間序列進行了單位根檢驗,從而確認各因子變量是否為平穩的時間序列。

表 6.3　　　股票資產日平均收益率 ADF 檢驗結果（t 值）

	SF1	SF2	SF3	SF4	SF5
BM1	-20.75	-20.62	-21.02	-20.86	-21.43
BM2	-20.58	-20.68	-20.53	-21.01	-22.21
BM3	-20.42	-20.89	-21.48	-22.63	-22.56
BM4	-21.10	-21.35	-22.81	-23.07	-22.01
BM5	-22.03	-21.20	-22.78	-22.92	-23.57

從表 6.3 可以看出,由規模和帳面市值比兩因子形成的 25 格的股票資產組合每日收益率形成的時間序列均為平穩的時間序列。

表 6.4　　　　　　模型自變量 ADF 檢驗結果

	MKT	SMB	HML	RMW	CMA	SMISI
t 值	-23.17	-19.27	-18.98	-17.12	-18.68	-10.78
是否平穩	平穩	平穩	平穩	平穩	平穩	平穩

從表 6.4 可以看出,模型中的各自變量時間序列均為平穩的時間序列,即可以進行迴歸建模。

6.2.2.4 模型迴歸分析

根據上節的驗證結果可知,Fama 五因子模型即公式 6-2 中各變量均為平穩時間序列。因此本書建立多元迴歸模型,利用公式 6-2 分別對 25 格的股票資產組合每日收益率為因變量進行 OLS 估計。迴歸匯總結果如表 6.5 所示。從迴歸結果中可以看出,DW 值在 2 附近,說明殘差序列不相關,建立的迴歸模型是有效的。

表 6.5 五因子模型迴歸結果

投資組合		MKT	SMB	HML	RMW	CMA	R-squared	DW
BM	SF							
1	1	0.982**	1.321**	−0.311*	−0.635	0.689*	0.788	1.917
	2	1.023**	1.221*	−0.584	−0.321*	0.325*	0.765	1.864
	3	1.053**	0.963**	−0.721**	−0.065	0.421	0.782	1.784
	4	0.983**	0.561	−0.853	−0.081	0.048	0.743	1.863
	5	0.975**	−0.286	−0.927**	−0.083*	0.376	0.768	1.891
2	1	0.981**	1.456	−0.364	−0.231	0.206	0.765	1.900
	2	1.051**	1.214	−0.472	−0.124	0.184	0.776	1.954
	3	1.053**	1.011**	−0.541	−0.025	0.086*	0.779	1.931
	4	1.019**	0.594	−0.531*	−0.095*	0.254	0.772	1.785
	5	1.062**	−0.168	−0.397	−0.038	0.186	0.754	1.904
3	1	1.045**	1.667	−0.184*	0.036	0.095*	0.798	1.813
	2	1.065**	1.281**	−0.184	−0.038*	0.196	0.781	1.824
	3	1.012**	0.895	−0.268*	−0.161	0.105*	0.797	1.842
	4	1.056**	0.761**	−0.191*	−0.081	−0.013	0.770	1.866
	5	1.043**	−0.089	−0.076	−0.053	0.082	0.792	1.841
4	1	1.025**	1.561	0.010*	−0.114	−0.092	0.790	1.934
	2	1.068**	1.163	0.035**	−0.103	0.104	0.763	1.807
	3	1.059**	1.012**	0.012	−0.184*	0.294	0.796	1.811
	4	1.081**	0.872	0.069**	−0.063	0.283*	0.799	1.866
	5	1.065**	−0.182	0.228	−0.083	0.039	0.778	1.891
5	1	1.034**	1.436	0.168*	−0.204	0.136*	0.756	1.848
	2	1.035**	1.054	0.287	−0.345	0.356	0.731	1.909
	3	1.024**	0.983**	0.391**	−0.257	0.367*	0.775	1.811
	4	1.046**	0.452	0.456*	−0.348*	0.301	0.735	1.842
	5	1.026**	−0.134**	0.678*	−0.116	0.289	0.749	1.952

註：** 在 0.01 水準(雙側)上顯著相關；* 在 0.05 水準(雙側)顯著相關。

同樣地,對加入了社會化媒體投資者情緒指數 SMISI 的六因子模型(6-4)進行 OLS 估計,迴歸結果如表 6.6 所示。從迴歸結果中可以看出,DW 值在 2 附近,說明殘差序列不相關,建立的迴歸模型是有效的。

表 6.6　　　　　　　　　　六因子模型迴歸結果

投資組合 BM	SF	MKT	SMB	HML	RMW	CMA	SMISI	R-squared	DW
1	1	0.973**	1.317*	-0.305	-0.643*	0.700	0.056*	0.911	1.917
	2	1.022**	1.229	-0.584*	-0.318	0.321	0.021*	0.910	1.864
	3	1.053**	0.968*	-0.722	-0.064**	0.410	0.048**	0.909	1.776
	4	0.982**	0.550	-0.844	-0.084	0.058*	0.045*	0.890	1.870
	5	0.971**	-0.285	-0.927	-0.073	0.365	0.036*	0.895	1.898
2	1	0.980**	1.464**	-0.372	-0.229**	0.207*	0.056*	0.916	1.894
	2	1.042**	1.224	-0.481*	-0.119	0.192	0.040**	0.894	1.953
	3	1.049**	1.011*	-0.532**	-0.015*	0.086	0.023*	0.891	1.926
	4	1.028**	0.601*	-0.524	-0.099*	0.254	0.056*	0.890	1.779
	5	1.061**	-0.160	-0.402*	-0.042	0.187*	0.038*	0.893	1.899
3	1	1.053**	1.656	-0.194	0.044	0.102	0.033	0.895	1.803
	2	1.069**	1.286*	-0.191**	-0.049**	0.191*	0.047*	0.896	1.833
	3	1.006**	0.885	-0.269	-0.151	0.097	0.051**	0.907	1.833
	4	1.053**	0.764*	-0.186*	-0.088*	-0.004	0.044*	0.891	1.871
	5	1.035**	-0.083	-0.066	-0.049	0.086	0.021*	0.916	1.832
4	1	1.020**	1.566*	-0.001	-0.122*	-0.088*	0.036*	0.919	1.933
	2	1.066**	1.174*	0.046**	-0.096	0.099	0.028*	0.895	1.807
	3	1.058**	1.023	0.020	-0.179	0.302	0.054*	0.901	1.811
	4	1.076**	0.862*	0.058*	-0.065*	0.292	0.048**	0.917	1.870
	5	1.071**	-0.192	0.217	-0.087	0.028	0.039*	0.917	1.880
5	1	1.040**	1.435	0.163*	-0.212*	0.142	0.027*	0.909	1.858
	2	1.030**	1.056*	0.276	-0.355*	0.351	0.043	0.909	1.907
	3	1.032**	0.987	0.397*	-0.256	0.378	0.032*	0.894	1.802
	4	1.042**	0.462*	0.456	-0.350*	0.292*	0.058*	0.910	1.843
	5	1.032**	-0.135	0.689**	-0.121	0.295	0.044**	0.890	1.962

註：** 在 0.01 水準(雙側)上顯著相關；* 在 0.05 水準(雙側)顯著相關。

在對比表 6.5(五因子模型迴歸結果)以及表 6.6(六因子模型迴歸結果)後可以發現：

(1)將社會化媒體投資者情緒(SMISI)加入 Fama 五因子模型中之後,模型解釋能力明顯增強,R^2 的值均有增加,平均增加了 13.1%,這說明 SMISI 對

於股票市場的收益率存在影響,因此可以將 SMISI 視為證券市場收益率變化的系統性影響因素。

(2) SMISI 的系數均為正數,顯著性水準較高,說明其與投資組合收益率呈正相關關係。從系數值對比來看,其影響水準小於其餘五因子。

(3)市場因子 MKT 的系數基本都在 1 附近,顯著性水準最高,可見市場因子與股票收益率最相關;從規模因子 SMB 的迴歸係數變化來看,小規模投資組合的 SMB 因子係數都是較大的正數,而大規模投資組合的 SMB 因子係數是較小的負數,說明規模因子對小盤股的收益率具有較強的解釋力;估值因子 HML 隨著 BM 的增大而增大,從 HML 的絕對值變化來看,在偏向於大盤股的投資組合中,HML 具有更大的解釋力度;盈利因子 RMW 的迴歸係數變化趨勢並不明顯,且顯著水準普遍不太明顯;投資因子 CMA 從相同的規模(SF)觀察不同帳面市值比(BM)的變化趨勢可以看到有單調遞減的趨勢,顯著性水準也並不高,這可以解釋為在中國證券市場中,小盤股中低 BM 股票更可能是垃圾股,其高估值體現的主要是「殼價值」。

綜上所述,社會化媒體投資者情緒(SMISI)可以視為證券市場收益率變化的系統性影響因素,其與股票收益率呈正相關關係。

6.3 基於 VAR 模型的 SMISI 與市場收益率實證分析

6.3.1 基本原理及模型設計

為了進一步研究社會化媒體投資者情緒指數(SMISI)對證券市場收益率影響的範圍和程度,本書借助向量自迴歸模型(Vector Autoregression Model, VAR)對二者進行分析。

在 20 世紀 70 年代,大型的總體計量模型(Large-Scale Macroeconometric Model)被廣為使用,在凱恩斯理論指導下,模型中動輒出現上百個方程。這種結構化模型是在經濟理論指導下建立起來的,但是經濟理論並不能明確給出各變量之間的動態特性,即滯後期對當期的影響。並且對於內生和外生變量的劃分也使得建立模型較為複雜,對於非平穩的變量,通常會帶來嚴重的偽迴歸問題。為了解決這些問題,需要使用一種非結構化的方法來建立反應變量間關係的模型。

Sims(1978)提出了一種經典的非結構化模型,即向量自迴歸模型

(VAR),推動了對經濟系統中動態變量分析的廣泛應用。VAR模型並不以嚴格的經濟理論為依據,對參數不施加零約束,模型是根據數據統計性質來建立的。構造模型時,每個內生變量都作為系統中所有內生變量滯後值的函數,進而將單變量迴歸模型推廣到多元時間序列變量構成的向量自迴歸模型。VAR模型目前主要應用於分析隨機擾動對系統的動態衝擊(衝擊的大小、方向和持續時間)或預測相互聯繫的時間序列系統,通過脈衝回應分析和方差分解,可以對變量間的動態結構進行分析。VAR模型表達式如(6-5)所示:

$$y_t = A_1 y_{t-1} + \cdots + A_p y_{t-p} + B X_t + \varepsilon_t \tag{6-5}$$

上式中,y_t為k維列向量(內生變量);X_t為d維列向量(外生變量);p為滯後的階數;t為樣本的個數;$A_1, \cdots, A_p$為$k \times k$維待估計的係數矩陣;B為$k \times d$維待估計的係數矩陣;ε_t為k維的擾動向量,它們相互之間可以同期相關,但不與等式右邊的變量相關,也不與自己的滯後值相關。由於在聯立方程的右邊只有內生變量的滯後值,即不存在同期相關性問題,因此,使用普通最小二乘法(OLS)對VAR模型中的每個方程進行逐一迴歸,從而得到一致且有效的估計量。

在實際應用過程中,模型在滯後期足夠大的情況下能夠完整地反應變量間的全部動態關係。但是,滯後期越大,則有越多的參數需要估計,進而導致自由度減少,影響模型參數估計的有效性。另外,滯後期如果太小,又會使得誤差項自相關強烈,進而導致出現參數的非一致性估計。為均衡自由度和滯後期,在實際應用中,通常使用似然比(LR)、最終預測誤差(FPE)、赤池信息準則(AIC)、施瓦茨信息準則(SC)以及Han-Quinn信息準則(HQ)來確定最佳的滯後期。

綜上所述,向量自迴歸模型通過數據本身的統計特徵來確定模型的動態結構,因此目前常被研究者用來研究投資者情緒與證券市場收益率之間的動態關係。本書按照步驟構建VAR模型,深入研究社會化媒體投資者情緒(SMISI)與證券市場收益率之間的相關關係。包含證券市場日收益率R_t和SMISI的二元向量自迴歸模型如(6-6)所示:

$$\begin{bmatrix} R_t \\ SMISI_t \end{bmatrix} = C + \beta_1 \begin{bmatrix} R_{t-1} \\ SMISI_{t-1} \end{bmatrix} + \cdots + \beta_p \begin{bmatrix} R_{t-p} \\ SMISI_{t-p} \end{bmatrix} + \varepsilon_t \tag{6-6}$$

上式中,C和ε_t是2維列向量;$\beta_1, \cdots, \beta_p$是2階係數矩陣;$t = 2, 3, \cdots, n$;$p = 1, 2, \cdots, n$。

6.3.2 模型數據來源及實證分析

6.3.2.1 數據來源

市場日收益率 R_t：中國證券市場指數包括：上證指數、深證成指、滬深300 指數、中證100、滬證50 指數、中小板指數和創業板指數。本書對研究期內以上指數進行了相關性分析，結果如表 6.7 所示，從表 6.7 可以看出，上證指數與其他各指數的相關係數都非常大。因此，本書選取上證指數的日收益率代表證券市場的日收益率。

表 6.7　　　　　　　　　主要股指相關係數表

	上證指數	深證成指	滬深 300	中證 100	滬證 50	中小板	創業板
上證指數	1						
深證成指	0.968,014	1					
滬深 300	0.948,737	0.895,996	1				
中證 100	0.907,821	0.863,512	0.932,165	1			
滬證 50	0.850,899	0.768,418	0.963,851	0.742,130	1		
中小板	0.917,081	0.929,918	0.877,012	0.422,483	0.729,917	1	
創業板	0.771,928	0.846,424	0.603,209	0.415,809	0.392,600	0.868,591	1

社會化媒體情緒指數 $SMISI_t$：第 5 章所計算的研究期內每日的 SMISI 值。

6.3.2.2 變量描述性統計

上證日收益率 R_t 和社會化媒體情緒指數 $SMISI_t$ 的描述性統計如表 6.8 所示。

表 6.8　　　　　　　　R_t 和 $SMISI_t$ 描述性統計值

變量	觀測數	最小值	最大值	均值	標準差
R_t	732	-0.084,91	0.057,64	0.000,17	0.016,71
$SMISI_t$	732	-0.986,93	0.996,23	0.030,94	0.510,73

從表 6.8 可以看出，在研究期內，上證指數收益率和社會化媒體情緒指數均有較大幅度波動。結合 5.6.2 中的分析可知，上證指數收益率和社會化媒體情緒指數相關係數為 0.576，存在顯著的正相關性。因此，對兩者進行向量自迴歸建模分析具有實際意義。

6.3.2.3 平穩性的單位根檢驗

在 VAR 中,為了防止出現偽迴歸,要求模型中的每個時間序列變量必須是平穩的。因此,在建模之前,需要對上證日收益率 R_t 和社會化媒體情緒指數 $SMISI_t$ 進行平穩性的單位根檢驗。本書採用 ADF 檢驗(Augmented Dickey-Fuller 檢驗),結果如表 6.9 所示。

表 6.9　　　　　　　　　平穩性單位根檢驗

Variable	t-Statistic	Prob.	ADF 檢驗結果
R_t	-18.136,41	0.00	平穩
$SMISI_t$	-10.357,62	0.00	平穩

從表 6.9 可以看出,上證日收益率 R_t 和社會化媒體情緒指數 $SMISI_t$ 兩個均是平穩的時間序列,因此可以用兩者建立 VAR 模型進行迴歸分析。

6.3.2.4 滯後階數確定

最優滯後階數的選擇,直接影響到 VAR 模型參數的解釋能力,通常對 LR、FPE、AIC、SC 和 HQ 進行綜合考慮來選擇最優滯後階數。表 6.10 中顯示 0 至最大滯後階數 10 的各種信息標準。表中「 * 」表示該列信息標準中被選中的滯後階數。從該表中的結果可以判斷,上證日收益率 R_t 和社會化媒體情緒指數 $SMISI_t$ 構成的 VAR 模型最優滯後階數為 5 階。

表 6.10　　　　　　　　　VAR 滯後階數標準

Lag	LogL	LR	FPE	AIC	SC	HQ
0	35.017,63	NA	6.32e-06	-0.963,54	-0.635,87	-0.853,64
1	235.613,21	369.543,24	3.68e-07	-11.658,42	-10.694,33	-10.963,54
2	287.635,87	78.365,41	4.36e-08	-13.762,11	-12.356,41	-12.692,41
3	365.894,23	23.585,42	2.39e-09	-17.358,74	-15.963,54	-16.354,25
4	395.365,41	12.351,98	5.75e-10	-18.354,22	-16.963,42	-17.362,54
5	435.641,25	11.354,55	9.53e-11*	-18.935,46*	-17.733,54*	-17.863,54
6	476.368,41	20.635,41*	8.43e-10	-18.697,13	-17.213,64	-17.364,12
7	537.321,48	7.658,13	7.69e-10	-18.597,61	-17.136,42	-18.365,41*
8	638.316,41	10.233,62	6.29e-11	-18.324,67	-17.632,14	-17.735,42
9	693.564,71	14.351,55	2.23e-11	-17.965,13	-17.354,82	-17.963,54
10	763.521,43	8.645,82	1.50e-10	-18.694,26	-17.374,21	-17.392,23

6.3.2.5 格蘭杰因果檢驗

為驗證上證日收益率 R_t 和社會化媒體情緒指數 $SMISI_t$ 之間是否存在因果關係,確認變量的相關性是否存在統計學意義,本書對兩者進行了格蘭杰因果檢驗。前面的平穩性單位根檢驗已經驗證兩者都是平穩的時間序列,因此可以對兩者進行格蘭杰因果檢驗。滯後 5 期的格蘭杰因果檢驗結果如表 6.11 所示:

表 6.11　　　　　　　　　格蘭杰因果檢驗

Null Hypothesis:	Obs	F-Statistic	Prob.
SMISI does not Granger Cause R	732	3.965,4	0.025,1
R does not Granger Cause SMISI	732	3.423,6	0.029,6

從表 6.11 中可以看出,在 5% 的顯著性水準下,社會化媒體情緒指數 $SMISI_t$ 不是上證日收益率 R_t 的格蘭杰原因被拒絕,上證日收益率 R_t 不是社會化媒體情緒指數 $SMISI_t$ 的格蘭杰原因也被拒絕。也就是說,上證日收益率 R_t 和社會化媒體情緒指數 $SMISI_t$ 互為格蘭杰因果關係。這與索羅斯的「反射理論」[①]是一致的。

6.3.2.6 VAR 模型迴歸結果分析

通過以上分析可知,可以對根據式(6-6)建立的 VAR 模型進行 OLS 迴歸,迴歸結果如表 6.12 所示:

表 6.12　　　　　　　　　VAR 迴歸結果

	R_t	$SMISI_t$
R(-1)	0.761	0.867**
R(-2)	0.251	0.682*
R(-3)	-0.282	-0.167
R(-4)	-0.139	0.253**
R(-5)	0.463	0.594
SMISI(-1)	0.901**	0.853
SMISI(-2)	0.267**	0.624

---

① 索羅斯的「反射理論」:投資者產生的情緒在一定程度上會影響其在證券市場的投資決策,隨後這個不完全客觀的決策會改變市場,改變後的市場又會影響投資者情緒,如此循環,使得投資者過度樂觀或悲觀,從而加劇了市場的波動。

表6.12(續)

	R_t	$SMISI_t$
SMISI(-3)	0.139*	-0.045
SMISI(-4)	-0.168	0.482
SMISI(-5)	0.542**	-0.351
C	-0.942	1.634
R-sqaured	0.369	0.395
Adj. R-squared	0.325	0.376

註：** 在0.01水準(雙側)上顯著相關；* 在0.05水準(雙側)顯著相關。

從表6.12可以看出，社會化媒體情緒指數 $SMISI_t$ 對上證日收益率 R_t 存在較顯著的影響，其中滯後1天、2天和5天的社會化媒體投資者情緒對上證日收益率存在顯著的正向影響，即社會化媒體投資者情緒對投資者在隨後5天內做出的投資決策都有較大影響；上證日收益率 R_t 對社會化媒體情緒指數 $SMISI_t$ 同樣存在顯著正向影響，其中滯後1天和4天的上證日收益率對社會化媒體投資者情緒有較大影響，即證券市場的漲跌會顯著影響社會化媒體投資者情緒，且這種影響將持續4~5天。

6.3.2.7 模型穩定性檢驗

在進一步對模型進行脈衝回應分析與方差分解分析之前，需要判定VAR模型的穩定性。本書利用AR根檢驗，對VAR模型的穩定性進行檢驗。從圖6.1所示的檢驗結果可以看出，所有的特徵根均在單位圓內，故所建立的VAR模型是穩定的。

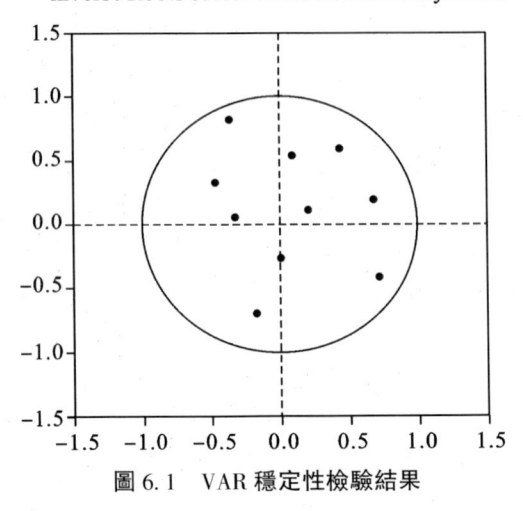

圖6.1 VAR穩定性檢驗結果

6.3.2.8 脈衝回應函數與方差分解

要研究社會化媒體投資者情緒指數 SMISI 與上證日收益率 R 滯後影響的程度與範圍，就需要對 VAR 模型進行脈衝回應函數（Impulse Response Function，IRF）分析和方差分解分析。

脈衝回應函數分析方法用於描述某一個內生變量對誤差項帶來衝擊的反應，即施加一個標準差大小的衝擊在隨機誤差項上後對內生變量所產生的影響程度。因此，本書對社會化媒體投資者情緒 SMISI 與上證日收益率 R 進行了脈衝回應函數分析，結果如表 6.13 所示。

表 6.13　上證日收益率 R 對投資者情緒 SMISI 脈衝回應結果表

Period	R_t	$SMISI_t$
1	0.038,534*	0.205,634
2	0.089,327*	0.135,014
3	0.061,325*	0.076,533
4	0.050,482*	0.063,215
5	0.049,352*	0.058,234
6	0.012,671	0.057,241
7	−0.026,517	0.052,016
8	0.010,578	0.053,032
9	0.006,813	0.046,871
10	0.004,648	0.035,861

註：* 在 0.05 水準（雙側）顯著相關。

從表 6.13 可以看出，社會化媒體投資者情緒 $SMISI_t$ 一個標準差大小的衝擊，將引起上證日收益率 R 的正向變動，這種影響在次日達到最大，隨著時間的推移，這種影響逐步減小，在前 5 期具有顯著性影響，5 期之後社會化媒體投資者情緒對上證日收益率的影響逐漸消失，這一結論與 Tsai et al.（2011）的研究結論是一致的。

方差分解把系統中的內生變量波動按照成因分解成和各方程信息相關聯的組成部分，進而得到了信息對模型中內生變量的重要程度。方差分解分析通過分析各個內生變量衝擊對方差的貢獻度，評價各個內生變量衝擊的重要性。因此，為分析社會化媒體投資者情緒 SMISI 對上證日收益率 R 的貢獻度，本書對上證日收益率 R 進行了方差分解分析，結果如表 6.14 所示。

表 6.14　　　　　　　上證日收益率 R 方差分解結果表

Period	S.E.	R_t	$SMISI_t$
1	0.013,820,3	93.653,42	6.346,58
2	0.013,835,6	90.364,13	9.635,87
3	0.013,971,9	87.625,13	12.374,87
4	0.013,974,2	85.687,13	14.312,87
5	0.013,897,2	81.326,46	18.673,54*
6	0.014,082,5	80.515,46	19.484,54
7	0.014,079,4	80.614,58	19.385,42
8	0.014,080,7	80.613,41	19.386,59
9	0.013,896,7	80.635,43	19.364,57
10	0.013,876,5	80.683,35	19.316,65

註：*代表最優滯後階數。

從表 6.14 可以看出,社會化媒體投資者情緒 SMISI 對上證日收益率 R 的影響持續 5 天左右,這個結論與脈衝回應函數分析結果一致。

6.3.3　實證結論

通過本節的基於 VAR 模型的實證分析可知,社會化媒體投資者情緒指數 SMISI 對證券市場收益率雖然不存在長期滯後效應,但存在短期滯後的正向影響。社會化媒體投資者情緒對證券市場收益率的影響將持續 5 個工作日,這種影響是一個由強變弱,最終消失的動態過程。這與程昆等(2005)的實證研究結論一致。該結論為後續利用基於社會化媒體情緒驅動的 LSTM 神經網路模型準確捕捉社會化媒體投資者情緒對證券市場波動影響的深度和廣度提供了強有力的支撐。

6.4　基於情緒驅動的 S-LSTM 深度神經網路模型

根據 6.2 節和 6.3 節分析可知,社會化媒體投資者情緒 SMISI 對市場收益率存在系統性影響,該影響是短期滯後的正向影響,是一個持續 5 期(天),由強變弱並逐漸消失的動態過程。為了更加精準地捕捉 SMISI 對市場收益率影響的深度和廣度,本書擬採用深度神經網路模型中善於處理時間序列數據

的長短期記憶(Long Short-Term Memory, LSTM)時間遞歸神經網路對 SMISI 與證券市場收益率之間複雜非線性關係做進一步的分析,依據證券市場社會化媒體投資者情緒間斷性的特徵,創新性地提出基於社會化媒體情緒驅動的長短期記憶(Sentiment-driven Long Short-Term Memory, S-LSTM)神經網路模型,大幅度提高了模型的有效性和準確性。

6.4.1 經典 LSTM 理論基礎及問題

遞歸神經網路(RNN)是人工神經網路的一種,目前被廣泛應用於基因組,識別文本、語音或手寫文字等序列數據,也常用於識別傳感器產生的數值型時間序列數據。LSTM 是 RNN 中時間遞歸網路(Recurrent Neural Network)中最常見一種結構。

遞歸神經網路與普通的前饋神經網路不同,其在某時刻的輸入包含了當前的信息和網路中上一個時刻所感知的信息。因此,遞歸神經網路包含了當前和不久之前的兩種輸入,其輸出結果由這兩種輸入共同決定。遞歸神經網路這種特有的記憶模式,使得其在語音處理、文本生成和圖像描述等方面表現良好。

然而,遞歸神經網路由於其網路層和時間步通過乘法彼此聯繫,在反向傳播時,會導致梯度消失或膨脹,使得網路最終停止學習。德國學者 Sepp Hochreiter 和 Juergen Schmidhuber 在 1997 年提出帶有長短期記憶單元的遞歸網路的變體,即 LSTM,成功地解決了梯度消失的問題。LSTM 保留誤差,並將誤差沿著時間和層兩個通道進行反向傳遞,用於修正網路中大量的參數值。LSTM 中的誤差被保持在一個恒定的水準,這樣網路便可以進行許多時間步的學習,從而建立了遠距離因果聯繫的通道。

LSTM 通過特有的門控單元(Cell)將信息存放在神經網路的正常信息流之外。單元可以像計算機內存一樣,存儲、寫入和讀取信息。「門開關」是 LSTM 中的核心部件,其決定了單元中存儲哪些信息以及何時可以讀取、寫入或清除單元中的信息。LSTM 中的「門」包括:輸入門、遺忘門和輸出門。這些「門」通過輸出範圍在 [0,1] 之間的 Sigmoid 函數與輸入向量(當前信息和歷史信息)逐元素相乘操作來確定信息的通過量。當 Sigmoid 函數值為 1 時,表示所有信息通過;其值為 0 時,表示沒有信息可以通過;其值介於 0 和 1 之間時表示部分信息通過,也即是遺忘部分信息。這些門通過自由的權重集合對

信息進行篩選，這些權重在神經網路的學習過程中進行調整。單元通過迭代的猜測、誤差反響傳導和梯度下降調整權重過程來學習到信息進入、離開或被阻止的時機。經典的 LSTM 單元結構如圖 6.2 所示：

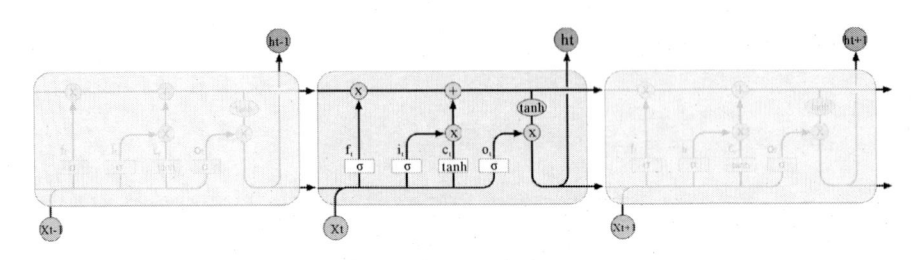

圖 6.2　經典的 LSTM 單元結構

其中，σ 為 Sigmoid 激活函數；tanh 為雙曲正切函數；淡黃色方塊為神經網路層；紅色圓圈是逐點運算符，中間乘號代表逐點乘操作，加號代表逐點加操作；X_t 代表當前時刻的輸入；h_t 代表當前時刻的輸出。

Alex et al.(2012) 以及 Hinton et al.(2012) 的研究均表明，在對時間序列數據進行預測時，LSTM 具有良好的表現。越來越多的學者開始利用 LSTM 處理證券市場中股票基本面信息的時間序列數據，並取得了較好效果。例如，Chen et al.(2016) 利用中國證券市場的歷史交易數據對股票未來收益率進行預測，成功地將收益率的基準線從 14.3% 提高到 27.2%。

經典 LSTM 在處理類似於股票交易數據這類連續時間序列數據時，表現出良好的效果。然而，社會化媒體中的投資者情緒並非每天都存在，特別是在計算個股的 SMISI 時，社會化媒體平臺中該股票的新聞或評論數可能沒有，或者非常的少，通過個別新聞或評論計算出來的 SMISI 並不能代表市場投資者情緒。因此，本書對新聞和評論數量設置閾值為 100 條[①]，即當新聞和評論數量小於 100 條時，該股票對應時間窗口的 SMISI 值為空。例如，對研究期內萬科 A 的新聞和評論數量按天進行統計，結果如圖 6.3 所示。從圖 6.3 可以看出，新聞和評論數量小於 100 條的天數有 28 天，即在研究期內萬科 A 的 SMISI 值有 28 天為空。

---

① 該閾值的確定依據對現有數據的統計觀察所得，其準確性有待驗證。該值的確認也是本書未來將展開的研究之一。

(天數)

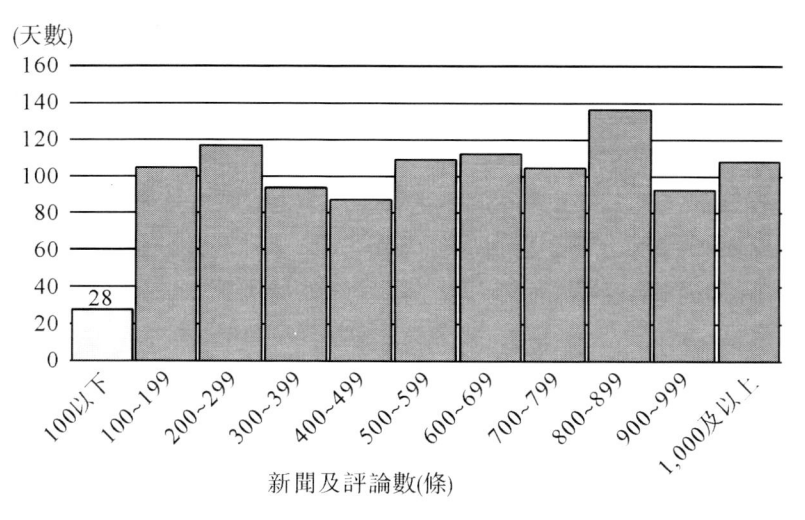

圖6.3 萬科A新聞評論數量分佈圖

由此可見,在研究個股的社會化媒體投資者情緒 SMISI 對股票收益率影響時,SMISI 為離散的時間序列數據,這種間隔可能為幾天或幾周(不同活躍度的股票間隔時間有很大差異)。針對以上問題,目前大多數學者採取的方式是捨棄沒有對應投資者情緒值時的證券市場交易數據(Huang et al., 2005)。然而這種方式會使得連續的證券市場交易數據變得不連續,失去了連貫性,會丟失很多有用的信息,嚴重影響研究的有效性和準確性。

基於以上問題,本書創新性地提出基於社會化媒體情緒驅動的 LSTM 模型(S-LSTM)。有效地解決了連續時序性的市場交易數據與離散時序性的投資者情緒相融合的問題,大幅提高了對模型判定的準確率。

6.4.2 S-LSTM 模型

6.4.2.1 輸入向量構造

從長期來看,在證券市場中證券的內在價值決定著證券價格,短期收益率受多種因素的影響,其中主要包括結構化的基本面數據和非結構化的媒體信息。股票價格體現的是投資者對公司未來現金流情況的預期,新的媒體信息會影響投資者情緒,從而改變投資者的預期。因此,S-LSTM 神經網路的輸入向量由基本面信息和媒體情感信息按照特定方式組合而成:

(1)基本面信息:參照 Fama et al.(1993)、Alkhatib et al.(2013)和 Mclean et al.(2016)的研究結果,本書選取了最能夠代表公司基本面信息的八個衡量

指標作為輸入向量的組成部分：開盤價、收盤價、日最高價、日最低價、成交量、換手率、市盈率(Price-to-Earnings ratio, P/E)和市淨率(Price-to-Book ratio, P/B)。根據何欣等(2012)的研究結論，證券市場歷史交易信息的有效影響時間為5天。因此，本書將滯後5期的信息加入輸入向量中。

(2) 社會化媒體投資者情緒指數 SMISI：依據6.3節的實證結論，SMISI對收益率的影響在5期後消失。因此，本書將滯後5期的SMISI值加入輸入向量中。根據中國證券市場開盤和收盤時間，第t日的SMISI計算並不是自然日，而是由從t-1日收盤時間（下午3點）至t日收盤時間（下午3點）的社會化媒體文本信息情感極性計算而來。對於週末和節假日，則是從上一次收盤時間開始算，例如：2017年10月9日的SMISI計算是由2017年9月29日（上一個交易日）下午3點後至2017年10月9日下午3點之前的社會化媒體文本信息情感極性計算而來。需要特別指出的是，在即時計算SMISI時，計算的時間範圍為從上次收盤時間至當前時間。

(3) SMISI 標示：為了解決SMISI離散時序時間序列帶來的問題，本書在輸入向量中加入SMISI標示位，S-LSTM深度神經網路將根據標示位對SMISI進行過濾處理。標示位的值分別為100（有SMISI值）和-100（無SMISI值）。

綜上所述，S-LSTM深度神經網路的輸入向量結構如表6.15所示：

表6.15　　　　S-LSTM 深度神經網路的輸入向量結構表

序號	描述	序號	描述	序號	描述	序號	描述	序號	描述
1	t-1日開盤價	11	t-2日最高價	21	t-3日成交量	31	t-4日市盈率	41	SMISIt-1 標示
2	t-1日收盤價	12	t-2日最低價	22	t-3日換手率	32	t-4日市淨率	42	SMISIt-1
3	t-1日最高價	13	t-2日成交量	23	t-3日市盈率	33	t-5日開盤價	43	SMISIt-2 標示
4	t-1日最低價	14	t-2日換手率	24	t-3日市淨率	34	t-5日收盤價	44	SMISIt-2
5	t-1日成交量	15	t-2日市盈率	25	t-4日開盤價	35	t-5日最高價	45	SMISIt-3 標示
6	t-1日換手率	16	t-2日市淨率	26	t-4日收盤價	36	t-5日最低價	46	SMISIt-3
7	t-1日市盈率	17	t-3日開盤價	27	t-4日最高價	37	t-5日成交量	47	SMISIt-4 標示
8	t-1日市淨率	18	t-3日收盤價	28	t-4日最低價	38	t-5日換手率	48	SMISIt-4
9	t-2日開盤價	19	t-3日最高價	29	t-4日成交量	39	t-5日市盈率	49	SMISIt-5 標示
10	t-2日收盤價	20	t-3日最低價	30	t-4日換手率	40	t-5日市淨率	50	SMISIt-5

6.4.2.2　S-LSTM 模型構造

傳統LSTM模型善於處理連續時間序列數據。然而，在影響證券市場波動率的兩個主要因素中，由證券市場歷史交易信息構成的基本面信息為連續時間序列數據，但由社會化媒體投資者情緒指數SMISI代表的媒體情感信息

為離散時間序列數據。由於有些交易日缺少 SMISI 數據,在使用 LSTM 探尋基本面信息及社會化媒體情感信息對證券市場收益率影響的廣度和深度時,將導致神經網路中保留的前期加速失效。這是因為在 LSTM 中,假設其處理的數據均為等時間間隔的。因此,為了解決該問題,本書對 LSTM 的單元進行改造,創新性地提出基於社會化媒體情緒驅動的 LSTM 模型(S-LSTM),其核心是增加了一個情緒增強門(Sentiment Enforce Gate),使得神經網路可以根據輸入向量調整記憶體中關於歷史情緒指數的強度,從而加強前期投資者情緒指數的記憶。模型單元具體改造如圖 6.4 所示:

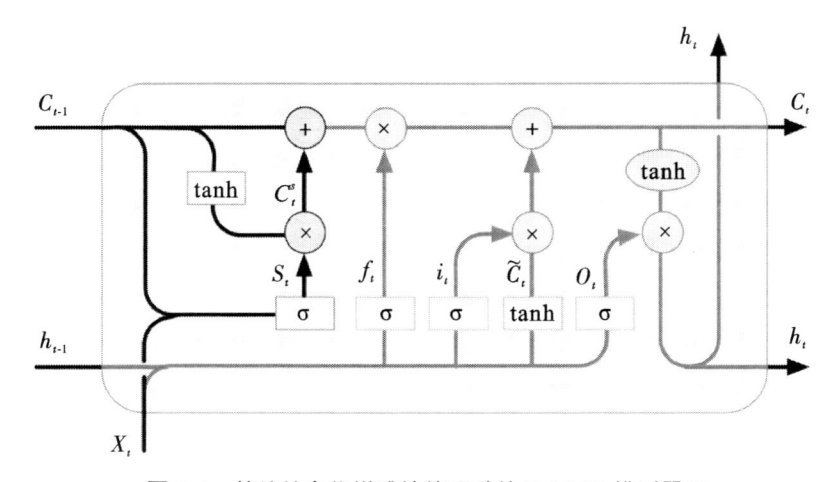

圖 6.4　基於社會化媒體情緒驅動的 S-LSTM 模型單元

從圖 6.4 中可以看出,LSTM 的關鍵在於其單元記憶的狀態(Cell State),單元記憶在整個鏈上運行,只有一些少量的線形交互,這樣信息在鏈上流傳容易保持不變,記憶得以傳遞。S-LSTM 模型的關鍵是 4 個「門」的操作:

第一步:在 t 時刻對 LSTM 中記憶 C_{t-1} 進行信息過濾前,使用 $tanh$ 函數處理 C_{t-1} 記憶信息(得到一個介於 -1~1 的值),然後再將它和 S_t 門的輸出相乘,將結果加入 LSTM 的記憶體中。這樣當交易日缺少投資者情緒指數值時,神經網路將利用已有記憶信息填充缺失信息。對於填充信息的內容和強度,正是神經網路需要學習的參數。S_t 的計算公式如 6-7 所示:

$$S_t = \sigma(W_s \cdot [C_{t-1}, \widetilde{X}_t] + b_s) \tag{6-7}$$

上式中,σ 為 Sigmoid 激活函數;W_s 為情緒增強門參數;· 為點乘操作;C_{t-1} 為上一時刻(t-1 時刻)單元記憶信息;$\widetilde{X}_t$ 為 t 時刻輸入向量中投資者情緒信息;b_s 為情緒增強門偏置項。

C_t^s 的計算公式如(6-8)所示:

$$C_t^s = S_t * tanh(W_{se} \cdot C_{t-1} + b_{se}) \quad (6-8)$$

上式中,tanh 為雙曲正切激活函數;W_{se} 為情緒增強狀態網路參數;b_{se} 為情緒增強狀態偏置項。

第二步:決定從單元記憶中丟棄哪些信息,即遺忘門(Forget Gate)的確定。這一步首先根據 t 時刻的當前輸入 X_t 以及 t-1 時刻的輸出 h_{t-1},結合 Sigmoid 激活函數得出需要丟棄對當前收益率判定無用的信息量 f_t。然後利用 f_t 與加強過後的 C_{t-1} 進行逐個點乘操作,更新單元記憶狀態,即丟棄掉單元記憶中的無用信息。f_t 的計算公式如(6-9)所示:

$$f_t = \sigma(W_f \cdot [h_{t-1}, X_t] + b_f) \quad (6-9)$$

其中,W_f 為遺忘門參數;h_{t-1} 為上一時刻(t-1 時刻)輸出信息;X_t 為 t 時刻輸入向量信息;b_f 為遺忘門偏置項。

第三步:添加新的信息到單元記憶中,即輸入門(Input Gate)的確定。這一步首先根據 t 時刻的當前輸入 X_t 以及 t-1 時刻的輸出 h_{t-1},結合 Sigmoid 激活函數得出需要添加對收益率有用的信息量 i_t,同時利用 tanh 層創建一個新的候選值向量 $\widetilde{C}_t$。然後利用 i_t 與 $\widetilde{C}_t$ 進行逐點乘操作,得到需要添加到記憶中的新信息。最後通過逐點加操作將新信息加入單元記憶中,得到當前時刻的單元記憶 C_t。i_t 的計算公式如(6-10)所示:

$$i_t = \sigma(W_i \cdot [h_{t-1}, X_t] + b_i) \quad (6-10)$$

上式中,W_i 為輸入門參數;b_i 為輸入門偏置項。

$\widetilde{C}_t$ 的計算公式如(6-11)所示:

$$\widetilde{C}_t = tanh(W_c \cdot [h_{t-1}, X_t] + b_c) \quad (6-11)$$

上式中,W_c 為單元記憶臨時狀態網路參數;b_c 為單元記憶臨時狀態網路偏置項。

C_t 的計算公式如(6-12)所示:

$$C_t = f_t * (C_{t-1} + C_t^s) + i_t * \widetilde{C}_t \quad (6-12)$$

第四步:基於目前單元最新的記憶得到當前輸出,這一步首先利用一個 Sigmoid 層得到 O_t,確定單元記憶中的輸出部分。然後利用 tanh 激活函數映射單元記憶,再將它和 Sigmoid 的輸出 O_t 相乘,得到當前 t 時刻的輸出 h_t。O_t 的計算公式如(6-13)所示:

$$O_t = \sigma(W_o \cdot [h_{t-1}, X_t] + b_o) \quad (6-13)$$

上式中，W_o 為輸入門參數；b_o 為輸入門偏置項。

h_t 的計算公式如(6-14)所示：

$$h_t = O_t \cdot tanh(C_t) \qquad (6-14)$$

通過增加的投資者情緒增強門 O_t，S-LSTM 在缺失 SMISI 值的交易日也可以利用網路中現有的記憶填補缺失值，這與社會化媒體情緒對投資者在投資決策時的影響機理是一致的，從而成功地解決了社會化媒體投資者情緒為離散時間序列給傳統 LSTM 網路模型帶來的問題。通過實驗評測可以發現，S-LSTM 在依據股票基本面信息和 SMISI 對收益率變化方向做出判斷時，其準確率要明顯高於傳統 LSTM 模型。

利用改造後的 LSTM 單元，本書構建了含有兩個 LSTM 和兩個 Dense[①] 層組成的四層的深度神經網路，各層主要參數如圖 6.5 所示：

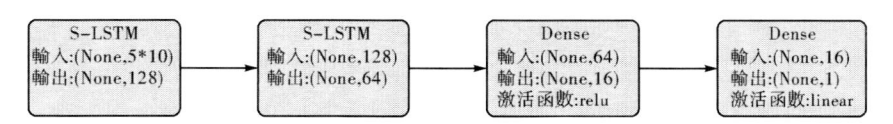

| S-LSTM
輸入:(None,5*10)
輸出:(None,128) | → | S-LSTM
輸入:(None,128)
輸出:(None,64) | → | Dense
輸入:(None,64)
輸出:(None,16)
激活函數:relu | → | Dense
輸入:(None,16)
輸出:(None,1)
激活函數:linear |

圖 6.5　基於社會化媒體情緒驅動的 S-LSTM 模型構建

6.4.3　S-LSTM 性能評估指標

在證券市場波動的研究中，為驗證模型的性能，通常對兩種不同的目標進行衡量：一種是預測股票價格、指數或投資回報；另一種是預測股票價格、指數的走勢，通常分為價格的漲或者跌(Schumaker et al., 2009)。預測證券市場走勢對於市場制定有效的交易策略是有意義的。但隨著金融市場的發展，以及海量歷史交易數據和社會化媒體文本信息的出現，對特定股票價格、指數或收益的預測可為決策者提供更準確的風險調整策略，從而幫助投資者獲得更多的交易利潤(Kara et al., 2011)。因此，本書通過對特定股票價格的預測來驗證 S-LSTM 深度神經網路的性能。

本書採用均方根誤差、平均絕對誤差以及平均絕對百分誤差三個常用指標來衡量網路的性能：

（1）均方根誤差(Root Mean Square Error, RMSE)：均方根誤差是預測值和真實值的誤差平方根的均值，通常用來衡量預測值和真實值之間的偏差。

[①] Dense 層，即全連接層(Fully connected layers, FC)，是一個矩陣乘法，相當於特徵空間轉換，可以把網路前面所有的信息提取整合。

RMSE 的值越小,說明預測模型對實驗數據具有更好的精確度。其計算公式如(6-15)所示:

$$RMSE = \sqrt{\frac{1}{n}\sum_{t=1}^{n}(A_t - P_t)^2} \qquad (6-15)$$

上式中, n 是樣本數量; A_t 是第 t 個樣本的真實目標值; P_t 是第 t 個樣本的預測目標值。

(2)平均絕對誤差(Mean Absolute Error, MAE):平均絕對誤差是絕對誤差的平均值。由於其值為相對數,不受預測值與真實值的單位大小影響,故其能更客觀地反應預測值誤差的實際情況。其計算公式如(6-16)所示:

$$MAE = \frac{1}{n}\sum_{t=1}^{n}|A_t - P_t| \qquad (6-16)$$

(3)平均絕對誤差百分比(Mean Absolute Percentage Error, MAPE):平均絕對誤差百分比不僅僅考慮真實值和預測值的誤差,還檢驗了誤差與真實值之間的比例,是很常用的一個衡量預測準確性的指標。其計算公式如(6-17)所示:

$$MAPE = \frac{1}{n}\sum_{t=1}^{n}\left|\frac{A_t - P_t}{A_t}\right| \times 100 \qquad (6-17)$$

6.4.4　S-LSTM 深度神經網路訓練實驗

為驗證 S-LSTM 深度神經網路的有效性和準確性,本書對 S-LSTM 深度神經網路進行了訓練實現,具體如下所述:

6.4.4.1　數據來源

本書選取中國證券市場最具代表性的上證 100 指數中的樣本公司作為研究對象,主要數據包括了研究期內代表這些公司基本面信息的歷史交易數據和社會化媒體投資者情緒指數 SMISI 數據。其數據具體描述如下:

(1)公司基本面數據:上證 100 指數的樣本股每年 7 月和次年 1 月的第一個交易日會根據營業收入增長率、淨資產收益率的綜合排名進行調整。因此根據研究期(2015 年 1 月 1 日至 2017 年 12 月 31 日)的設定,本書選取了其中 90 家公司的市場交易數據進行實驗。根據 6.4.2 節的設定,主要包括:開盤價、收盤價、日最高價、日最低價、成交量、換手率、市盈率和市淨率。

(2)社會化媒體投資者情緒 SMISI:根據 6.4.2 節的設定,SMISI 數據為選取的 90 家公司研究期內對應交易日的社會化媒體投資者情緒指數。

6.4.4.2 基本面數據預處理

為了提高 S-LSTM 深度神經網路的準確性和性能,首先需要對證券市場歷史交易數據進行預處理,使得數據符合 S-LSTM 深度神經網路的數據規範。在利用 S-LSTM 深度學習神經網路進行證券市場波動預測時,需要將股票市場歷史交易數據與社會化媒體投資者情緒 SMISI 構成的向量作為神經網路的輸入。不同特徵維度數據往往具有不同的量綱和單位,這會嚴重影響機器學習的效果和效率。通過對數據進行標準化處理,將消除特徵指標之間的量綱影響。標準化處理中最典型的方法就是對數據做歸一化處理,也就是將預處理後的數據限定在一定的範圍,通常是[0,1]或者[-1,1]的範圍。

在 S-LSTM 深度神經網路中使用時序反向傳播算法(Back Propagation Through Time,BPTT)來更新神經網路中的權重和偏置項,其中的關鍵技術是梯度下降。如果未進行歸一化,特徵向量中不同特徵之間的取值差異非常大時,將導致目標函數(損失函數)變得非常扁,在梯度下降時,梯度減少的方向會偏離,從而導致訓練的時間過長[如圖 6.6(a)所示]。在對數據進行歸一化處理後,特徵向量的特徵取值均在較小範圍內,這樣的目標函數呈現出近似圓的形狀,訓練速度將大大提高[如圖 6.6(b)所示]。

(a)未進行歸一化處理　　　　(b)歸一化處理後

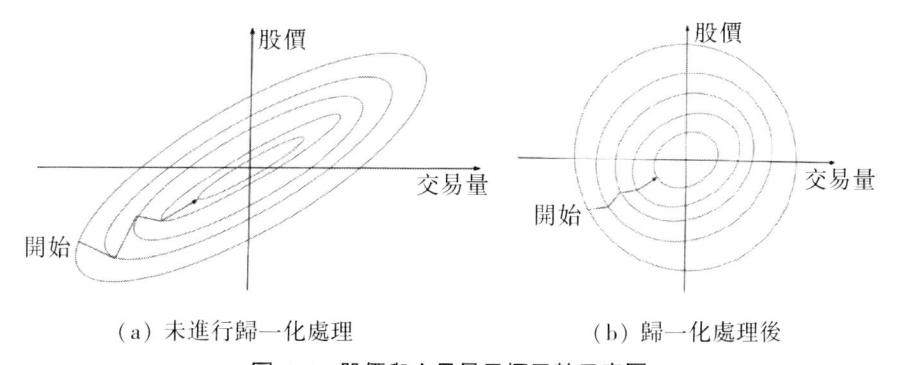

圖 6.6　股價與交易量目標函數示意圖

本書使用的證券市場數據均為市場真實交易數據,不存在異常值(過大或者過小的值),並且每個特徵內部的數值相對比較集中,為了提高模型速度,採用最大最小標準化法(min-max Normalization,又稱為離差標準化)對證券市場數據進行歸一化,將數據映射到[0,1]之間,其轉換函數如(6-18)所示:

$$x' = \frac{x - min(x)}{\max(x) - min(x)} \quad (6-18)$$

上式中，x 為特徵變量原始值，x' 為歸一化後的值。

6.4.4.3 數據集劃分

與第 4 章的 CSCNN 深度神經網路類似，為了驗證模型的分類效果，需要將數據集劃分成：訓練集和測試集。由於在 S-LSTM 的數據中，證券市場交易數據和社會化媒體投資者情緒均為時間序列數據，這類數據集的劃分不能採用傳統的隨機打亂分割的方式，因為打亂後會使得模型學習到通過未來的數據預測過去的數據。因此，本書根據時間序列數據的特性，按照時間對數據集進行劃分。

數據集的劃分仍然依據 80/20 的原則劃分成兩部分，將時間序列前面的 80% 作為訓練集和驗證集，後面的 20% 作為測試集。根據統計結果，研究期內總的交易日為 732 天。因此，將前面 586 天的數據作為訓練數據，後面的 146 天作為測試數據，即以 2017 年 6 月 1 日對數據集進行劃分，如圖 6.7 所示：

圖 6.7　S-LSTM 樣本數據集劃分

在訓練集中，需要利用 10-fold 交叉驗證（Cross Validation，CV）將數據分為訓練數據和測試數據。對於時間序列數據同樣不能採用隨機打亂後按比例切分（具體描述參見 4.4.5 節）的方式進行劃分。因此，本書對測試集採用固定時間窗口滑動的方式進行切分，每次取測試數據集中連續的 90% 的數據作為訓練數據，剩餘 10% 的數據進行驗證。

6.4.5　S-LSTM 深度神經網路訓練實驗測評

為了衡量 S-LSTM 深度神經網路的有效性和準確性，本書從目前證券市場股票短期價格預測機器學習模型中選出三種表現較好的模型與 S-LSTM 進行比較，分別是：

6.4.5.1　支持向量迴歸模型（Support Vector Regression，SVR）

為解決小樣本、非線行和高緯模式識別的問題，Cortes 和 Vapnik 於 1995

年提出支持向量機(Support Vector Machine,SVM)。SVM 是最有影響力的監督學習算法之一,其核心思想是找出一個分類平面,使得兩個分類的所有數據離分類平面最遠,分類平面上的點稱為支持向量,其本質為分類問題。Vapnik 和 Drucker 在 1997 年將這個思路用於迴歸問題,提出支持向量迴歸,即找出一個使得集合中所有數據離其最近的迴歸平面。SVR 通過升維後,在更高維的空間構造出線性決策函數,從而實現線性迴歸。Phayung et al.(2013)利用支持向量迴歸對達卡證券交易所(Dhaka Stock Exchange, DSE)2009—2012 年的數據進行了實驗,達到了較好的預測效果。

6.4.5.2　人工神經網路(Artificial Neural Network, ANN)

人工神經網路受到人類神經網路功能運作啓發而產生,是一種模仿生物神經網路結構和功能的計算機模型,通常用於對函數進行估計,通過大量的神經元聯結計算。人工神經網路的核心是一組可以被學習算法調節的數值參數,可以用於估計輸入數據中的非線性函數關係。本書的 CSCNN 和 S-LSTM 深度神經網路正是以 ANN 為基礎演變而來的。其在分類、迴歸和模式識別等問題中具有較好的表現,因此 Dase et al.(2010)、Guresen et al.(2011)和 Bollen et al.(2011)等大量研究者將其運用在股票價格預測中。

6.4.5.3　增強樹(Boosted Trees, BT)

增強樹的核心思想是將一組「弱」學習模型(基礎模型)[①]組合起來構造出一個高準確率的學習模型。增強樹利用「更重要的權重」(Importance Weights)來強制模型更加關注有更大誤差的樣本,通過對這些樣本的迭代學習來更新權重,最後通過投票的方式將這些「弱」模型組合構成一個「強」的學習模型。Wu et al.(2005)使用決策樹為基礎模型對臺灣和納斯達克股市指數的漲跌進行了預測。Sundén et al.(2010)利用斯德哥爾摩證券 2003 年 1 月 1 日至 2008 年 1 月 1 日的數據為樣本,分別使用決策樹和迴歸樹為基礎模型進行指數漲跌和公司股票價格預測,取得了較好的效果。在本書中,使用迴歸樹作為增強樹模型的基礎模型。

為驗證 S-LSTM 模型對經典 LSTM 模型的改進,本書同時利用經典 LSTM 模型預測並進行比較研究。

本書利用均方根誤差(RMSE)、平均絕對誤差(MAE)和平均絕對誤差百

---

① 弱學習模型是指比隨機猜測的表現稍微好一些的學習模型,這種模型複雜度低、訓練成本低、不容易出現過擬合問題。

分比(MAPE)三個衡量指標對 SVR、ANN、BT、LSTM 和 S-LSTM 模型的預測結果進行評估,預測目標為次日股票的收盤價。RMSE、MAE 和 MAPE 的取值為 90 只股票的平均值。在僅利用基本面數據,即以市場交易數據作為輸入向量時的結果如表 6.16 所示:

表 6.16　　　　機器學習模型預測結果對比表(基本面)

	訓練			測試		
	RMSE	MAE	MAPE(%)	RMSE	MAE	MAPE(%)
SVR	1.538	1.361	2.683	3.016	3.137	5.036
ANN	1.204	1.137	1.892	1.687	1.762	1.968
BT	0.893	0.768	1.095	1.182	0.964	1.364
LSTM	0.901	0.758	1.025	1.282	1.028	1.382
S-LSTM	0.870	0.754	0.938	1.179	0.916	1.267

從表 6.16 可以看出,在僅使用基本面數據的情況下,5 個模型在訓練集上的表現比較接近。然而,在測試集中,SVR 的測試誤差相對於訓練誤差增加了近 2 倍,這可能與輸入向量的維度過大有關。測試誤差大幅上升意味著嚴重的過擬合問題,由於輸入向量中包含了近 40 個特徵,模型帶有太多的參數,過於複雜,使其難以泛化。SVR 在遇到過高維度的情況下,難以泛化問題尤為嚴重。SVR 試圖選擇重要樣本來避免過擬合問題,但在如此高維的空間中,樣本過分稀疏,使其難以辨別各樣本。

將基本面數據和社會化媒體投資者情緒 SMISI 加入輸入向量後的結果如表 6.17 所示:

表 6.17　　　　機器學習模型預測結果對比表(基本面+SMISI)

	訓練			測試		
	RMSE	MAE	MAPE(%)	RMSE	MAE	MAPE(%)
SVR	1.635	1.260	2.571	1.867	1.452	2.602
ANN	0.936	0.861	1.680	1.130	0.964	1.739
BT	0.769	0.640	0.937	0.719	0.751	0.982
LSTM	0.781	0.740	1.052	0.819	0.731	1.047
S-LSTM	0.638	0.624	0.735	0.621	0.708	0.781

比較表6.16和表6.17可以看出,在加入社會化媒體投資者情緒SMISI後,ANN、BT、LSTM和S-LSTM模型的準確率均有較高大提升,這說明無論使用哪種機器學習模型,加入SMISI均對預測準確率的提高有所幫助。但是SVR的變化並不明顯,這可能與維度增加(50個維度),使得SVR更加難以處理如此高維度映射空間樣本有關。在僅使用基本面數據進行預測時,雖然LSTM、S-LSTM與BT的誤差在訓練集和測試集中非常接近,但LSTM和S-LSTM模型依然表現得更好。由此可見,在忽略社會化媒體投資者情緒時,在處理時間序列數據的問題上,引入長短期記憶,有助於發現時間序列數據中隱含的規律和模式,從而有利於對證券市場波動的預測。

加入SMISI後,S-LSTM模型的誤差明顯要小於SVR、ANN、BT和經典LSTM模型。這說明在帶有社會化媒體情緒指數的情況下,對於證券市場歷史交易數據這類連續時序性數據與社會化媒體情緒指數這類離散時序性數據的融合處理,極大地提高了深度神經網路預測的準確性。

通過上述討論可知,S-LSTM模型在提前一天預測股票價格時表現最好。為全面驗證模型的有效性,本書對不同時間跨度的預測結果進行了比較分析,結果如表6.18所示:

表6.18　　　　　　　　　不同時間跨度預測性能表

目標	RMSE	MAE	MAPE	目標	RMSE	MAE	MAPE
Lag1	0.626	0.637	0.780	Lag6	0.876	1.237	1.110
Lag2	0.607	0.642	0.738	Lag7	0.963	1.862	1.190
Lag3	0.641	0.674	0.839	Lag8	2.689	2.371	2.461
Lag4	0.671	0.889	0.853	Lag9	2.621	2.618	2.259
Lag5	0.663	0.708	0.728	Lag10	2.765	2.861	2.658

註:LagX代表提前X天預測股票價格。

從表6.18的結果可以看出,隨著預測時間跨度的增加,S-LSTM的性能表現呈下降趨勢。這與實際證券市場中時間間隔越長的信息對股票價格影響力越小的現象是一致的。需要特別指出的是,在第5天後,預測的誤差大幅增加,這與6.3節中證券市場歷史交易數據和社會化媒體投資者情緒指數SMISI對證券市場收益率影響逐漸減小並在5期後消失的結論是一致的。

6.4.6 基於 S-LSTM 深度神經網路的投資模擬

S-LSTM 深度神經網路的目標是探析社會化媒體投資者情緒對證券市場波動影響的廣度和深度，在此基礎上，S-LSTM 具有股票價格預測的功能。因此，本書利用 S-LSTM 進行了投資模擬，並與 2 個經典交易策略進行了比較。結果證明 S-LSTM 在模擬的投資過程中是表現得最好的。

6.4.6.1 基於 S-LSTM 的投資策略描述：

在進行模擬投資時，重要的是要把握股票買賣的原則。通用的做法是設置「閾值」，當預測值和當前股價之差大於閾值時，進行買賣交易操作，否則不執行（James，1968）。通過模擬測試，S-LSTM 將閾值設置在 1%時投資收益效果最佳。根據中國證券市場相關規則以及 S-LSTM 模型的設定，模擬投資策略如下：

- 交易時間：研究期內最後 90 個交易日，即 2017 年 8 月 21 日至 2017 年 12 月 29 日連續 90 個交易日。
- 初始資金：10,000 元人民幣。
- 買入操作：考慮到中國的「T+1」交易機制以及操作成本，且 S-LSTM 預測的為收盤價格，出於簡化策略對比分析的考慮，設定當預測第二日收盤價高於開盤價 1%且帳戶有足夠剩餘資金時，在開盤時觸發買入操作。
- 賣出操作：類似於買入操作，當預測第二日收盤價低於開盤價 1%且帳戶有該股票並可以賣出時，在開盤時觸發賣出操作。

6.4.6.2 對比策略選擇

本書將 S-LSTM 深度神經網路模型與以下 2 個經典的交易策略進行了比較分析：

- 動量投資策略（JT）：該策略是由 Jegadeesh 和 Titman（1993）制定的，其核心是「選擇過去表現好的股票買入，選擇過去表現差的股票賣出」，即「追漲殺跌」。周琳傑等（2002）對中國股市進行了實證研究發現存在動量效應，且一個月的形成期和持有期時盈利性最顯著。張強等（2007）的研究表明在中國股市中，熊市期間動量效應較顯著，但牛市期間並不顯著。王明濤等（2015）在基於過去 52 周最高價格對新動量交易策略在 A 股市場進行實證研究時也發現，該策略在熊市階段收益顯著。根據道氏理論①，研究期處於熊市

---

① 道氏理論認為牛市和熊市大約持續 1~4 年時間，股價升（降）幅度超過 20%。

階段,因此本書參照王明濤等(2015)的做法,對2017年8月21日至2017年12月29日的中國證券市場進行了模擬投資。

• 文本系統策略(AZFinText):該策略是由Schumaker和Chen(2009b)提出的。Schumaker和Chen(2009)基於雅虎財經上的財經新聞,通過提取新聞中的名詞以及專有名詞,利用支持向量迴歸模型挖掘出財經新聞和對應股票價格之間的非線性關係。AZFinText可以對財經新聞發布20分鐘之後的股票價格進行預測。因此本書參照Schumaker和Chen(2009b)的做法,對2017年8月21日至2017年12月29日的中國證券市場進行了模擬投資,新聞來源採用的是新浪財經。

6.4.6.3 投資策略比較分析

本書最終利用基於S-LSTM、JT和AZFinText的策略在研究期內2017年8月21日至2017年12月29日連續90個交易日進行了模擬投資。投資收益的結果如圖6.8所示。在90個交易日後,上證指數從3,268.72點上升到3,307.17點,上漲了1.18%;通過動量投資策略(JT)的模擬投資最終收益為537.74點,帳戶資金增長了5.38%;通過文本系統策略(AZFinText)的模擬投資最終收益828.35點,帳戶資金增長了8.28%;通過基於S-LSTM策略的模擬投資最終收益為1,998.59點,帳戶資金增長了19.99%,遠超上證指數收益率。

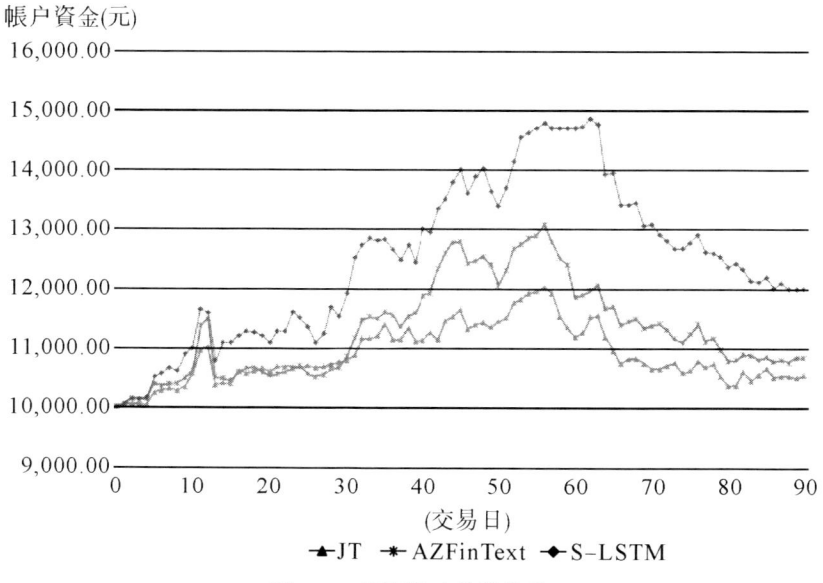

圖6.8 投資策略收益比較

通過投資結果可以看出，3種投資策略的最終收益率均超過了大盤收益率，說明這3種投資策略均可為投資者帶來超額收益。其中S-LSTM的表現最佳，在整個投資期內的帳戶資金餘額始終高於其他兩種方式。值得注意的是，基於S-LSTM和AZFinText的投資策略均對投資者情緒進行了挖掘，並將其作為影響股票收益率的重要影響因子加入模型中，這兩種投資策略的收益率都高於動量投資策略，這說明在中國證券市場中，基於社會化媒體的投資者情緒依然是影響投資者進行投資決策的重要因素，通過它可以提高對證券市場波動率預測的準確度。

觀察基於S-LSTM的投資策略帳戶餘額曲線可以發現，該策略在第58、59、60、67、74和89個交易日的帳戶資金餘額沒有變動，這可能是S-LSTM提前判斷出相應股票受投資者情緒影響，將出現下跌，進而空倉未參與交易，避免了損失。該策略的收益在第62個交易日達到最高，帳戶資金增長48.48%，但在隨後的第64個交易日出現大幅回調，這是因為在該交易日，開盤即出現股指大跌，根據基於S-LSTM的投資策略在開盤賣出，這也不可避免地會有較大的損失。另外在隨後均出現回調，此時市場處於震盪下跌區間，基於S-LSTM的策略在此類交易日中對操作的設定還有很大改進的空間。

6.5　本章小結

本章借助社會化媒體投資者情緒指數SMISI對社會化媒體投資者情緒與證券市場波動的特徵指標之間的關係進行了實證分析，並利用基於深度神經網路的模型更加精準地探尋了SMISI對證券市場波動影響的廣度和深度。

首先，基於改進Fama五因子模型對SMISI與證券市場收益率進行了實證分析，實證結果表明，SMISI對證券市場收益率存在系統性影響。

其次，基於VAR模型對SMISI與證券市場收益率進行了實證分析，實證結果表明，SMISI對證券市場收益率不存在長期的後效應，但存在短期的正向影響。並發現了SMISI對證券市場收益率的影響將持續5期，最終其影響消失。

最後，創新性地提出基於社會化媒體情緒驅動的S-LSTM深度神經網路模型，將連續時序性的證券市場歷史交易數據與離散時序性的SMISI有效融合作為神經網路的輸入向量，對證券市場股票價格做出預測。將S-LSTM與

經典的支持向量迴歸(SVR)、人工神經網路(ANN)和增強樹(BT)模型的預測效果進行比較發現,S-LSTM深度神經網路的預測準確率最高。本書將基於S-LSTM模型的投資策略與動量投資策略(JT)和文本系統策略(AZFinText)進行比較發現,基於S-LSTM模型的投資策略收益率遠超其他兩種策略,在指數上漲1.18%的區間獲得了19.99%的超額收益。

綜上所述,社會化媒體投資者情緒指數SMISI對證券市場收益率存在系統性影響,其影響的深度和廣度可以通過S-LSTM深度神經網路更精確的捕捉,這將為證券市場監管者、上市公司管理者和市場投資者在做出相應決策時提供重要參考。本書下一章將基於以上研究,應用社會化媒體效應量化智能分析平臺(SMQIP),從這三個不同的角度提出政策建議,為基於大數據社會化媒體效應影響下的中國證券市場的穩定與繁榮做出貢獻。

7 面向證券市場策略的 SMQIP 檢驗與分析

人類信息交流經歷了從以火為信號的「烽火相傳」的原始通訊階段,到以電話為代表的光電通訊時代,再到以計算機網路為載體的互聯網時代,現在已進入以數據為基礎的大數據時代。自從證券市場出現開始,信息就是影響資本定價的重要因素,不斷對市場進行重構。信息傳遞手段隨著時間不斷演變,特別是在大數據時代,信息以前所未有的速度和體量衝擊著證券市場。隨著基於互聯網的社交媒體的發展,媒體信息伴隨著證券市場的「羊群效應」帶來的影響力空前強大。在大數據環境中,傳統的監管方式、治理手段和投資決策認知已經無法適應新的環境要求。本章以社會化媒體效應量化智能分析平臺(SMQIP)為手段,在理論和實踐兩個層面上,從證券市場監管、上市公司管理和投資者認知行為三個不同的角度,全面系統地探討基於大數據的證券市場社會化媒體效應。

7.1 相關分析

大數據時代的來臨,使得人們獲取新信息的途徑發生了根本的變化,進而改變著證券市場各參與主體之間的關係。大數據提供了一種史無前例的方式,通過對海量大數據的挖掘分析,可以從中獲得帶有巨大價值的服務或深刻的見解。身處大數據時代的人們的思維具有革命性轉變:首先,分析不再是依靠少量樣本,而是與目標相關的所有數據;其次,基於大數據紛繁複雜的特性,對於分析結果不再要求過高的精確度;最後,更加關注事物的相關關係,而放棄探索事物間難以發現的因果關係。

社會化媒體平臺是大數據的重要組成部分。用戶在平臺上自由地發布、

評價、回復和引用各類內容,即用戶產生內容(User Generate Content,UGC)。信息在平臺上呈指數級爆炸式的增長,為證券市場監管者、上市公司管理者和投資者等市場各方均帶來前所未有的挑戰。在此背景下,本書創新性地提出社會化媒體效應量化智能平臺(Social Media Quantitative Intelligent Platform,SMQIP),為證券市場監管者治理證券市場提供新的思路,為上市公司管理者治理公司提供新的途徑,為投資者進行投資決策提供新的手段。

7.1.1 技術可行性分析

大數據憑藉其預測的核心功能,已經在經濟金融的各個領域得到了廣泛的應用。英國政府稅務部門利用基於大數據的行為檢測模型發現了總額超過200億英鎊的偷稅漏稅和詐欺案件,從而為政府挽回了數十億英鎊的損失。荷蘭第三大人壽保險公司CZ利用大數據,在主動支付賠償金前,對可能的騙保和虛假索賠行為進行辨別,幫助CZ公司阻止了大量損失的發生。大數據在國內銀行業也被廣泛應用,例如中信銀行將大數據技術應用於行銷中;招商銀行利用大數據技術發展小微貸款,使得貸款業務變得精準快捷;光大銀行專門建立了基於社交網路的信息數據庫系統用於客戶貸款和客戶關係管理。銀行業對大數據的應用主要基於:用戶畫像,即基於用戶在社會化媒體上的行為數據、在電商網站的交易數據刻畫出用戶的消費能力、人口統計學特徵、風險偏好等,根據企業客戶產業鏈上下游的數據刻畫出企業生產、流通、營運、銷售和財務等特徵;精準行銷,即在客戶畫像的基礎上進行即時行銷、交叉行銷和個性化推薦;風險管控,即對個人或中小企業貸款時基於大數據進行風險評估,進行即時的詐欺交易識別等。在電子商務領域,憑藉電子商務平臺天然擁有大量的消費者數據,淘寶、京東和亞馬遜等大量電子商務企業利用大數據分析技術,對用戶的歷史交易數據、好友數據和網頁瀏覽習慣等進行分析,真正實現了針對單個用戶的差異化廣告推送和精準行銷,其行銷效果遠遠超過傳統的紙媒或電視傳媒的廣告「轟炸」模式,為企業帶來了大量的利潤。這些成功的大數據應用案例為SMQIP的構建提供了有益的參考和借鑑,為SMQIP構建的可行性提供了充分的證明。

根據李凱(2000)、劉智(2003)和劉偉(2009)等的研究,中國證券市場隨著市場監管方面制度的不斷完善,證券市場有效性在逐步提高,但目前尚處於弱有效性市場階段。這也就意味著,公開信息對證券市場的資本定價依然存在顯著影響。如何有效地利用信息已經成為證券市場各參與方迫在眉睫

的問題。為提高市場的運行效率,給投資者提供一個有真正意義的價值投資的環境,證券市場迫切地需要一個公開、公正、透明、集合市場各參與方的信息溝通平臺,將證券市場建設成為實體經濟提供持續健康發展支持的有益的生態圈。周彥(2012)和崔亮(2013)等均驗證了搭建基於投資者情緒集市場監管部門、上市公司和投資者於一體的信息溝通平臺的有效性。

2014年5月13日中國證監會發布的《關於進一步推進證券經營機構創新發展的意見》中指出,「證券市場管理部門需轉變監管方式,加強事中監管與動態監測監控和以風險、問題為導向的現場檢查。強化事後監管,加大執法力度,完善日常監管機構、稽查執法部門和自律組織之間的監管執法聯動機制。為證券市場相關監管平臺建設提供政策支持。」

綜上所述,本書認為建立以集市場參與各方於一體的SMQIP為核心的證券市場有效生態圈具有一定的可行性,該平臺為實現中國證券市場長期健康穩定的發展具有積極的現實意義。

7.1.2 相關法律問題探討

《中華人民共和國憲法》(以下簡稱《憲法》)賦予了人民言論自由的權利。在互聯網上發布信息是公民的基本權利。《憲法》的總綱中明確指出:「中華人民共和國的一切權力屬於人民。」同時,《憲法》第35條規定:「中華人民共和國公民有言論、出版、集會、結社、遊行、示威的自由。」

然而,在以自由為基石的互聯網上,若允許用戶匿名隨意發布信息,匿名用戶無須對所發布的信息承擔必要的責任,這種沒有監督的言論自由必然會被少數人惡意利用,形成網路輿論,煽動公眾情緒,影響社會穩定。公眾的「言論自由」在這類輿論的引導下而失真,從某種意義上來說,這是公眾「言論自由」權利的喪失。依靠網路輿論自身無法真正達到「言論自由」的目的。

互聯網作為一個虛擬的空間,特別是社會化媒體平臺,是一個虛擬社區,用戶匿名自由地發布言論,是虛假消息傳播的溫床。充斥在社區中的虛假信息使得人們無法判斷信息的真假,極大地提高了人們獲取真實有效信息的成本,更為嚴重的是可能引發極端行為,影響人們的正常生活秩序。在證券市場中,大部分投資者主要依靠各類媒體,特別是基於互聯網的社會化媒體,獲取信息(Tetlock,2008),這就為少數不法分子利用社會化媒體操縱市場提供了便利。中國證監會的《證券市場操縱行為認定辦法》中對市場操縱行為的認定是:「指行為人的行為是證券交易價格異常或形成虛擬的價格水準,或者

證券交易量異常或形成虛擬的交易量水準的重要原因」。被操縱的市場價格將損害絕大多數投資者的利益。

　　從傳播學的角度來看,絕大部分的個體都有「從眾心理」的心理現象,個體受到外界影響,表現出的認知和判斷符合大多數人或公眾輿論的行為方式。在互聯網上,由於信息傳遞的速度快,傳播範圍廣,尤其類似於朋友圈這種「熟人」的環境下,人們往往對信息不加甄別,全盤接受,從而導致網路輿論或社會化媒體情緒一邊倒的局面。由於「沉默的螺旋」效應,更容易在證券市場形成「羊群效應」。當「從眾心理」被個別人惡意利用時,就會造成市場動盪,使得大多數投資者的利益受損。值得注意的是,並非只有虛假消息才會被利用。例如在 2015 年 5 月,有多家媒體共同報導了關於「長江證券研報預測三季度或提高印花稅」的新聞,該新聞雖非虛假消息,但在被多家媒體共同報導後,並沒有及時做出輿情疏導,使得網路平臺上一片譁然,引發市場劇烈震盪。

　　基於以上分析,本書認為,人們享有的言論自由是《憲法》賦予的神聖權利,但同時人們也應當履行言論自由不侵犯他人和社會公共利益的義務。言論自由的權利不能以侵犯公眾利益為代價,更不可利用言論自由,在損害他人利益的基礎上,使得自己獲益。

　　因此,本書提出的社會化媒體效應量化智能平臺(SMQIP),利用人工智能的手段,從社會化媒體平臺自動獲取分析海量數據,量化證券市場環境下社會化媒體情緒,使得在市場監管者、上市公司管理者和投資者的共同參與下,以市場監管部門適度干預為前提,建立一個公開、公正和透明的證券市場環境成為可能。

7.2　SMQIP 決策支持總體設計

　　社會化媒體效應量化智能分析平臺(SMQIP)的目的是幫助證券市場監管者和相關政策制定者及時準確瞭解市場投資者理性及非理性行為的特徵,從而維護中國證券市場的穩定,使得市場能長遠健康發展;幫助上市公司掌握與公司股票相關的市場特質,進而為公司未來投資提供更加可靠的決策支撐;幫助投資者瞭解市場特性,把握市場波動脈搏,制定出利潤最大化的投資組合策略。SMQIP 決策支持總體設計主要包括核心算法層和決策支持層,如圖 7.1 所示:

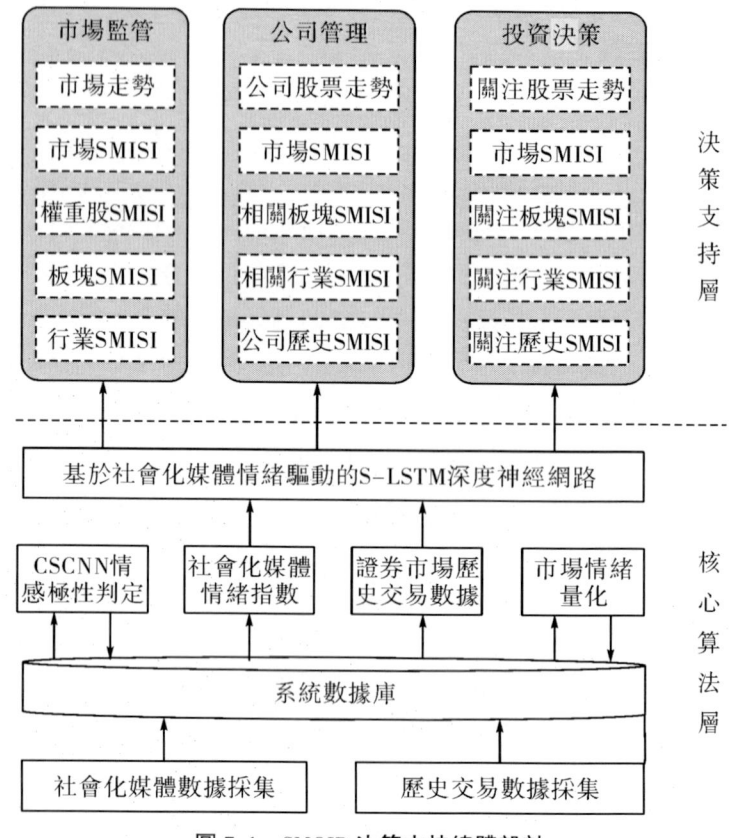

圖 7.1 SMQIP 決策支持總體設計

7.2.1 核心算法層

核心算法層(即系統後臺)的主要模塊包括:本書第 4 章的數據採集模塊和中文語句卷積神經網路(CSCNN)模塊;第 5 章的社會化媒體情緒指數(SMISI)構造模塊;第 6 章的基於社會化媒體情緒驅動的 S-LSTM 深度神經網路模塊。核心算法層為決策支持層提供了海量數據支持,保證了決策支持層的有效性。核心算法層的主要工作流程如下:

(1)利用定向分佈式社會化媒體爬蟲從新浪財經、東方財富網股吧和雪球網等採集最新社會化媒體信息,經預處理後,存儲到系統數據庫。

(2)利用 Wind 數據服務 API[①]獲取證券市場交易數據,並對數據進行歸一化等預處理後,存儲到系統數據庫。

(3)利用中文語句卷積神經網路(CSCNN)對採集的社會化媒體文本數據進行情感判定,自動形成上市公司財經社會化媒體信息語料庫(FSMDB)。

(4)結合社會化媒體語句權重 SentenceRank 算法、用戶影響力算法、點讚數量因子算法和文本語句情感極性獲得發帖情緒值。

(5)根據決策支持層所要求的時間和股票範圍窗口,利用社會化媒體情緒指數構造算法獲得對應窗口社會化媒體情緒指數(SMISI)。

(6)利用 SMISI 和證券市場歷史交易數據,結合基於社會化媒體情緒驅動的 S-LSTM 深度神經網路預測出市場走勢、公司股票走勢或投資者所關注的股票走勢,為決策支持層提供有效數據支撐。

核心算法層是 SMQIP 的基礎,其數據準確率和執行效率直接決定了平臺的整體有效性。需特別指出的是,在 SMQIP 經過市場檢驗,得到市場認可後,由市場監管部門牽頭,在符合互聯網相關法律法規的前提下,整合社會化媒體平臺資源,通過各個社會化媒體平臺提供接口,直接獲取平臺可用信息,對 SMQIP 的整體性能將有大幅度提升。

7.2.2　決策支持層

為證券市場各參與方提供決策支持是 SMQIP 構建的最終目的。各參與方根據自身決策的需求出發,利用 SMQIP 獲得決策所需支撐信息,並在必要時通過 SMQIP 發布權威信息,對異動的市場情緒進行正確有效的疏導,達成證券市場長期健康發展的目標。綜合來說,決策支持層的主要工作流程如下:

(1)通過用戶帳號登錄 SMQIP。系統將根據用戶角色自動分配相應的操作權限。用戶根據操作權限使用 SMQIP。

(2)擁有市場監管部類權限的用戶將可在 SMQIP 中查看市場整體走勢,包括上證指數、深圳成指、中證 100 指數、滬深 300 指數、滬證 50 指數、中小板指數和創業板指數等重要指數數據的走勢預判;查看市場 SMISI、權重股 SMISI、板塊 SMISI、行業 SMISI 和重點關注股票及組合的 SMISI 變化情況;SMQIP 將根據用戶設置的閾值,對超過閾值的相應市場做出警示,用戶可重

[①]　API(Application Programming Interface,應用程序編程接口)是一些預先定義的函數接口,通過 API 可以獲得其開發商提供的服務,包括獲取數據和功能集成。

點關注這些市場以及這些市場所包含的股票 SMISI 變化詳情,及時分析原因,制定解決方案,必要時可通過 SMQIP 與各社會化媒體平臺協作,對發帖異常的帳號實施限制措施,最大限度地避免信息在其他不明真相的投資者中間蔓延,從而規避「羊群效應」給證券市場造成的劇烈震盪,損害投資者利益。預警方案將在 SMQIP 運行過程中不斷完善,例如在 7.3 節中列舉的市場大幅震動前情感極性分佈的異常變化監測即是方案之一。

(3)擁有公司管理類權限的用戶將可在 SMQIP 中查看到各類重要指數的走勢預判;查看公司股票走勢預判;查看市場 SMISI、公司股票 SMISI、公司相關板塊 SMISI、公司相關行業 SMISI、公司歷史 SMISI 的變化情況;在發現公司股票 SMISI 出現異常變化時,可以橫向比較相關板塊和行業的 SMISI 是否變化,以及變化方向是否一致;可以查看構成公司 SMISI 的各社會化媒體論壇中的發帖情況,包括發帖數量、回復數量和發帖人集中度等信息,查看樂觀、積極、平靜、消極和悲觀的帖子及回復數量,同時可以與相關板塊和行業進行橫向比較,也可以與公司歷史 SMISI 值和發帖情況進行縱向比較,進而確定異常原因,制定應對策略;公司亦可以根據當前 SMISI 值以及歷史 SMISI 值制定對應的營運策略。

(4)投資者用戶在 SMQIP 平臺可查看各類重要指數的走勢預判;自定義投資組合 SMISI 的變化及組合內股票的走勢預判;查看關注板塊 SMISI、關注行業 SMISI 以及相應的歷史 SMISI 變化趨勢;用戶可根據 SMQIP 給出的未來 5 天走勢預判,結合自身投資經驗,選擇相應的投資組合,實現利潤最大化;用戶也應對出現劇烈變化的 SMISI 予以關注,特別需要注意監管部門或上市公司在 SMQIP 中發布的對應消息或公告,從而快速地掌握市場實際狀況,避免投資損失。機構投資者亦有義務在發現 SMISI 異常變化時,通過 SMQIP 及時上報至市場監管部門,並配合監管部門,對市場異常情緒進行有效疏導,避免市場劇烈震盪情況的發生。

綜上所述,社會化媒體效應量化智能分析平臺(SMQIP)的建設是一個漫長的循序漸進的過程,需要市場監管部門、上市公司和廣大投資者共同努力,不斷完善。基於前述研究成果以及大數據在金融業各方面成功的應用,本書認為,SMQIP 具備一定的可行性,其成功的運行必將帶來一個公平、公正、公開和透明的證券市場生態環境,必將在防範系統性金融風險,維護社會穩定方面發揮重要的作用。本章以下部分將以實際應用角度,從市場監管、公司管理和投資決策三個方面出發,進一步驗證 SMQIP 的可行性。

7.3　市場監管支持

市場監管部門在SMQIP中起著主導性作用。其中,證監會作為證券市場的主管部門,可統籌SMQIP的運行。監管部門可以將上市公司以及證券公司等機構納入SMQIP中,將各社會化媒體平臺的數據通過SMQIP進行匯總整理後,通過SMQIP發布權威的社會化媒體平臺分析報告,進而吸引廣大投資者匯聚在SMQIP中,最終形成一個集市場各參與方於一體的公平、公正、公開和透明的生態圈。

7.3.1　監管部門決策參考

SMQIP在大數據環境下,利用深度神經網路等計算機技術,為監管部門在對證券市場監管時提供數據支撐。基於SMQIP,市場監管部門可以:

7.3.1.1　監控市場動態,及時發現異常波動

隨著互聯網,特別是移動互聯網的飛速發展,社會化媒體平臺不斷湧現,投資者散布在各個平臺中,發布著各種言論,宣洩著市場情緒。這為市場監管部門對市場動態的把握,對市場情緒的洞察帶來了巨大的挑戰。在SMQIP中可以匯集證券市場中各主要社會化媒體平臺的數據,並在此基礎上,利用大數據的優勢,依靠CNN和LSTM等深度神經網路技術,對數據進行科學的歸納總結,將分散在各平臺的投資者情緒匯集在一起,還原證券市場真實的投資者情緒。這給監管部門掌握市場動態,發現異常波動提供了極其重要的途徑。首先,監管部門可以通過SMQIP瞭解各社會化媒體平臺中投資者對市場的樂觀、積極、平靜、消極或悲觀情緒,以及各種情緒在整個投資者群體中的占比;其次,監管部門可以通過SMQIP瞭解市場、板塊、行業或者個股的SMISI變化,在異常變化傳導到證券市場之前,及時發現並制定相應的應對策略;最後,監管部門可以依靠SMQIP的深度神經網路技術,對市場行情走勢做出預判,為進一步制定市場相關政策提供數據支撐。

7.3.1.2　發布輿論熱點相關公告

依託大數據背景,利用深度神經網路等先進機器學習算法在大數據中挖掘其數據的各種非線性複雜關係的優勢,SMQIP為監管部門提前發現社會化

媒體平臺中的輿論傾向提供了可能。在輿論熱點形成之前,對於有損廣大投資者利益的錯誤傾向,監管部門可以通過 SMQIP 發布相關公告,對輿論進行正確引導。在 SMQIP 形成權威和公信力的基礎上,對於已形成的輿論熱點,為了避免廣大投資者受到各社會化媒體平臺中別有用心者的蠱惑而做出非理性的投資行為,監管部門也可以通過 SMQIP 發布熱點的相關信息,解答投資者的各種疑惑,為投資者提供正確的信息,以便其做出相對正確的投資決策。

7.3.1.3 提前介入輿論,避免投資者利益受損

在證券市場中,投資者,特別是個人投資者,由於受到自身條件的限制,在做相關投資決策時,往往受到有限認知的影響而做出非理性決策,這往往是造成證券市場股票短期價格波動的主要原因。因此,有不法分子利用社會化媒體平臺,發布謠言信息或過分誇大部分信息的影響力,影響其他投資者的情緒,造成個股或市場的劇烈波動而從中獲利。例如著名的「渾水做空」就是通過對公司股票融券賣出後,發布利空消息,激發投資者的恐慌情緒,造成投資者集體踩踏出逃,引起個股價格斷崖式下跌後再回購股票,輕而易舉地獲取巨額收益。基於大數據技術的 SMQIP,可以幫助監管部門提前發現社會化媒體平臺中對個股發帖或評論異常活躍的用戶。監管部門可以通過社會化媒體平臺對這類用戶重點監控。在發現其有誘導市場、操縱價格的可能性時,對其採取必要的管控措施,以避免其誤導市場,給廣大投資者造成巨大損失。

7.3.2 監管部門決策應用

為檢驗社會化媒體平臺中文本信息的情感極性與證券市場波動率變化之間的關聯性,本書對 2015 年 1 月至 2017 年 12 月期間,漲跌幅絕對值超過 3% 的交易日之前的 3 個交易日[①]的社會化媒體平臺文本情感極性占比進行了分析,結果如表 7.1 所示。

---

① 選擇 3 個交易日的原因是為了排除連續暴漲後技術性回調或連續暴跌後超跌反彈的影響。

表 7.1　上證指數異動與文本情感極性占比表

單位:%

大幅震盪日	日期	樂觀	積極	平靜	消極	悲觀	大幅震盪日	日期	樂觀	積極	平靜	消極	悲觀
2015/1/15 3.54	2015/1/12	15.67	13.12	31.20	18.50	21.51	2015/10/12 3.28	2015/9/30	19.82	23.89	21.23	16.89	18.17
	2015/1/13	21.31	19.38	25.79	15.71	17.81		2015/10/8	29.32	25.72	15.91	12.89	16.16
	2015/1/14	23.73	19.79	15.28	21.62	19.58		2015/10/9	33.72	25.93	13.82	15.72	10.81
2015/4/27 3.04	2015/4/22	28.98	18.93	21.32	13.47	17.30	2015/10/21 -3.06	2015/10/16	26.36	21.62	22.82	17.21	11.99
	2015/4/23	25.27	21.31	19.51	15.93	17.98		2015/10/19	25.23	18.73	21.09	18.99	15.96
	2015/4/24	26.71	19.73	14.12	18.91	20.53		2015/10/20	14.21	11.76	17.92	28.95	27.16
2015/5/5 -4.06	2015/4/29	18.95	21.91	27.84	17.21	14.09	2015/11/4 4.31	2015/10/30	18.52	19.53	29.51	16.21	16.23
	2015/4/30	17.63	18.92	25.81	21.93	15.71		2015/11/2	19.62	18.52	27.50	19.62	14.74
	2015/5/4	10.37	8.19	14.32	32.12	35.00		2015/11/3	25.72	20.53	19.76	15.44	18.55
2015/5/11 3.04	2015/5/6	11.51	10.74	25.82	26.32	25.61	2015/11/27 -5.48	2015/11/24	18.76	18.82	30.21	16.82	15.39
	2015/5/7	12.05	9.81	21.47	27.69	28.98		2015/11/25	16.84	18.63	28.73	18.64	17.16
	2015/5/8	14.12	10.98	26.92	26.17	21.81		2015/11/26	9.72	10.23	19.83	29.85	30.37
2015/5/19 3.13	2015/5/14	18.79	17.52	25.93	21.42	16.34	2016/1/4 -6.85	2015/12/29	16.23	13.65	29.63	19.38	21.11
	2015/5/15	18.82	19.32	26.81	18.79	16.26		2015/12/30	12.72	12.92	28.63	22.34	23.39
	2015/5/18	23.61	21.38	19.73	17.18	18.10		2015/12/31	10.73	8.83	19.34	27.63	33.47
2015/5/25 3.35	2015/5/20	24.21	22.89	18.71	19.09	15.10	2016/1/15 -3.55	2016/1/12	9.83	7.64	28.64	26.02	27.87
	2015/5/21	27.83	23.81	14.82	16.28	17.26		2016/1/13	7.82	8.92	27.53	31.23	24.50
	2015/5/22	34.81	21.09	9.08	15.75	19.27		2016/1/14	7.23	7.94	21.34	30.33	33.16

表7.1（續）

大幅震盪日	日期	樂觀	積極	平靜	消極	悲觀	大幅震盪日	日期	樂觀	積極	平靜	消極	悲觀
2015/6/16 -3.47	2015/6/11	18.61	17.42	25.80	18.97	19.20	2016/2/16 3.29	2016/2/4	19.63	16.32	25.44	17.39	21.22
	2015/6/12	22.89	17.02	23.92	19.07	17.10		2016/2/5	15.72	19.66	26.23	21.33	17.06
	2015/6/15	13.78	19.02	15.20	25.81	26.19		2016/2/15	22.34	24.82	22.13	17.37	13.34
2015/7/27 -8.48	2015/7/22	14.28	12.90	33.71	18.93	20.18	2016/2/25 -6.41	2016/2/22	23.79	20.12	28.78	16.80	10.49
	2015/7/23	16.21	11.82	31.02	21.72	19.23		2016/2/23	21.93	17.22	26.83	18.61	15.41
	2015/7/24	7.62	8.89	15.82	29.68	37.99		2016/2/24	12.71	8.63	15.22	28.73	34.71
2015/8/4 3.69	2015/7/30	8.78	10.92	24.81	28.67	26.82	2016/3/2 4.26	2016/2/26	9.63	9.77	27.63	26.66	26.31
	2015/7/31	7.42	8.94	22.82	29.12	31.70		2016/2/29	10.73	8.31	28.68	23.79	28.49
	2015/8/3	10.78	9.63	25.82	28.72	25.05		2016/3/1	19.65	17.76	20.63	26.33	15.63
2015/8/10 4.92	2015/8/5	9.27	8.31	26.82	27.91	27.69	2016/5/31 3.34	2016/5/26	21.33	19.37	27.33	16.31	15.66
	2015/8/6	11.83	9.61	25.81	23.32	29.43		2016/5/27	23.46	18.63	25.81	15.88	16.22
	2015/8/7	25.77	18.72	12.93	18.32	24.26		2016/5/30	28.76	21.23	18.62	16.82	14.57
2015/8/18 -6.15	2015/8/13	22.82	21.23	22.72	17.45	15.78	2016/6/13 -3.21	2016/6/6	18.63	19.82	27.99	16.93	16.63
	2015/8/14	19.36	20.83	27.83	15.73	16.25		2016/6/7	14.72	19.21	26.73	18.92	20.42
	2015/8/17	7.63	8.92	12.81	31.82	38.82		2016/6/8	10.21	11.49	18.82	27.33	32.15
2015/9/15 -3.52	2015/9/10	18.23	12.72	34.21	15.82	19.02							
	2015/9/11	19.63	14.72	30.33	16.92	18.40							
	2015/9/14	10.62	7.89	20.73	28.73	32.03							

為計算方便及提高數據間的可比性，在計算占比時，對於週末或節假日等非交易日的發帖信息計入上一個交易日，例如 2016 年 6 月 13 日的跌幅為 -3.21%，由於 2016 年 6 月 9 日至 2016 年 6 月 12 日為端午節放假及週末，故這 4 天的發帖在計算占比時歸入 2016 年 6 月 8 日。

　　從表 7.1 可以看出，在研究期內，共有 23 個交易日的漲跌幅絕對值超過 3%，主要集中在 2015 年和 2016 年。根據第 4 章第 4 節的統計分析可知，在社會化媒體平臺中，主要的情感極性分類為平靜，占比 48%。但通過對大幅震盪日的分析發現，在 23 次大幅震盪之前，平靜情感的占比均小於 48% 且有明顯減小的變化，其中有 18 次占比減小超過 5%，占總次數的 78%。這可能是因為在臨近大幅震盪時，投資者的情感極性兩極分化較為明顯，保持中立平靜情感的投資者相對較少，或者這類用戶在臨近大幅震盪時傾向於保持沉默。其中，有 5 次例外，例如，2015 年 8 月 4 日上證指數上漲了 3.69%，但從其前三個交易日的社會化媒體情感分佈來看，樂觀和積極的投資者並不多，保持平靜的投資者占比也沒有明顯變化，本書認為這可能與之前連續下跌有關，特別是 2015 年 7 月 27 日上證指數暴跌 -8.48%，擊潰了很多投資者的信心，需要較長時間的修復。8 月 4 日的上漲僅僅是出於技術性回調，大部分投資者依然對市場上漲缺乏信心。

　　綜上所述，市場監管部門可以根據 SMQIP 提供的社會化媒體平臺文本情感極性分佈對市場震盪做出預判，特別是關注平靜情感占比明顯變化的情況，對其原因根據市場情況做進一步分析，提前制定出應對策略。該方案由於受到樣本數量的限制，其有效性仍需經過市場檢驗。SMQIP 所提取的社會化媒體情感極性以及社會化媒體情緒指數為監管部門把握市場整體狀況，發掘市場變化趨勢提供了數據支撐。在 SMQIP 運行過程中，監管部門必定可以基於 SMQIP 的數據制定出更多有效方案。

7.4　公司管理支持

　　上市公司是在證券交易所中公開交易公司證券或股票的股份有限公司，是證券市場的主要參與者之一。按照上市原則的規定，為保護廣大投資者的利益，公司需定期向公眾和投資者發布公司的相關負債及損益信息，接受監察。公司管理需遵循正直、信任、開放、有責任感、誠實可靠以及相互尊重的原則。公司管理者可依靠 SMQIP 即時瞭解公司和行業投資者的情緒，根據投資者的情緒在管理營運過程中做出合理的決策。

7.4.1 公司管理決策參考

在 SMQIP 平臺中匯集了大量公司股票購買者或潛在投資者,這為公司管理層和投資者之間提供了一個重要的溝通渠道。借助 SMQIP,公司管理層可以:

7.4.1.1 瞭解投資者和行業動態

正如前文所述,上市公司投資者散布在各個社會化媒體平臺中,依靠公司自身力量收集和整理公司相關投資者對公司未來發展的期望、捕捉投資者目前所關注的公司相關輿論熱點以及掌握相關行業動態,成本無疑是巨大的。SMQIP 匯集了目前主要社會化平臺中證券市場投資者的信息,並通過大數據及神經網路等技術對信息進行處理,按照公司或行業對信息進行過濾匯總,為上市公司全面瞭解投資者和行業動態最大限度地節約了成本。上市公司通過對公司當前 SMISI 與歷史 SMISI 的縱向對比以及行業或相關板塊 SMISI 的橫向分析,及時發現投資者情緒異常變化,在情緒傳導至證券市場之前,制定合理的應對方案。針對行業或板塊 SMISI 的異動,可以通過 SMQIP 的溝通渠道,配合市場監管部門,與相關公司一起分析原因、制定應對策略。

7.4.1.2 及時制定輿論應對方案

在 SMQIP 中,上市公司可以通過平臺提供的深度神經網路工具,及時發現社會化媒體平臺中投資者針對公司的相關輿論。首先,在市場監管部門的協助下,對可能損害公司投資者利益的輿論進行發帖特徵分析,發現不法分子有目的地針對公司相關輿論的發帖行為,在必要時上報相關部門申請對發帖人帳號進行禁言等措施,以防止對投資者不利的言論進一步擴散,傳導至股市造成公司股票價格劇烈波動,給投資者帶來巨大的損失。其次,針對投資者在社會化媒體平臺中討論的熱點,及時通過 SMQIP 發布相關信息,解答投資者的疑惑,對公司的社會化媒體投資者情緒進行正確引導,協助投資者做出理性的投資決策。最後,上市公司通過 SMQIP,及時掌握公司相關信息,能夠及時發現負面信息和處理問題;對於正面信息也可以加以總結和強化。

7.4.1.3 為公司營運決策提供支持

投資者情緒通過改變投資者決策,造成公司股票價格變動,從而可能對公司投資等營運決策產生影響。Stein(1996)建立證券市場無效、融資約束對公司營運決策影響的理論模型,從理論上證明了投資者情緒在融資約束和管理者眼光長遠兩個條件下對公司投資等營運決策的影響。在個人投資者佔絕大多數比重的中國證券市場,投資者行為和股票價格更容易受到情緒等因素影響。投資者情緒通過影響投資者決策進而改變股價等方式傳遞至公司

管理者,影響管理者的投資決策。葛永波等(2016)研究發現,投資者情緒在中國證券市場中對上市公司的投資行為有正向影響,公司會在投資者情緒高漲時增加投資,在投資者情緒低落時減少投資。因此,通過 SMQIP,公司管理者可及時瞭解各社會化媒體平臺中真實的投資者情緒,根據社會化媒體投資者情緒指數為公司營運、投資等相關決策提供必要的數據支持。

7.4.2 公司管理決策應用

本書以研究期為 2017 年 8 月至 2017 年 12 月的京東方 A 股票收盤價格與對應 SMISI 為例,解釋說明 SMQIP 在公司管理決策中的應用。京東方 A 所對應的行業板塊為電子元件,因此同時增加電子元件板塊對應的 SMISI,以便進行橫向比較。圖形如圖 7.2 所示:

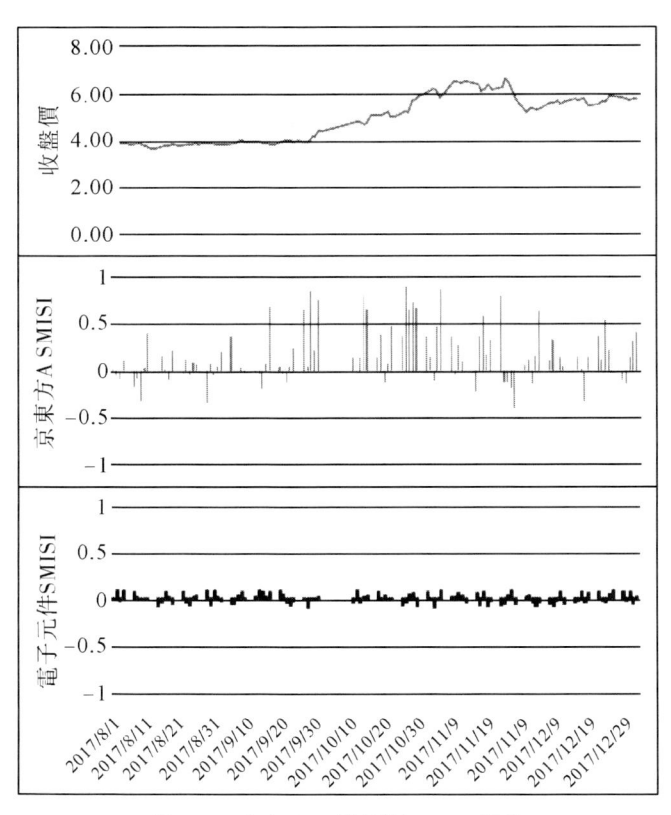

圖 7.2　京東方 A 股價及 SMISI 對比

從京東方 A 的收盤價圖形可以看出,該股票在 2017 年 10 月後進入快速拉升階段,從 2017 年 10 月 9 日的 4.79 元到 2017 年 12 月 29 日的 5.79 元,整

個2017年第四季度漲幅達到20.88%。而同期上證指數從3,374.38點下跌到3,307.17點,跌幅為-1.99%。同時可以看到,在該時間區域內,京東方A的個股SMISI值長期處於大於0的位置,平均值為0.293。這說明市場對於京東方A未來異常看好。在社會化媒體平臺中,相對於市場整體行情來說投資者對京東方持有非常樂觀的態度。這對於公司來說,似乎有加大產業投資的需要,以迎合市場需求。然而,如若管理層結合電子元件行業的SMISI值可以發現,從整體上來說,電子元件行業的平均市場情緒指數在該時間區域為0.002,幾乎接近於零。所以,通過橫向比較可以發現,投資者所看好的並非一定是公司所在行業的市場,而也許是公司其他因素。管理者可以通過SMQIP對市場做更進一步的劃分,依據行業經驗,自定義組合SMISI,從中找出投資者情緒所代表的真實含義,以便做出合理的決策。

綜上所述,上市公司管理者通過SMQIP可以系統地瞭解社會化媒體平臺中投資者對於公司的真實情緒,及時掌握公司的輿論熱點,制定應對策略;更重要的是,通過SMQIP的數據挖掘功能,從縱向和橫向多方面進行比較,助力於公司的營運決策。

7.5 投資決策支持

本書的投資者包括個人投資者和機構投資者。其中,機構投資者包括證券公司、保險公司、銀行和基金公司等仲介機構。市場動態、板塊熱點和個股走勢等是投資者進行投資決策的重要參考因素。個人投資者由於受其自身條件的限制,無法獲取全面的市場信息。機構投資者雖然相對於個人投資者來說具有更多的信息渠道和更強的獲取信息的能力,但匯集、整理和分析信息的成本過高,迫使其僅能關注部分信息。因此,投資者亟須通過一個公正、透明和全面的平臺瞭解市場信息,為其投資決策提供重要參考。

7.5.1 投資者決策參考

SMQIP匯集了證券市場中各主流社會化媒體平臺信息。通過自身核心算法對平臺信息進行過濾、整理和挖掘,為投資者在進行投資決策時提供重要的參考數據。通過SMQIP,投資者可以:

7.5.1.1 全面瞭解掌握市場信息

全面瞭解市場動態、掌握市場熱點和探尋股票走勢一直以來是投資者的

迫切訴求。然而傳統媒體渠道信息傳播速度慢,更新不及時;在互聯網媒體時代,又存在信息爆炸、發布分散和對虛假信息的甄別等問題。個人投資者由於受自身認知、技術手段和精力等條件限制,無法從海量數據中獲取有用信息;機構投資者在收集、整理和提取信息時也需要付出巨大成本。SMQIP自動匯集證券市場主要社會化媒體平臺文本信息,並利用卷積和遞歸等深度神經網路自身核心算法優勢,從海量的社會化媒體文本信息中挖掘出各類投資者所關注的有效信息。投資者在 SMQIP 中就可以全面瞭解和掌握市場信息,大大降低了信息獲取成本。

7.5.1.2　利用深度神經網路技術,為投資決策提供重要參考

SMQIP 基於社會化媒體平臺海量文本數據,挖掘平臺中蘊含的市場情緒,從不同角度為投資者展示出對證券市場價格短期波動的重要影響因素。利用 S-LSTM 深度神經網路,對市場、板塊和個股走勢進行預判。投資者在 SMQIP 中可以自定義投資組合,利用 SMQIP 核心算法,對投資組合的收益率進行有效評估。依據前文分析,投資者情緒對證券市場波動率一般有長達 5 期的影響,投資者可以根據 SMQIP 給出的 5 期預判結果,結合中國證券市場相關規則,綜合考慮資金成本、市場環境等各類因素,形成具有自身特點的短中長期投資策略,以有效規避投資風險,達到投資收益最大化的目標。

7.5.1.3　配合市場監管部門,共同維護健康的市場環境

每個投資者都有責任和義務維繫證券市場的穩定健康發展。特別是對於機構投資者來說,降低證券市場波動性是其進入市場的主要目的之一。根據上證研報 2016 年 6 月研究報告,經過實證檢驗發現,雖然在穩定市場方面,機構投資者在上海證券市場和深圳證券市場中的強度表現出差異,但在證券市場每次的政策推進中,機構投資者都起到了明顯的穩定作用。因此,機構投資者應發揮自身管理專業化、結構組織化和行為規範化的優勢,利用 SMQIP 監控市場變化,在發現市場、板塊或個股存在異動時,進行更加細緻和專業化的分析,並及時上報市場監管部門,知會相關上市公司,共同維護證券市場「公開、公平和公正」的原則,維護證券市場穩定,保護投資者利益,防範系統性金融風險,為國民經濟健康發展保駕護航。

7.5.2　投資者決策應用

從本書第 6 章第 4 節可以看出,投資者結合 SMQIP 中社會化媒體情緒驅動的 S-LSTM 深度神經網路模型,制定投資策略,可以獲得更多的超額收益。

本節利用 SMQIP 對個股提前 5 期的預判能力,以中國平安為例,進一步驗證 S-LSTM 在輔助投資者進行證券市場投資決策方面的可行性,預測結果如圖 7.3 所示。

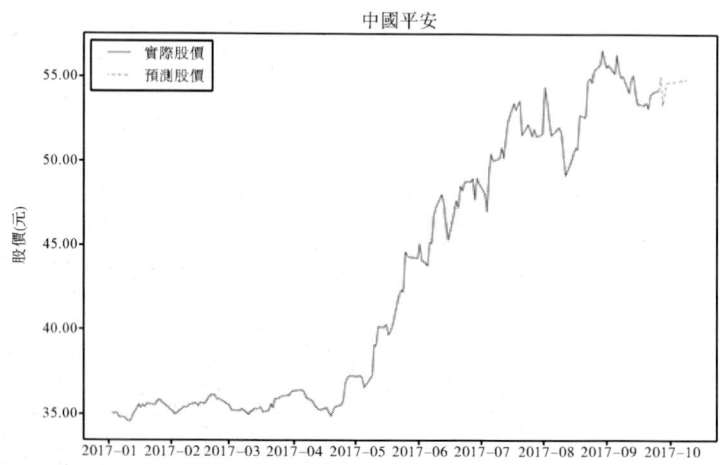

當前日期	2017/9/25		當前股價	54.16	
預測日期	2017/9/6	2017/9/27	2017/9/28	2017/9/29	2017/10/9
預測值	54.98	53.29	53.98	54.61	54.82
漲跌幅	1.51%	−1.61%	−0.33%	0.83%	1.22%

備註:漲跌幅為相對於當前股價的值

圖 7.3 中國平安股價預測示意圖

從中國平安在 2017 年 9 月 25 的預測結果可以看出,在未來 5 日中國平安股價相對平穩,投資者在綜合考慮市場環境、交易成本和帳戶資金等各方面因素的基礎上,結合自身的歷史交易經驗可以做出短期內維持當前倉位的交易決策。

表 7.2　　　　　　　　中國平安股價預測值與真實值對比表

日期	2017/9/26	2017/9/27	2017/9/28	2017/9/29	2017/10/9
預測值	54.98	53.29	53.98	54.61	54.82
真實值	54.25	53.60	53.74	54.16	54.76

通過表 7.2 可以看出,SMQIP 對個股價格預測基本符合股票的真實走勢,中國平安 2017 年 9 月 25 日後的 5 個交易日的預測漲幅為 1.22%,與真實漲幅 1.11%基本接近。

綜上所述,投資者可以通過市場走勢、板塊走勢、個股走勢、市場 SMISI、

板塊 SMISI、個股 SMISI 以及各類情緒占比等因素,進行橫向和縱向比較,做出合理的投資組合策略。需要特別指出的是,情緒指數雖然可以在一些關鍵點對市場走勢進行預判,但從第 6 章的分析可知,市場走勢和投資者情緒相互影響。因此,投資者在使用社會化媒體情感指數時,應結合其他政策或經濟監測指標分析,從而對股票走勢做出更加準確的判斷。

7.6 本章小結

基於本書相關結論和成果,本章創新性地提出社會化媒體效應量化智能分析平臺(SMQIP)的構建。SMQIP 通過爬取各社會化媒體平臺數據,匯集了證券市場投資者發布在互聯網各個角落的文本信息,並通過首創性的 CSCNN 深度神經網路自動辨別出蘊含在文本中的情感極性,利用基於社會化媒體情緒驅動的 S-LSTM 模型對市場、板塊和個股走勢做出預判,為市場監管者、上市公司管理者和投資者等證券市場重要參與方在做出相關決策時提供各類數據支撐。

首先,本章從技術和相關法律問題的角度,對 SMQIP 構建的可行性進行了分析。大數據技術在金融相關領域的成功應用和本書的相關結論,充分證明了構建 SMQIP 的可行性。

其次,本章對 SMQIP 的核心算法層和決策支持層結構和相關功能進行了詳盡描述。核心算法層是 SMQIP 的基礎,基於本書的相關結論和成果,構成了 SMQIP 的後臺系統,保證了 SMQIP 的整體有效性。決策支持層為證券市場參與者在做出相關決策時提供了有效的數據支撐,大大降低了信息收集和數據挖掘的成本。

最後,本章從市場監管、公司管理和投資決策三個方面,就 SMQIP 在決策參考中的作用進行了討論,並從應用角度驗證了 SMQIP 的可行性。

綜上所述,SMQIP 從技術層面、法律層面和應用層面來看都是可行的。作為一個由證券市場管理者主導,集各市場參與者於一體的平臺,SMQIP 最終將構建出一個公開、公平和公正的證券市場生態圈,為證券市場的穩定、國民經濟的健康發展做出重要貢獻。

8 總結、不足與研究展望

本章對全書進行了總結,對研究中存在的不足進行了分析和反思,對於金融智能領域的研究熱點和方向以及未來可能進行的研究計劃進行了展望。

8.1 研究總結

證券市場是「國民經濟的晴雨表」,證券市場的穩定是關係到防範系統性金融風險、維護社會穩定和經濟健康發展的重要課題。投資決策易受情緒影響的個人投資者在中國證券市場投資者中占比為 99.73%,如何挖掘投資者情緒以及捕捉投資者情緒與證券市場波動之間的複雜非線性映射關係一直是學界和業界研究的熱點。現有基於媒體效用的證券市場相關研究均僅限於對新聞或主帖情感分析,情感判定方式過於簡單,致使判定結果不具有代表性;利用簡單模型也難以挖掘媒體信息與證券市場波動的關聯。本書基於社會化媒體平臺文本信息結構,匯集了平臺所有投資者情感,提取出全面代表市場情緒的社會化媒體投資者情緒指數(SMISI),並基於此探析 SMISI 與證券市場波動的複雜非線性映射關係,構建社會化媒體效應量化智能平臺(SMQIP),進而為證券市場監管者、上市公司管理者和投資者在進行相關決策時提供新的思路和視角。本書的具體成果包括以下五個方面:

8.1.1 海量社會化媒體數據智能採集方案

投資者分佈在不同社會化媒體平臺中發帖、回復和評論,本書設計出定向分佈式社會化媒體爬蟲框架,不僅匯集了東方財富網股吧、新浪財經和雪球網等證券市場主要社會化媒體平臺的新聞和主帖信息,同時也採集了海量的相關回復和評論,完整地還原了平臺中的投資者結構,為基於媒體效應的

中國證券市場相關研究提供了完整的社會化媒體數據支持和數據智能採集方案。

8.1.2 中文語句卷積神經網路(CSCNN)情感極性判定核心算法

本書在基於證券市場環境的詞彙向量空間,構建了中文語句卷積神經網路(CSCNN)。CSCNN 模型通過對中文語句的語義和語法結構的「學習」,比傳統的 SVM、NB 和 RNN 等方法具有更高的情感極性判定性能,更加適用於大數據環境下的證券市場社會化媒體文本情感極性判定。同時,在此基礎上形成的上市公司財經社會化媒體信息語料庫(FSMDB)也為今後基於社會化媒體的中國證券市場的相關研究提供了重要的數據支持。

8.1.3 社會化媒體情緒指數 SMISI

本書創新性地基於 SentenceRank 算法計算社會化媒體文本語句權重,並結合用戶影響力、閱讀數量和點讚數量構建出證券市場社會化媒體投資者情緒指數(SMISI)。該指數數據源為證券市場環境中具有代表性的三個數據源:新浪財經、東方財富網股吧和雪球網,且將社會化媒體平臺中文本內容及位置結構納入指數計算範疇,與現實情況更加吻合,因此比僅使用新聞內容計算投資者情緒指數的方式更加準確,更能客觀代表證券市場的投資者情緒,為進一步研究社會化媒體平臺中投資者情緒對證券市場波動的影響提供了有效且重要的特徵變量。

8.1.4 基於情緒驅動的長短期記憶(S-LSTM)深度神經網路模型

本書在 Fama 五因子模型基礎上增加了社會化媒體投資者情緒指數(SMISI),驗證了 SMISI 是影響證券市場收益率的系統性因素;利用 VAR 模型對 SMISI 和市場收益率進行了實證分析,發現社會化媒體投資者情緒對證券市場收益率存在持續 5 期的影響,這種影響是一個由強到弱,逐漸消失的動態過程。基於以上結論,本書創新性地提出基於社會化媒體情緒驅動的 S-LSTM 深度神經網路模型,將證券市場連續時序性的歷史交易數據和離散時序性的 SMISI 有效融合。通過模擬投資發現,相對於經典的 SVR、ANN 和 BT 模型,該模型大幅提高了證券市場走勢預測準確率。

8.1.5 基於社會化媒體效應量化智能平臺(SMQIP)的市場參與者決策支持

本書基於海量社會化媒體信息自動採集、證券市場環境中文語句情感極性判定、社會化媒體情緒指數以及社會化媒體情緒驅動的 S-LSTM 深度神經網路模型，創新性地提出基於社會化媒體效應量化智能平臺(SMQIP)的構建設想。SMQIP 是一個以證券市場管理者為主導，集各市場參與者於一體的智能分析平臺，為市場監管者、上市公司管理者和投資者提供決策數據支持，最終為構建一個公開、公平和公正的證券市場生態圈做出應有的貢獻。

8.2 研究的不足與改進

受技術手段和學術水準的限制，本書還在諸多不足和需要改進的地方，主要表現在以下幾點：

8.2.1 數據源類型不夠全面，尚有不足，需改進

本書雖然獲取了東方財富網股吧、新浪財經和雪球網等多個社會化媒體平臺的數據，並基於不同平臺的情感極性進行了分析，但數據源類型均為網路論壇，然而目前社會化媒體平臺類型多樣，還包括微信、微博等多樣化的平臺。不同社會化媒體平臺本身具有不同的特點，僅僅使用網路論壇作為數據源其所代表的投資者情緒不夠全面，難免會影響 SMISI 代表證券市場投資者情緒的準確性，進而影響 SMQIP 的有效性。在後續的研究中，可以分別對不同類型的社會化媒體平臺的投資者做進一步的分析，從中找出不同類型平臺中投資者特有的行為特徵，並利用其特徵更加深入地研究有代表性的投資者情緒及對證券市場波動的影響。

8.2.2 使用向量作為神經網路輸入的不足與改進

證券市場受多重因素影響，是一個複雜多變的市場。本書將影響證券市場的主要因素：結構化的基本面數據和非結構化媒體文本信息量化過後的數據直接使用向量拼接的方式構成 S-LSTM 深度神經網路的輸入。這種向量拼接方式並未考慮到數據之間的相互影響和補充的關係，必然會造成部分有效

信息的損失,對預測的準確性會產生影響。在後續的研究中,可以引入張量(Tensor)理論,使用二階張量來表徵基本面信息和社會化媒體投資者情緒信息,保留更多的異構數據之間的相互關係,提高預測準確性。

8.2.3 模擬交易未考慮交易成本等因素的不足與改進

在證券市場的實際交易中,每一次的股票買賣均需要支付一定的手續費,存在交易成本。本書在利用 S-LSTM 深度神經網路模型進行投資模擬時,出於簡化策略對比分析的考慮,並未將交易成本納入收益的計算中,這使得將 S-LSTM 用於實際交易時,其收益會比模擬交易更低。另外,本書並未對 SMQIP 本身影響進行分析,當有大量投資者根據 SMQIP 結果進行投資決策和交易時,這種影響也是不可忽略的。在後續的研究中,可以在提出投資決策策略的建議時,加入交易成本、政策性風險以及中國證券市場各種交易限制的因素,使得投資策略更加符合中國證券市場的實際情況。

8.3　研究展望

基於社會化媒體效應的證券市場量化研究已經成為學術界和業界研究的熱點,在本書研究的基礎之上,以下問題值得進一步研究:

8.3.1　基於社會化媒體平臺操縱市場行為特徵識別的研究

操縱市場的行為通過資金或信息的優勢,人為地扭曲證券市場的正常價格,使得股票價格嚴重背離其本身價值,誘導投資者在未能獲得全面真實信息的情況下做出投資決策。該行為嚴重擾亂了證券市場的正常秩序,是引發社會動盪的重要隱患。操縱市場的方式主要包括:虛假買賣、相對委託和不法炒作等。其中不法炒作通常利用信息披露中虛假的記載或誤導性的陳述為相關股票的價格走勢推波助瀾。《中華人民共和國證券法》第七十一條第一項中也同時禁止「利用信息優勢」操縱市場。在美國相關法律中將「不法操作」表述為:「以誘使他人購買或出售該種證券為目的,散布流言或者不實資料,影響證券交易價格或者證券交易量。」操縱市場者在社會化媒體平臺中散布各種不實信息,引導投資者做出錯誤投資決策。SMQIP 今後可以進一步對社會化媒體平臺中新聞、主帖、評論或回復的發布者行為進行分析,挖掘出惡

意操縱市場者的行為特徵,及時發現操縱市場的行為,為市場監管者治理操縱市場行為提供重要依據。

8.3.2 基於企業社會化媒體網路的影響聯動和疊加效應研究

目前基於媒體感知的證券市場效應相關研究中,均考慮的是媒體信息對內容所涉企業的影響,並未對與該企業密切相關企業所受的波及影響做進一步分析。在證券市場的實際環境中,相關企業的相互影響無處不在,特別對於龍頭企業來說,其信息發布對相關企業存在重大影響。因此,SMQIP可以挖掘出企業在社會化媒體平臺中的行為特徵,構建一個企業媒體關係網路。通過對該網路的拓撲特徵分析,進一步研究證券市場社會化媒體效應中的聯動現象、權威影響力現象和疊加現象。

8.3.3 深度學習神經網路在證券市場領域的應用方法創新研究

隨著人工智能在各個領域的不斷深入發展和推廣,越來越多的深度學習神經網路模型在實際中得到廣泛應用。除了本書使用的卷積神經網路(CNN)和長短期記憶(LSTM)深度神經網路外,生成式對抗網路(Generative Adversarial Network,GAN)把博弈論引入機器學習的過程中,為研究者處理問題提供了新的思路。GAN目前在圖像生成、機器翻譯和生成對話等方面已有成功的應用,如何將GAN應用於多方參與的複雜證券市場領域將會是今後研究的熱點方向之一。

8.3.4 程序化交易數量日益增長情景下的證券市場波動研究

隨著機器學習、人工智能在金融領域的深入應用,證券市場交易的參與者不再僅僅是機構或者個人投資者,越來越多的計算機利用程序化交易的程序也逐步參與到證券市場中。程序化交易的計算機本身並不帶有情緒,但交易算法會利用和分析投資者情緒,以輔助交易,這將為證券市場交易行為的分析帶來新的研究方向。如何量化程序化交易的影響將是證券市場領域今後研究的熱點方向之一。

參考文獻

一、中文部分

[1]陳曉紅,彭宛露,田美玉.基於投資者情緒的股票價格及成交量預測研究[J].系統科學與數學,2016,36(12).

[2]陳飛.中國證券市場投資者情緒研究[J].商業文化,2010(10).

[3]程琬蕓,林杰.社交媒體的投資者漲跌情緒與證券市場指數[J].管理科學,2013(5).

[4]陳志毅.基於投資者情緒的滬深300指數期貨與指數價格關係[J].特區經濟,2017(4).

[5]崔亮.投資者情緒的統計測評及其應用研究[D].成都:西南財經大學,2013.

[6]董穎紅,等.微博客基本社會情緒的測量及效度檢驗[J].心理科學,2015,38(5).

[7]高大良,劉志峰,楊曉光.投資者情緒、平均相關性與股市收益[J].中國管理科學,2015(2).

[8]葛永波,張振勇,張璐.投資者情緒、現金持有量與上市公司投資行為[J].宏觀經濟研究,2016(2).

[9]郝雷紅.現代漢語否定副詞研究[D].北京:首都師範大學,2003.

[10]何欣.中國股市媒體效應研究:官方新聞、市場謠言與有限注意力[D].成都:西南財經大學,2012.

[11]黃琦,謝加欣,湯勤芳.投資者情緒作用下的市場之謎:基於中國A股市場的實證分析[J].中國經貿,2012(10).

[12]黃少安,劉達.投資者情緒理論與中國封閉式基金折價[J].南開經濟研究,2005(4).

[13]金曉斌,高道德.中國封閉式基金折價問題實證研究[J].中國社會

科學, 2002 (5)：55-65.

  [14]李勇, 等. 社交網路用戶線上線下情感傳播差異及影響因素分析——以「成都女司機被打」事件為例[J]. 情報雜誌, 2016, 35(6).

  [15]李昊洋, 程小可, 鄭立東. 投資者情緒對股價崩盤風險的影響研究[J]. 軟科學, 2017, 31(7).

  [16]林樹, 俞喬. 有限理性、動物精神及市場崩潰：對情緒波動與交易行為的實驗研究[J]. 經濟研究, 2010 (8).

  [17]林哲鵬, 李春安, 葉智丞. 投資人情緒與價格動能之關聯性[J]. 管理與系統, 2012, 19(4).

  [18]劉超, 韓澤縣. 投資者情緒和上證綜指關係的實證研究[J]. 北京理工大學學報（社會科學版）, 2006, 8(2).

  [19]劉鋒, 葉強, 李一軍. 媒體關注與投資者關注對股票收益的交互作用：基於中國金融股的實證研究 [J]. 管理科學學報, 2014, 17(1).

  [20]劉海飛, 等. 社交網路、投資者關注與股價同步性[J]. 管理科學學報, 2017, 20(2).

  [21]劉麗文, 王鎮. 投資者情緒對不同類型股票收益影響的實證研究[J]. 金融理論與實踐, 2016 (2).

  [22]劉清標, 林筱鳳. 股票報酬與投資人情緒之預測[J]. 財經論文期刊, 2017(26).

  [23]劉豔萍, 於然. 投資者情緒傳染、非理性決策與股市危機[J]. 科技與管理, 2017, 19(2).

  [24]劉維奇, 劉新新. 個人和機構投資者情緒與股票收益——基於上證A股市場的研究[J]. 管理科學學報, 2014, 17(3).

  [25]陸靜, 周媛. 投資者情緒對股價的影響——基於AH股交叉上市股票的實證分析[J]. 中國管理科學, 2015 (11).

  [26]勒龐. 烏合之眾：大眾心理研究[M]. 北京：中央編譯局, 2015.

  [27]邱金丹. 投資者情緒與股票收益關係的實證研究[D]. 蘇州：蘇州大學, 2012.

  [28]石廣平, 劉曉星, 魏岳嵩. 投資者情緒, 市場流動性與股市泡沫——基於TVP-SV-SVAR模型的分析[J]. 金融經濟學研究, 2016, 31(3).

  [29]孫楠楠. 對社會化媒體的傳播學思考[J]. 新聞愛好者, 2009 (17).

  [30]汪昌雲, 武佳薇. 媒體語氣、投資者情緒與IPO定價[J]. 金融研

究，2015（9）．

［31］王博．基於投資者情緒的資產定價理論及實證研究［J］．北京工商大學學報（社會科學版），2014，29(3)．

［32］王超，等．傾向性分析用於金融市場波動率的研究［J］．中文信息學報，2009，23(1)．

［33］王春．投資者情緒對股票市場收益和波動的影響——基於開放式股票型基金資金淨流入的實證研究［J］．中國管理科學，2014，22(9)．

［34］王美今，孫建軍．中國股市收益、收益波動與投資者情緒［J］．經濟研究，2004（10）．

［35］王明濤，黎單．新動量交易策略在 A 股市場的有效性研究［J］．證券市場導報，2015．

［36］文鳳華，等．投資者情緒特徵對股票價格行為的影響研究［J］．管理科學學報，2014，17(3)．

［37］伍燕然，韓立岩．不完全理性、投資者情緒與封閉式基金之謎［J］．經濟研究，2007(2)．

［38］熊偉，陳浪南．股票特質波動率、股票收益與投資者情緒［J］．管理科學，2015（5）．

［39］許年行，於上堯，伊志宏．機構投資者羊群行為與股價崩盤風險［J］．管理世界，2013（7）．

［40］徐巍，陳冬華．自媒體披露的信息作用——來自新浪微博的實證證據［J］．金融研究，2016（3）．

［41］易洪波，賴娟娟，董大勇．網路論壇不同投資者情緒對交易市場的影響——基於 VAR 模型的實證分析［J］．財經論叢，2015（1）．

［42］易志高，茅寧，汪麗．股票市場投資者情緒研究：形成、測量及應用［J］．經濟問題探索，2011（11）．

［43］遊家興，吳靜．沉默的螺旋：媒體情緒與資產誤定價［J］．經濟研究，2012（7）．

［44］張丹，廖士光．中國證券市場投資者情緒研究［J］．證券市場導報，2009（10）．

［45］張強，楊淑娥，戴耀華．中國股市動量策略和反轉策略的實證分析［J］．華東經濟管理，2007，21(5)．

［46］張維，等．市場情緒、投資者關注與 IPO 破發［J］．管理評論，2015，

27(6).

[47] 張信東, 原東良. 基於微博的投資者情緒對股票市場影響研究[J]. 情報雜誌, 2017, 36(8).

[48] 張宗新, 王海亮. 投資者情緒、主觀信念調整與市場波動[J]. 金融研究, 2013 (4).

[49] 證券市場導報編輯部.「股吧」對監管的挑戰及其應對[J]. 證券市場導報, 2012 (3).

[50] 周琳杰. 中國股票市場動量策略贏利性研究[J]. 世界經濟, 2002 (8).

[51] 朱偉驊, 張宗新. 投資者情緒、市場波動與股市泡沫[J]. 經濟理論與經濟管理, 2008 (2).

二、英文部分

[1] Abdelhédi-Zouch M, Abbes M B, Boujelbène Y. Volatility Spillover and Investor Sentiment: Subprime Crisis[J]. Asian Academy of Management Journal of Accounting & Finance, 2015, 11(2).

[2] Alajekwu U B, Obialor M C, Okoro C O. Effect of Investor Sentiment on Future Returns in the Nigerian Stock Market[J]. Annals of Spiru Haret University. Economic Series, 2017, 17(2).

[3] Alkhatib K, Najadat H, Hmeidi I, et al. Stock Price Prediction Using K-nearest Neighbor (kNN) algorithm[J]. International Journal of Business, Humanities and Technology, 2013, 3(3).

[4] Antweiler W, Frank M Z. Is all That Talk Just Noise? The Information Content of Internet Stock Message Boards[J]. The Journal of Finance, 2004, 59(3).

[5] Anusakumar S V, Ali R, Wooi H C. The effect of Investor Sentiment on Stock Returns: Insight from Emerging ASIAN Markets [J]. Asian Academy of Management Journal of Accounting & Finance, 2017, 13(1).

[6] Asur S, Huberman B A. Predicting the Future with Social Media[C]. Proceedings of the 2010 IEEE/WIC/ACM International Conference on Web Intelligence and Intelligent Agent Technology - Volume 01. IEEE Computer Society, 2010.

[7] Baccianella S, Esuli A, Sebastiani F. Sentiwordnet 3.0: an Enhanced

Lexical Resource for Sentiment Analysis and Opinion Mining[C]. the Language Resources and Evaluation Conference. 2010, 10(2010).

[8]Baeza-Yates R, Ribeiro-Neto B. Modern information retrieval[M]. New York: Association for Computing Machinery press, 1999.

[9]Baker M, Stein J C. Market Liquidity as a Sentiment Indicator[J]. Journal of Financial Markets, 2004, 7(3).

[10]Baker M, Wurgler J. Investor Sentiment and the Cross-Section of Stock Returns[J]. The Journal of Finance, 2006, 61(4).

[11] Baker M, Wurgler J. Investor Sentiment in the Stock Market[J]. Journal of Economic Perspectives, 2007, 21(2).

[12]Baker M, Wurgler J, Yuan Y. Global, Local, and Contagious Investor Sentiment[J]. Journal of Financial Economics, 2012, 104(2).

[13]Balahur A, Steinberger R, Kabadjov M, et al. Sentiment Analysis in the News[J]. arXiv Preprint arXiv:1309.6202, 2013.

[14]Bank M, Larch M, Peter G. Google Search Volume and Its Influence On Liquidity and Returns of German Stocks[J]. Financial Markets and Portfolio Management, 2011, 25(3).

[15]Barberis N, Huang M, Santos T. Prospect Theory and Asset Prices[J]. The Quarterly Journal of Economics, 2001, 116(1).

[16]Barberis N, Thaler R. A Survey of Behavioral Finance[J]. Handbook of the Economics of Finance, 2003, 1.

[17]Bollen J, Mao H, Zeng X. Twitter Mood Predicts the Stock Market[J]. Journal of Computational Science, 2011, 2(1).

[18]Bordino I, Battiston S, Caldarelli G, et al. Web Search Queries Can Predict Stock Market Volumes[J]. PloS one, 2012, 7(7): e40014.

[19]Brown G W. Volatility, Sentiment, and Noise Traders[J]. Financial Analysts Journal, 1999.

[20]Brown G W, Cliff M T. Investor Sentiment and the Near-Term Stock Market[J]. Journal of Empirical Finance, 2004, 11(1).

[21]Brown G W, Cliff M T. Investor Sentiment and Asset Valuation[J]. The Journal of Business, 2005, 78(2).

[22]Burrell O K. Possibility of an Experimental Approach to Investment

studies[J]. The Journal of Finance, 1951, 6(2).

[23]Chan W S. Stock Price Reaction to News and no-News: Drift and Reversal After Headlines[J]. Journal of Financial Economics, 2003, 70(2).

[24]Chen H, De P, Hu Y J, et al. Wisdom of Crowds: The Value of Stock Opinions Transmitted Through Social Media[J]. The Review of Financial Studies, 2014, 27(5).

[25]Chen H, Huang E C N, Lu H M, et al. AZ SmartStock: Stock Prediction with Targeted Sentiment and Life Support [J]. IEEE Intelligent Systems, 2011,26(6).

[26]Chen K Y, Ho C H. An Improved Support Vector Regression Modeling for Taiwan Stock Exchange Market Weighted Index Forecasting[C]. Neural Networks and Brain, 2005. ICNN&B'05. International Conference on. IEEE, 2005, 3.

[27]Chen M P, Chen P F, Lee C C. Asymmetric Effects of Investor Sentiment on Industry Stock Returns: Panel Data Evidence[J]. Emerging Markets Review, 2013, 14.

[28] Curatola G, Donadelli M, Kizys R, et al. Investor Sentiment and Sectoral Stock Returns: Evidence from World Cup games[J]. Finance Research Letters, 2016, 17.

[29] Curme C, Preis T, Stanley H E, et al. Quantifying the Semantics of Search Behavior Before Stock Market Moves[J]. Proceedings of the National Academy of Sciences, 2014, 111(32).

[30]Da Z, Engelberg J, Gao P. The Sum of all FEARS Investor Sentiment and Asset Prices[J]. The Review of Financial Studies, 2014, 28(1).

[31]Dalika N K. Sentiment and Returns: Analysis of Investor Sentiment in the South African Market[J].Investment Management and Financial Innovations, 2015,1.

[32]Datst D M. The Art of Asset Allocation: Asset Allocation Principles and Investment Strateies for Any Market [J]. The McGraw - Hill Companies, Inc, 2003.

[33]Daniel K, Hirshleifer D, Subrahmanyam A. Investor Psychology and Security Market Under-and Overreactions[J]. the Journal of Finance, 1998, 53(6).

[34]Davidov D, Tsur O, Rappoport A. Enhanced Sentiment Learning using Twitter Hashtags and Smileys [C]. Proceedings of the 23rd International Conference on Computational Linguistics: Posters. Association for Computational Linguistics, 2010.

[35]De Long J B, Shleifer A, Summers L H, et al. Noise Trader Risk in Financial Markets[J]. Journal of Political Economy, 1990, 98(4).

[36] DEMİR S. Market Regimes, Investor Sentiment And Stock Classification= Excess Return[J]. Journal of Current Researches on Social Sciences, 2017, 7(4).

[37]Dionisio A, Menezes R, Mendes D A. Mutual Information: a Measure of Dependency for Nonlinear Time Series[J]. Physica A: Statistical Mechanics and its Applications, 2004, 344(1-2).

[38]Dimpfl T, Jank S. Can Internet Search Queries help to Predict Stock Market Volatility? [J]. European Financial Management, 2016, 22(2).

[39]Dougal C, Engelberg J, Garcia D, et al. Journalists and the Stock Market[J]. The Review of Financial Studies, 2012, 25(3).

[40]Drakos K. Terrorism Activity, Investor Sentiment, and Stock Returns [J]. Review of Financial Economics, 2010, 19(3).

[41]Duchi J, Hazan E, Singer Y. Adaptive Subgradient Methods for Online Learning and Stochastic Optimization[J]. Journal of Machine Learning Research, 2011, 12(Jul).

[42] Engelberg J E, Reed A V, Ringgenberg M C. How are Shorts Informed?: Short Sellers, News, and Information Processing [J]. Journal of Financial Economics, 2012, 105(2).

[43]Enke D, Thawornwong S. The use of Data Mining and Neural Networks for Forecasting Stock Market Returns [J]. Expert Systems with Applications, 2005, 29(4).

[44]Ekman P. An Argument for Basic Emotions[J]. Cognition & Emotion, 1992, 6(3-4).

[45]Fang L, Peress J. Media Coverage and the Cross-Section of Stock Returns[J]. The Journal of Finance, 2009, 64(5).

[46]Fisher K L, Statman M. Consumer Confidence and Stock Returns[J].

Journal of Portfolio Management, 2003, 30(1).

[47] Forman G. BNS Feature Scaling: an Improved Representation over Tf-Idf For Svm Text Classification[C]. Proceedings of the 17th ACM Conference on Information and Knowledge Management. ACM, 2008.

[48] Gao J, Wong S, Yang Y. Geographic Distance and the Impact of Investor Sentiment on Stock Prices[J]. 2017.

[49] Guresen E, Kayakutlu G, Daim T U. Using Artificial Neural Network Models in Stock Market Index Prediction[J]. Expert Systems with Applications, 2011, 38(8).

[50] Hagenau M, Liebmann M, Neumann D. Automated News Reading: Stock Price Prediction Based on Financial News Using Context-Capturing Features[J]. Decision Support Systems, 2013, 55(3).

[51] Healy P M, Palepu K G. Information Asymmetry, Corporate Disclosure, and the Capital Markets: A Review of the Empirical Disclosure Literature[J]. Journal of Accounting and Economics, 2001, 31(1-3).

[52] Hirshleifer D, Shumway T. Good Day Sunshine: Stock Returns and the Weather[J]. The Journal of Finance, 2003, 58(3).

[53] James F E. Monthly Moving Averages - an Effective Investment Tool?[J]. Journal of Financial and Quantitative Analysis, 1968, 3(3).

[54] Jegadeesh N, Titman S. Returns to Buying Winners and Selling Losers: Implications for Stock Market Efficiency[J]. The Journal of Finance, 1993, 48(1).

[55] Jiang C Q, Liang K, Chen H, et al. Analyzing Market Performance via Social Media: a Case Study of a Banking Industry Crisis[J]. Science China Information Sciences, 2014, 57(5).

[56] Jin X, Shen D, Zhang W. Has Microblogging Changed Stock Market Behavior? Evidence from China[J]. Physica A: Statistical Mechanics and its Applications, 2016, 452.

[57] Kadilli A. Predictability of Stock Returns of Financial Companies and the Role of Investor Sentiment: A Multi-Country Analysis[J]. Journal of Financial Stability, 2015, 21.

[58] Kahneman D, Tversky A. Prospect theory: An Analysis of Decision Un-

der Risk[M]. Handbook of the fundamentals of financial decision making: Part I. 2013.

[59] Kaniel R, Saar G, Titman S. Individual Investor Trading and Stock Returns[J]. The Journal of Finance, 2008, 63(1).

[60] Kaplan A M, Haenlein M. Users of the World, Unite! The Challenges and Opportunities of Social Media[J]. Business Horizons, 2010, 53(1)

[61] Kaplanski G, Levy H. Sentiment and Stock Prices: The Case of Aviation Disasters[J]. Journal of Financial Economics, 2010, 95(2).

[62] Kara Y, Boyacioglu M A, Baykan ? K. Predicting Direction of Stock price Index Movement using Artificial Neural Networks and Support Vector Machines: The Sample of the Istanbul Stock Exchange[J]. Expert Systems with Applications, 2011, 38(5).

[63] Kazem A, Sharifi E, Hussain F K, et al. Support Vector Regression with Chaos-Based Firefly Algorithm for Stock Market Price Forecasting[J]. Applied Soft Computing, 2013, 13(2).

[64] Kietzmann J H, Hermkens K, McCarthy I P, et al. Social Media? Get Serious! Understanding the Functional Building Blocks of Social Media[J]. Business Horizons, 2011, 54(3).

[65] Kim K. Artificial Neural Networks with Evolutionary Instance Selection for Financial Forecasting[J]. Expert Systems with Applications, 2006, 30(3).

[66] Kim K. Financial Time Series Forecasting using Support Vector Machines[J]. Neurocomputing, 2003, 55(1-2).

[67] Kim S H, Kim D. Investor Sentiment from Internet Message Postings and the Predictability of Stock Returns[J]. Journal of Economic Behavior & Organization, 2014, 107.

[68] Kumar A, Lee C M C. Retail Investor Sentiment and Return Comovements[J]. The Journal of Finance, 2006, 61(5).

[69] Kumar B S, Ravi V. A Survey of the Applications of Text Mining in Financial Domain[J]. Knowledge-Based Systems, 2016, 114.

[70] Lee C M C, Shleifer A, Thaler R H. Investor Sentiment and the Closed-End Fund Puzzle[J]. The Journal of Finance, 1991, 46(1).

[71] Lee M C. Using Support Vector Machine with a Hybrid Feature Selection

Method to the Stock Trend Prediction[J]. Expert Systems with Applications, 2009, 36(8).

[72] Li F. The Information Content of Forward-Looking Statements in Corporate Filings-A na? ve Bayesian Machine Learning Approach[J]. Journal of Accounting Research, 2010, 48(5).

[73] Li Q, Chen Y, Wang J, et al. Web Media and Stock Markets: A Survey and Future Directions from a Big Data Perspective[J]. IEEE Transactions on Knowledge and Data Engineering, 2018, 30(2).

[74] Li Q, Shah S. Learning Stock Market Sentiment Lexicon and Sentiment-Oriented Word Vector from StockTwits[C]. Proceedings of the 21st Conference on Computational Natural Language Learning (CoNLL 2017). 2017.

[75] Li Q, Wang T, Gong Q, et al. Media-Aware Quantitative Trading Based on Public Web Information[J]. Decision Support Systems, 2014, 61.

[76] Li X, Huang X, Deng X, et al. Enhancing Quantitative Intra-Day Stock Return Prediction by Integrating both Market News and Stock Prices Information[J]. Neurocomputing, 2014, 142.

[77] Liston D P. Sin Stock Returns and Investor Sentiment[J]. The Quarterly Review of Economics and Finance, 2016, 59.

[78] Liu B. Sentiment Analysis and Opinion Mining[J]. Synthesis Lectures on Human Language Technologies, 2012, 5(1).

[79] Liu J, Seneff S. Review Sentiment Scoring Via a Parse-and-Paraphrase Paradigm[C]. Proceedings of the 2009 Conference on Empirical Methods in Natural Language Processing: Volume 1-Volume 1. Association for Computational Linguistics, 2009.

[80] Ljungqvist A, Nanda V, Singh R. Hot Markets, Investor Sentiment, and IPO Pricing[J]. The Journal of Business, 2006, 79(4).

[81] Lu C J. Integrating Independent Component Analysis-Based Denoising Scheme with Neural Network for Stock Price Prediction[J]. Expert Systems with Applications, 2010, 37(10).

[82] Luo X, Zhang J, Duan W. Social Media and Firm Equity Value[J]. Information Systems Research, 2013, 24(1).

[83] Luss R, d'Aspremont A. Predicting Abnormal Returns from News Using

Text Classification[J]. Quantitative Finance, 2015, 15(6).

[84] Lux T. Sentiment Dynamics and Stock Returns: the Case of the German Stock Market[J]. Empirical Economics, 2011, 41(3)

[85] Maas A L, Daly R E, Pham P T, et al. Learning Word Vectors for Sentiment Analysis[C]. Proceedings of the 49th Annual Meeting of the Association for Computational Linguistics: Human Language Technologies-Volume 1. Association for Computational Linguistics, 2011.

[86] Maitra D, Dash S R. Sentiment and Stock Market Volatility Revisited: A time-Frequency Domain Approach[J]. Journal of Behavioral and Experimental Finance, 2017, 15.

[87] Mao H, Gao P, Wang Y, et al. Automatic Construction of Financial Semantic Orientation Lexicon from Large-Scale Chinese News Corpus[J]. Institut Louis Bachelier, 20 (2), 2014.

[88] Meesad P, Rasel R I. Predicting Stock Market Price using Support Vector Regression[C]. Informatics, Electronics & Vision (iciev), 2013 International Conference on. IEEE, 2013.

[89] Mittermayer M A, Knolmayer G F. Newscats: A News Categorization and Trading System[C]. Data Mining, 2006. ICDM'06. Sixth International Conference on. Ieee, 2006.

[90] Moat H S, Curme C, Avakian A, et al. Quantifying Wikipedia Usage Patterns before Stock Market Moves[J]. Scientific reports, 2013, 3.

[91] Ni Z X, Wang D Z, Xue W J. Investor Sentiment and Its Nonlinear Effect on Stock Returns-New Evidence from the Chinese Stock Market Based on Panel Quantile Regression Model[J]. Economic Modelling, 2015, 50.

[92] Nooijen S J, Broda S A. Predicting Equity Markets with Digital Online Media Sentiment: Evidence from Markov-Switching Models[J]. Journal of Behavioral Finance, 2016, 17(4).

[93] Oliveira N, Cortez P, Areal N. Stock Market Sentiment Lexicon Acquisition using Microblogging Data and Statistical Measures[J]. Decision Support Systems, 2016, 85.

[94] Pang B, Lee L. Opinion Mining and Sentiment Analysis [J]. Foundations and Trends? in Information Retrieval, 2008, 2(1-2).

[95]Patel J, Shah S, Thakkar P, et al. Predicting Stock and Stock Price Index Movement using Trend Deterministic Data Preparation and Machine Learning Techniques[J]. Expert Systems with Applications, 2015, 42(1).

[96]Preis T, Moat H S, Stanley H E. Quantifying Trading Behavior in Financial Markets using Google Trends[J]. Scientific reports, 2013, 3.

[97]Qian X. Small Investor Sentiment, Differences of Opinion and Stock Overvaluation[J]. Journal of Financial Markets, 2014, 19.

[98]Qiang Z, Shu-e Y. Noise Trading, Investor Sentiment Volatility, and Stock Returns[J]. Systems Engineering-Theory & Practice, 2009, 29(3).

[99]Qiu L, Welch I. Investor Sentiment Measures[R]. National Bureau of Economic Research, 2004.

[100]Rachlin G, Last M, Alberg D, et al. ADMIRAL: A Data Mining Based Financial Trading System[C]. Computational Intelligence and Data Mining, 2007. CIDM 2007. IEEE Symposium on. IEEE, 2007.

[101]Ryu D, Kim H, Yang H. Investor Sentiment, Trading Behavior and Stock Returns[J]. Applied Economics Letters, 2017, 24(12).

[102]Sarkar A K, Sahu T N. Factors Influencing Behaviour of Individual Investor in Stock Market: a Case Study in West Bengal[J]. International Journal of Commerce and Management Research, 2017.

[103]Schumaker R P, Chen H. Textual Analysis of Stock Market Prediction Using Breaking Financial News: The AZFin text System[J]. ACM Transactions on Information Systems (TOIS), 2009, 27(2).

[104]Schumaker R P, Zhang Y, Huang C N, et al. Evaluating Sentiment in Financial News Articles[J]. Decision Support Systems, 2012, 53(3).

[105] Schmeling M. Investor Sentiment and Stock Returns: Some International Evidence[J]. Journal of Empirical Finance, 2009, 16(3).

[106]Shi L, Sun B, Kong L, et al. Web Forum Sentiment Analysis Based on Topics[C]. Computer and Information Technology, 2009. CIT'09. Ninth IEEE International Conference on. IEEE, 2009, 2.

[107]Shiller R J, Fischer S, Friedman B M. Stock Prices and Social Dynamics[J]. Brookings Papers on Economic Activity, 1984, 1984(2).

[108]Shiller Robert J. Irrational Exuberance[J]. Princeton, New Jersey,

Princeon University, 2000.

[109] Shleifer A, Summers L H. The Noise Trader Approach to Finance[J]. Journal of Economic Perspectives, 1990, 4(2).

[110] Shu-Ling Chang, Long-Jainn Hwang, et al. News Sentiment and Its Effect on Price Momentum and Sentiment Momentum[J]. International Journal of Trade, Economics and Finance, 2017, 8(6).

[111] Si J, Mukherjee A, Liu B, et al. Exploiting Social Relations and Sentiment for Stock Prediction[C]. Proceedings of the 2014 Conference on Empirical Methods in Natural Language Processing (EMNLP). 2014.

[112] Siganos A, Vagenas-Nanos E, Verwijmeren P. Facebook's Daily Sentiment and International Stock Markets[J]. Journal of Economic Behavior & Organization, 2014, 107.

[113] Sims C A, Stock J H, Watson M W. Inference in Linear Time Series Models with Some Unit Roots[J]. Econometrica: Journal of the Econometric Society, 1990.

[114] Smales L A. The Importance of Fear: Investor Sentiment and Stock Market Returns[J]. Applied Economics, 2017, 49(34).

[115] Sprenger T O, Tumasjan A, Sandner P G, et al. Tweets and Trades: The Information Content of Stock Microblogs [J]. European Financial Management, 2014, 20(5).

[116] Stambaugh R F, Yu J, Yuan Y. The Short of it: Investor Sentiment and Anomalies[J]. Journal of Financial Economics, 2012, 104(2).

[117] Stein J C. Rational Capital Budgeting in an Irrational World[R]. National Bureau of Economic Research, 1996.

[118] Sundén A. Trading Based on Classification and Regression Trees[J]. KTH Royal Institute of Technology, 2010.

[119] Tang D, Wei F, Yang N, et al. Learning Sentiment-Specific Word Embedding for Twitter Sentiment Classification[C]//Proceedings of the 52nd Annual Meeting of the Association for Computational Linguistics (Volume 1: Long Papers). 2014, 1.

[120] Tetlock P C. Giving Content to Investor Sentiment: The Role of Media in the Stock Market[J]. The Journal of Finance, 2007, 62(3).

[121] Tetlock P C, Saar-Tsechansky M, Macskassy S. More than Words: Quantifying Language to Measure Firms' Fundamentals[J]. The Journal of Finance, 2008, 63(3).

[122] Thaler R H, Johnson E J. Gambling with the House Money and Trying to Break Even: The Effects of Prior Outcomes on Risky Choice[J]. Management Science, 1990, 36(6).

[123] Tsai I C. Diffusion of Optimistic and Pessimistic Investor Sentiment: An Empirical Study of an Emerging Market[J]. International Review of Economics & Finance, 2017, 47.

[124] Tsai C F, Lin Y C, Yen D C, et al. Predicting Stock Returns by Classifier Ensembles[J]. Applied Soft Computing, 2011, 11(2).

[125] Tuyon J, Ahmad Z, Matahir H. The Roles of Investor Sentiment in Malaysian Stock Market [J]. Asian Academy of Management Journal of Accounting & Finance, 2016, 12.

[126] Tversky A, Kahneman D. Advances in Prospect Theory: Cumulative Representation of Uncertainty[J]. Journal of Risk and Uncertainty, 1992, 5(4).

[127] Uygur U, Ta? O. The Impacts of Investor Sentiment on Different Economic Sectors: Evidence from Istanbul Stock Exchange [J]. Borsa Istanbul Review, 2014, 14(4).

[128] Vellido A, Lisboa P J G, Vaughan J. Neural Networks in Business: a Survey of Applications (1992–1998) [J]. Expert Systems with Applications, 1999, 17(1).

[129] Vu T T, Chang S, Ha Q T, et al. An Experiment in Integrating Sentiment Features for Tech Stock Prediction in Twitter[J]. 2012.

[130] Wang B, Huang H, Wang X. A Novel Text Mining Approach to Financial Time Series Forecasting[J]. Neurocomputing, 2012, 83.

[131] Wu D D, Zheng L, Olson D L. A Decision Support Approach for Online Stock Forum Sentiment Analysis[J]. IEEE Trans. Systems, Man, and Cybernetics: Systems, 2014, 44(8).

[132] Wu M C, Lin S Y, Lin C H. An Effective Application of Decision Tree to Stock Trading[J]. Expert Systems with Applications, 2006, 31(2).

[133] Wuthrich B, Cho V, Leung S, et al. Daily Stock Market Forecast from

Textual Web Data[C]. SMC'98 Conference Proceedings. 1998 IEEE International Conference on Systems, Man, and Cybernetics (Cat. No. 98CH36218). IEEE, 1998, 3.

[134]Xu Y, Liu Z, Zhao J, et al. Weibo Sentiments and Stock Return: A Time-Frequency View[J]. Public Library of Science, 2017, 12(7).

[135]Yang C, Zhou L. Investor Trading Behavior, Investor Sentiment and Asset Prices[J]. The North American Journal of Economics and Finance, 2015.

[136]Yang C, Zhou L. Individual Stock Crowded Trades, Individual Stock Investor Sentiment and Excess Returns[J]. The North American Journal of Economics and Finance, 2016, 38.

[137]Yang S Y, Mo S Y K, Liu A, et al. Genetic Programming Optimization for a Sentiment Feedback Strength Based Trading Strategy[J]. Neurocomputing, 2017, 264.

[138]Zhang X, Fuehres H, Gloor P A. Predicting Stock Market Indicators Through Twitter「I Hope It is not as Bad as I Fear」[J]. Procedia-Social and Behavioral Sciences, 2011, 26.

[139]Zhao J M, He X, Wu F Y. Study on Chinese Stock Market Rumors and the Impact on Stock Prices[J]. Manag. World, 2010, 11.

[140]Zheludev I, Smith R, Aste T. When can Social Media Lead Financial Markets? [J]. Scientific Reports, 2014, 4.

[141]Zhu B, Niu F. Investor Sentiment, Accounting Information and Stock Price: Evidence from China[J]. Pacific-Basin Finance Journal, 2016, 38.

[142]Zweig M E. An Investor Expectations Stock Price Predictive Model Using Closed-end Fund Premiums[J]. The Journal of Finance, 1973, 28(1).

國家圖書館出版品預行編目（CIP）資料

大數據視角下的社會化媒體對證券市場的影響研究 / 謝志龍 著. -- 第一版.
-- 臺北市：財經錢線文化, 2020.05
　　面；　公分
POD版

ISBN 978-957-680-412-0(平裝)

1.證券市場 2.網路媒體 3.中國

563.54　　　　　　　　　　　　　　109005589

書　　名：大數據視角下的社會化媒體對證券市場的影響研究
作　　者：謝志龍 著
發 行 人：黃振庭
出 版 者：財經錢線文化事業有限公司
發 行 者：財經錢線文化事業有限公司
E - m a i l：sonbookservice@gmail.com
粉絲頁：　　　　　　網址：
地　　址：台北市中正區重慶南路一段六十一號八樓 815 室
8F.-815, No.61, Sec. 1, Chongqing S. Rd., Zhongzheng
Dist., Taipei City 100, Taiwan (R.O.C.)
電　　話：(02)2370-3310　傳　真：(02) 2388-1990
總 經 銷：紅螞蟻圖書有限公司
地　　址：台北市內湖區舊宗路二段 121 巷 19 號
電　　話:02-2795-3656 傳真:02-2795-4100　　網址：
印　　刷：京峯彩色印刷有限公司（京峰數位）

　　本書版權為西南財經大學出版社所有授權崧博出版事業股份有限公司獨家發行電子書及繁體書繁體字版。若有其他相關權利及授權需求請與本公司聯繫。

定　　價：380 元
發行日期：2020 年 05 月第一版
◎ 本書以 POD 印製發行